AF173825

Die Wirksamkeit von Entwicklungszusammenarbeit

Jörn Dosch · Pamina Becker

Die Wirksamkeit von Entwicklungszusammenarbeit

Anspruch und Wirklichkeit der Förderung von Good Governance

 Springer VS

Jörn Dosch
Universität Rostock
Rostock, Deutschland

Pamina Becker
Universität Rostock
Rostock, Deutschland

ISBN 978-3-658-45473-9   ISBN 978-3-658-45474-6   (eBook)
https://doi.org/10.1007/978-3-658-45474-6

Die Deutsche Nationalbibliothek verzeichnet diese Publikation in der Deutschen Nationalbibliografie; detaillierte bibliografische Daten sind im Internet über https://portal.dnb.de abrufbar.

© Der/die Herausgeber bzw. der/die Autor(en), exklusiv lizenziert an Springer Fachmedien Wiesbaden GmbH, ein Teil von Springer Nature 2024

Das Werk einschließlich aller seiner Teile ist urheberrechtlich geschützt. Jede Verwertung, die nicht ausdrücklich vom Urheberrechtsgesetz zugelassen ist, bedarf der vorherigen Zustimmung des Verlags. Das gilt insbesondere für Vervielfältigungen, Bearbeitungen, Übersetzungen, Mikroverfilmungen und die Einspeicherung und Verarbeitung in elektronischen Systemen.
Die Wiedergabe von allgemein beschreibenden Bezeichnungen, Marken, Unternehmensnamen etc. in diesem Werk bedeutet nicht, dass diese frei durch jede Person benutzt werden dürfen. Die Berechtigung zur Benutzung unterliegt, auch ohne gesonderten Hinweis hierzu, den Regeln des Markenrechts. Die Rechte des/der jeweiligen Zeicheninhaber*in sind zu beachten.
Der Verlag, die Autor*innen und die Herausgeber*innen gehen davon aus, dass die Angaben und Informationen in diesem Werk zum Zeitpunkt der Veröffentlichung vollständig und korrekt sind. Weder der Verlag noch die Autor*innen oder die Herausgeber*innen übernehmen, ausdrücklich oder implizit, Gewähr für den Inhalt des Werkes, etwaige Fehler oder Äußerungen. Der Verlag bleibt im Hinblick auf geografische Zuordnungen und Gebietsbezeichnungen in veröffentlichten Karten und Institutionsadressen neutral.

Planung/Lektorat: Jan Treibel
Springer VS ist ein Imprint der eingetragenen Gesellschaft Springer Fachmedien Wiesbaden GmbH und ist ein Teil von Springer Nature.
Die Anschrift der Gesellschaft ist: Abraham-Lincoln-Str. 46, 65189 Wiesbaden, Germany

Wenn Sie dieses Produkt entsorgen, geben Sie das Papier bitte zum Recycling.

Vorwort

In der Entwicklungsdiskussion klafft eine Lücke. Zum einen existiert eine breite Literaturbasis, die Zeugnis von der jahrzehntelangen intensiven Beschäftigung mit einem weiten Spektrum an Entwicklungstheorien gibt. Zum anderen liegen zahlreiche Publikationen von (ehemaligen) Minister*innen, Diplomat*innen, langjährigen „Entwicklungshelfer*innen" und anderen Akteur*innen in der Entwicklungszusammenarbeit (EZ) vor. Den Autor*innen in beiden Kategorien ist gemeinsam, dass sie ihre Befunde zu Sinn, Zweck und Wirksamkeit von Entwicklungszusammenarbeit häufig auf der Grundlage eigener Überzeugungen, persönlicher Erfahrungen und anekdotischer Evidenz formulieren. Vielen Studien mangelt es an einer soliden empirischen Grundlage, um nachvollziehbare Aussagen über die Effektivität, Erfolge und Misserfolge entwicklungspolitischer Ansätze und der darauf beruhenden Maßnahmen treffen zu können. Vor diesem Hintergrund möchte unser Buch einen Beitrag leisten, um zu gesicherteren Erkenntnissen zu gelangen. Zu diesem Zweck haben wir in großem Umfang unabhängige Evaluierungen von EZ-Programmen und Projekten sowie Berichte, Studien und Daten ausgewertet, wobei der Entwicklungszusammenarbeit Deutschlands und der EU besondere Aufmerksamkeit zugekommen ist. Zudem sind Informationen aus mehreren hundert persönlichen Interviews in die Überlegungen eingeflossen. Insgesamt stützen wir unsere Befunde auf detaillierte Beispiele aus mehr als 50 Geber- und Empfängerländern auf fünf Kontinenten über einen Zeitraum von gut 20 Jahren.

Der Versuch, eine generelle Antwort auf die Frage „was funktioniert in der EZ und welche Ansätze sind gescheitert?" zu finden, würde jedoch die Möglichkeiten eines einzelnen Buches überschreiten. Wir beschränken uns daher auf eine

Untersuchung der Wirksamkeit im Bereich Good Governance, da es sich hierbei um den Dreh- und Angelpunkt globaler EZ im 21. Jahrhundert handelt. Im Deutschen wird Good Governance in der Regel mit „guter Regierungsführung" übersetzt, wenngleich die englische Begrifflichkeit meistens auch in deutschsprachigen Publikationen, wie auch in diesem Buch, beibehalten wird. Gleichzeitig haben wir uns entschieden, mit Blick auf eine bessere Lesbarkeit alle zitierten Texte aus englischsprachigen Quellen ins Deutsche zu übersetzen.

Die vorliegende Publikation wäre ohne den Input aus unzähligen Gesprächen, Diskussionen und Gedankenaustauschen mit Theoretiker*innen und Praktiker*innen der Entwicklungspolitik nicht möglich gewesen. Bei allen, die uns mit ihren Ideen und konstruktiver Kritik begleitet haben, möchten wir uns herzlich bedanken. Unser besonderer Dank gilt Luise Hirsch und Nils-Mateo Dosch für die tatkräftige Unterstützung bei den Recherchen und der Auswertung des umfangreichen Materials.

Wir wünschen allen Leser*innen eine interessante Lektüre und hoffen, dass wir mit unseren Überlegungen den Entwicklungsdiskurs ein wenig bereichern können.

Rostock und Chennai   Jörn Dosch
im Mai 2024   Pamina Becker

Inhaltsverzeichnis

Abkürzungsverzeichnis

ABI	Arnold-Bergstraesser Institut
ADA	Austrian Development Agency
ADB	Asian Development Bank
AFD	Agence Française de Développement
AFLRA	Association of Finnish Local and Regional Authorities
ANFREL	Asian Network for Free Elections
ANP	Afghanischen Nationalpolizei
AREDP	Afghanistan Rural Enterprise Development Program
ARPD	Decentralisation and Administrative Reform Project
ASEAN	Association of Southeast Asian Nations
AUD	Australischer Dollar
AUP	Aid to Uprooted People
BIP	Bruttoinlandsprodukt
BMZ	Bundesministerium für Wirtschaftliche Zusammenarbeit und Entwicklung
BTI	Bertelsmann Transformations Index
CDC	Community Development Councils (Afghanistan)
CDP	Cambodian Defenders Project
CDRI	Cambodia Development Resource Institute
CNRP	Cambodian National Rescue Party
CP	Candlelight Party (Kambodscha)
CPP	Cambodian Peoples Party
CRS	Creditor Reporting System
CSF	Commune/Sangkat Fund

CSO	Civil Society Origanisation
D&D	Dezentralisierung und Dekonzentration
DAC	Development Assistance Committee
DCP	Democracy Consolidation Programme (Malawi)
DERec	DAC Evaluation Resource Centre
DEval	Evaluierungsinstitut der Deutschen Entwicklungszusammenarbeit
DEZA	Direktion für Entwicklung und Zusammenarbeit (Schweiz)
DFID	Department for International Development (Großbritannien)
DMZ	Department of Media and Communication (Kambodscha)
EBA	Everything but Arms
ECCC	Extraordinary Chambers in the Courts of Cambodia
ECLAC	United Nation's Economic Commission for Latin America and the Caribbean
ECP	Election Commission of Pakistan
EIB	European Investment Bank
EIDHR	European Instrument for Democracy & Human Rights
EIU	Economist Intelligence Unit
EK	Europäische Kommission
EL	Entwicklungsländer
EPRDF	Ethiopian People's Revolutionary Democratic Front
ESP	Election Support Project (Nepal)
EU	Europäische Union
EUR	Euro
EZ	Entwicklungszusammenarbeit
FES	Friedrich-Ebert-Stiftung
FNS	Friedrich-Naumann-Stiftung für die Freiheit
FUNCINPEC	Front Uni National pour un Cambodge Indépendant, Neutre, Pacifique, et Coopératif
GAD	Gender and Development
GAP	Gender Action Plan
GBG	Gender Based Governance Systems
GBP	Britisches Pfund
GBV	Gender-Based Violence
GEWE	Gender Equality and Women's Empowerment
GIGA	German Institute of Global and Area Studies
GIZ	Deutsche Gesellschaft für Internationale Zusammenarbeit

GOPA	Good Governance and Public Administration Reform Programme (Vietnam)
GSP+	Generalised Scheme of Preferences Plus
GTZ	Deutsche Gesellschaft für Technische Zusammenarbeit
HAI	Human Assets Index
HCMCLU	Ho Chi Minh City Law University
HDI	Human Development Index
HRBA	Human Rights-Based Approach
HSS	Hanns-Seidel-Stiftung
ICCPR	International Covenant on Civil and Political Rights
IIA	Ibrahim Index on African Governance
IL	Industrieländer
International IDEA	International Institute for Democracy and Electoral Assistance
IS	(sogenannter) Islamischer Staat
IWF	Internationaler Währungsfonds
KAS	Konrad-Adenauer-Stiftung
KFW	Kreditanstalt für Wiederaufbau
KPNFL	Khmer People's National Liberation Front
KSZE	Konferenz für Sicherheit und Zusammenarbeit in Europa
LDCs	Least Developed Countries
LGBTQIA+	Lesbian, Gay, Bisexual, Transsexual/Transgender, Queer, Intersexual, Asexual+
LOFTA	Law and Order Trust Fund for Afghanistan
LoGo	Local Governance Project Afghanistan
LOTFA	Law and Order Trust Fund for Afghanistan
M&E	Monitoring und Evaluierung
MDG	Millennium Development Goals
MDTF	Multi-Donor Trust Fund
Mio.	Millionen
MIP	Multiannual Indicative Paper
MIT	Massachusetts Institute for Technologie
Mrd.	Milliarden
NATO	North Atlantic Treaty Organization
NGO	Non-Governmental Organisation
NHRC	National Human Rights Commission (Nepal)
NP-2	National Programme on Sub-National Democratic Development Phase 2 (Kambodscha)
NSLGCP	North South Local Government Cooperation Programme

NSP	Afghan National Solidarity Programme
ODA	Official Development Assistance
OECD	Organisation for Economic Co-operation and Development
OPEC	Organization of the Petroleum Exporting Countries
OWSO	One Window Services Offices
PASDEP	Plan for Accelerated and Sustained Development to End Poverty
PBS	Protection of Basic Services
PDK	Party of Democratic Kampuchea
PFM	Public Financial Management
PFM-MDTF	Public Financial Management Multi-Donor Trust Fund
PGSP	Provincial Governance Strengthening Programme (Indonesien)
POAS	Penal Oral Accusatory System (Philippinen)
PRI	Panchayati Raj Institutions
PRPK	Kampuchean People's Revolutionary Party
PSM	Public Sector Management Programme (Indonesien)
RLS	Rosa-Luxemburg-Stiftung
SAARC	South Asian Association for Regional Cooperation
SAFTA	South Asian Free Trade Area
SDG	Sustainable Development Goals
SDG-C	SDG Contracts
SIDA	Swedish International Development Cooperation Agency
SIGAR	Special Inspector General for Afghanistan Reconstruction
SNNP	Southern Nations, Nationalities, and Peoples
SRBC	State and Resilience Building Contracts
SRPC	Sector Reform Performance Contracts
TPO	Trans-Cultural Psychosocial Organization (Kambodscha)
UN	United Nations
UNAMA	United Nations Assistance Mission in Afghanistan
UNCTAD	United Nations Conference on Trade and Development
UNDG	United Nations Development Group
UNTAC	United Nations Transitional Authority in Cambodia
UN Women	United Nations Entity for Gender Equality and the Empowerment of Women
USAID	United States Agency for International Development
USD	US Dollar
VASS	Vietnamese Academy of Social Sciences

VBF	Vietnam Bar Federation
VNU	Vietnam National University
WPS	Women, Peace and Security
ZFD	Ziviler Friedensdienst

Abbildungsverzeichnis

Tabellenverzeichnis

Good Governance: Vom Desiderat zum Standard in der Entwicklungszusammenarbeit – Eine Einführung

„Good Governance ist zu einem Schlüsselbegriff der Entwicklungspolitik geworden. Kaum ein Konzept wird in der gegenwärtigen entwicklungspolitischen Diskussion häufiger genannt und gleichsam als magische Lösungsformel angeboten, um Programmen und Projekten zum Erfolg zu verhelfen oder aber ihr Scheitern zu erklären", schreiben Heribert Weiland, Ingrid Wehr und Matthias Seifert im Vorwort zu ihrem 2009 erschienenen Band „Good Governance in der Sackgasse?"[1] Rund eineinhalb Dekaden später deutet vieles darauf hin, dass sich die Good Governance-Debatte aus der Klemme herausmanövriert hat. Zwar bildet die Idee von Good Governance weiterhin – und dabei völlig zu Recht – einen wichtigen Referenzrahmen entwicklungspolitischer Diskurse, doch ist das von den Akteuren der Entwicklungszusammenarbeit über etliche Jahre beinahe gebetsmühlenartig vorgetragene und bisweilen amorph anmutende generelle strategische Bekenntnis, Good Governance fördern zu wollen, einer differenzierten Betrachtung und Herangehensweise gewichen.

So beinhaltet z. B. das von der Europäischen Union 2021 geschaffene „Instrument für Nachbarschaft, Entwicklungszusammenarbeit und internationale Zusammenarbeit – Europa in der Welt", das den Finanzierungsrahmen für die Zusammenarbeit der EU mit fast allen Drittländern bereitstellt, häufige Erwähnungen des Begriffes Good Governance (in der deutschen Version: Gute Regierungsführung), stellt diesen jedoch in einen direkten Zusammenhang mit der Förderung von Menschenrechten, Grundfreiheiten, Demokratie, Rechtsstaatlichkeit und Korruptionsbekämpfung, der Schaffung zivilgesellschaftlicher

---

[1] Seifert, Wehr & Weiland 2009, S. 5.

© Der/die Herausgeber bzw. der/die Autor(en), exklusiv lizenziert an Springer Fachmedien Wiesbaden GmbH, ein Teil von Springer Nature 2024
J. Dosch und P. Becker, *Die Wirksamkeit von Entwicklungszusammenarbeit*,
https://doi.org/10.1007/978-3-658-45474-6_1

Handlungsspielräume und der Gleichstellung der Geschlechter.[2] Und, um ein weiteres Beispiel zu nennen, während ein Arbeitspapier des Bundesministeriums für Wirtschaftliche Zusammenarbeit und Entwicklung (BMZ) 2005 einen pauschalen Wirkungszusammenhang zwischen Demokratieförderung und der Generierung und Legitimierung von Good Governance als de facto oberstem aber nicht weiter definiertem Entwicklungsziel annahm,[3] findet sich im aktuellen Web-Auftritt des BMZ lediglich noch ein einziger Hinweis auf Good Governance – im Sinne einer Rahmenbedingung der Entwicklungszusammenarbeit. Die jeweiligen thematischen Schwerpunkte in der Kooperation mit den 65 Partnerländern Deutschlands sind spezifisch formuliert und beinhalten dabei zentrale Elemente von Good Governance, ohne dass es jedoch einer expliziten Diskussion des Konzepts bedarf. Für die EU, Deutschland und die weiteren 29 Mitglieder im Development Assistance Committee (DAC) der Organisation für wirtschaftliche Zusammenarbeit und Entwicklung (OECD) organisierten Geberländer[4] kann der Good Governance-Fokus inzwischen als in einem Maße internalisiert gelten, dass sich weitere grundlegen Debatten hierzu erübrigen. Gleichzeitig wird Good Governance nur noch selten als eigenständiger Förderbereich der Entwicklungszusammenarbeit explizit benannt, ist also kein Selbstzweck, sondern tritt vor allem im Kontext von Sektorenprogrammen in Erscheinung. Heute kann es als fast selbstverständlich gelten, dass Projekte beispielsweise zum Umwelt- und Klimaschutz, im Bildungsbereich oder zur ländlichen Entwicklung auch eine Governance-Komponente beinhalten. Good Governance hat somit eine Transformation vom „Heiligen Gral der Entwicklungshilfe"[5] zum Standard in der Entwicklungszusammenarbeit vollzogen.

In der 1992 veröffentlichten wegweisenden Studie „Governance and Development" skizziert der damalige Weltbank-Präsident Lewis T. Preston Good Governance als die wesentliche Ergänzung einer soliden Wirtschaftspolitik: „Eine effiziente und rechenschaftspflichtige Verwaltung des öffentlichen Sektors und ein vorhersehbarer und transparenter politischer Rahmen sind entscheidend für die Effizienz von Märkten und Regierungen und damit für die wirtschaftliche Entwicklung."[6] Folglich müsse die Weltbank in ihren Bemühungen um eine gerechte und nachhaltige Entwicklung ihr Augenmerk auf Fragen der Regierungsführung

---

[2] Europäische Union 2021, S. 7.

[3] BMZ 2005, S. 16 (Schaubild).

[4] Neben den EU-Staaten auch Großbritannien, Island, Norwegen, Schweiz, USA, Kanada, Australien, Neuseeland, Japan und Südkorea.

[5] Walsh & Woods 2007, S. xi.

[6] Preston 1992, S. v.

richten.[7] Dieser neue Strategieansatz entstand vor allem als Reaktion auf das perzipierte Markt- und Staatsversagen im subsaharischen Afrika, deren Ursache die Weltbank in der Persistenz fragiler und ineffizienter öffentlicher Regierungs- und Verwaltungsstrukturen sowie dem Fehlen verlässlicher Rechts- und Justizsysteme, insgesamt also in einer „Crisis of Governance" sah.[8]

Das Abkommen von Cotonou aus dem Jahr 2000, das bis 2021 den übergeordneten Rahmen für die Beziehungen der EU zu den Staaten in Afrika, im karibischen Raum und im Pazifik (AKP Staaten) bildete, zählt zu den zentralen Dokumenten, die das Verständnis von Good Governance deutlich erweiterten, jedoch die vornehmlich technisch-institutionelle Auffassung beibehielten:

> In einem politischen und institutionellen Umfeld, in dem die Menschenrechte, die demokratischen Grundsätze und das Rechtsstaatsprinzip geachtet werden, ist verantwortungsvolle Staatsführung die transparente und verantwortungsbewusste Verwaltung der menschlichen, natürlichen, wirtschaftlichen und finanziellen Ressourcen und ihr Einsatz für eine ausgewogene und nachhaltige Entwicklung. Sie beinhaltet klare Beschlussfassungsverfahren für Behörden, transparente und verantwortungsvolle Institutionen, den Vorrang des Gesetzes bei der Verwaltung und Verteilung der Ressourcen und Qualifizierung zur Ausarbeitung und Durchführung von Maßnahmen insbesondere zur Verhinderung und Bekämpfung der Korruption.[9]

Erst allmählich setzte sich das gegenwärtige Mehrheitsverständnis von Good Governance durch, das explizit auch eine soziale Dimension und den Aspekt der Partizipation beinhaltet. Das BMZ beschreibt heute Good Governance der traditionellen Definition entsprechend zunächst als transparentes, effektives und rechenschaftspflichtiges staatliches Handeln, fügt jedoch als wichtigen Bestandteil hinzu: Good Governance „beteiligt die gesamte Bevölkerung und berücksichtigt die Meinung und die Bedürfnisse von Minderheiten und Schwachen. Alle Bürgerinnen und Bürger werden mit den notwendigen öffentlichen Gütern und sozialen Dienstleistungen versorgt".[10]

Die „Good-Governance-Korrektur" in der Entwicklungszusammenarbeit,[11] beruhte auf der heute fast lapidar wirkenden, in den frühen 1990er Jahren jedoch als Zeitenwende wahrgenommenen Erkenntnis, dass Geschwindigkeit, Umfang

---

[7] Preston 1992, S. v.

[8] World Bank 1989, S. 60.

[9] Europäische Gemeinschaft 2000, Artikel 9(3). In dieser offiziellen deutschsprachigen Version des Abkommens ist „Verantwortungsvolle Staatsführung" die Übersetzung von Good Governance.

[10] BMZ 2023.

[11] Mols 2009, S. 56.

und Qualität von Entwicklungsprozessen vor allem durch die Politik der geförderten Länder selbst bestimmt werden.[12] Diese Einsicht beendete oder zumindest
modifizierte die bis dahin vorherrschende Vorstellung, dass Entwicklung – verstanden als wirtschaftliche Modernisierung – primär durch positive exogene
Einflussnahme beschleunigt werden könne. Es war US-Präsident Harry Truman,
der in seiner Antrittsrede im Januar 1949 die Idee der Entwicklungshilfe entwarf:
„Wir müssen ein kühnes neues Programm in Angriff nehmen, um die Vorteile
unserer wissenschaftlichen Fortschritte und industriellen Entwicklung für die Verbesserung und das Wachstum der unterentwickelten Gebiete nutzbar zu machen".
Mithilfe ihrer technologischen Errungenschaften und Investitionen würden die
„entwickelten" Länder eine Steigerung der industriellen Aktivität in den „ent-
wicklungsbedürftigen Gebieten" ermöglichen und den dortigen Lebensstandard
erheblich verbessern.[13] Truman präsentierte Entwicklung als einen rein ökonomischen Prozess, der den Erfahrungen und dem Beispiel der Industrienationen
Europas und Nordamerikas folge. Auch der stark normativ geprägte und empirisch vage begründete Begriff „Unterentwicklung" war eine Erfindung Trumans,
der damit mit einem Federstrich die Welt in zwei Hälften teilte: Einerseits die
„wohlhabenden Gebiete" und andererseits jene Länder, in denen die Bevölkerungen unter elenden Bedingungen in Armut lebten, ihre Ernährung unzureichend
und das wirtschaftliche Leben „primitiv und stagnierend" sei. Selbst wenn der
Begriff Unterentwicklung erfreulicherweise inzwischen kaum noch zum entwicklungspolitischen Vokabular zählt, lebt die Trumansche Teilung der Welt in der
Terminologie des „Globalen Südens" und des „Globalen Nordens" fort. Da das
Entwicklungshilfe-Konzept den vierten Punkt von Trumans Rede bildete, erhielt
es den Titel „Point Four Program".[14]

---

[12] Hemmer 1992, S. 108.

[13] Truman 1949.

[14] Bei den großen politischen Ideen und den Reden, in denen diese vermittelt werden, bleiben
die eigentlichen geistigen Mütter und Väter häufig anonym. Das Point Four Program ging auf
den State Department-Beamten Benjamin H. Hardy zurück. Hardy war an der Formulierung
der Antrittsrede beteiligt und beabsichtigte, eine neue „wichtige und aufregende" Idee ein-
zubauen, konkret ein technisches Hilfsprogramm, das einige bereits bestehende Initiativen
der Regierung vor allem in Lateinamerika zu einem globalen Programm für unterentwickelte
Länder erweitern würde. Zunächst stieß Hardy bei seinen Vorgesetzten auf Ablehnung. Sie
hielten den Vorschlag für zu unausgereift, um ihn dem Präsidenten vorlegen zu können.
Hardy konnte jedoch letztlich die zentralen mit dem Entwurf der Rede befassten Truman-
Berater Clark M. Clifford, George M. Elsey und David D. Lloyd von der Idee überzeugen
und Truman selbst fand schließlich Gefallen an dem „kühnen neuen Programm". So berichtet
es Geselbracht 2015, S. 161.

Freilich ist die Idee einer von außen unterstützen oder gar vornehmlich her-beigeführten und an einem westlichen Leitbild orientierten Entwicklung von Nationen und Regionen weitaus älter, doch seine politische Wirkungsmacht ent-faltete das Konzept von Entwicklungshilfe erst nach dem Zweiten Weltkrieg als Folge des rasch aufziehenden Kalten Krieges und der Dekolonisierung und den daraus resultierenden wirtschafts-, geo- und sicherheitspolitischen Inter-essen der USA und ihrer Alliierten.[15] Bereits 1945 hatte Truman in einer Rede vor dem US Kongress die künftige Sicherheit der USA mit verbesserten Wirtschafts- und Lebensbedingungen in anderen Teilen der Welt verknüpft und damit die Grundlage für die strategische Dimension der späteren Entwicklungspo-litik geschaffen.[16] Der Marshall-Plan (offiziell: „European Recovery Program") zur Unterstützung des wirtschaftlichen Aufbaus Europas, der 1948 anlief, war das erste große Projekt, das dieser Logik folgte. Auch in seiner Antrittsrede von 1949 ließ Truman keinen Zweifel an der erwarteten globalen Friedens- und Freiheitsdividenden von Entwicklungshilfe.

Die Liste der entwicklungspolitischen Projekte, die während des Kalten Krie-ges sicherheits- und machtpolitischen Interessen folgten oder zumindest in diese eingebettet waren, ist schier endlos. Um ein frühes Beispiel zu nennen: Als der Colombo-Plan am 1. Juli 1951 ins Leben gerufen wurde, bestand das dekla-rierte Ziel darin, durch Kapitalhilfe und technische Assistenz die wirtschaftliche Entwicklung in Süd- und Südostasien (vor allem im Bereich der Nahrungsmittel-produktion) zu verbreitern und zu beschleunigen und damit den Lebensstandard der Bevölkerungen zu heben. Der Colombo-Plan ist eine der ältesten regiona-len zwischenstaatlichen Organisationen und umfasst heute 28 Mitglieder. Neben den USA als Hauptgeber trugen zunächst Australien, Kanada, Neuseeland, Japan und Großbritannien zur Finanzierung bei. Schon in der Konzeptionsphase des Colombo-Plans bestand kein Geheimnis an dessen Verankerung in der damali-gen globalen Containment-Politik. Die Initiative hierzu ging von der Konferenz der Außenminister der Commonwealth-Staaten in Colombo im Januar 1950 aus. Nachdem die US-Regierung ihre Bereitschaft zur Teilnahme signalisiert hatte, öffnete ein Leitartikel in der Washington Post mit der Zeile, dass im State Depart-ment ein großes neues Programm der wirtschaftlichen Hilfe für Südasien zur Bekämpfung des Kommunismus Gestalt annehme.[17] In ähnlicher Weise kam für die junge Bundesrepublik Deutschland den ersten Schritten auf dem entwick-lungspolitischen Parkett eine wichtige politische und strategische Funktion zu.

---

[15] Ziai 2010, S. 23.

[16] Geselbracht 2015, S. 144.

[17] Friendly 1950. Siehe auch Bräker & Getz 1968; Oakman 2010.

1956 bewilligte der Bundestag dem Auswärtigen Amt 50 Millionen D-Mark für Technische Hilfe auf der Grundlage des „Point Four Program". Das Auswärtige Amt betrachtete dabei Entwicklungshilfe in erster Linie als Instrument zur Durchsetzung der Hallstein-Doktrin, die den Alleinvertretungsanspruch der Bundesrepublik für Gesamtdeutschland normierte.[18] Diese kurzen Hinweise auf den Elefanten im Raum der Entwicklungszusammenarbeit sollen an dieser Stelle genügen, da dies nicht die Thematik des Buches ist und das Anliegen der nachfolgenden Ausführungen vielmehr in einer Bestandaufnahme der *erklärten Ziele* von Entwicklungszusammenarbeit besteht. Festzuhalten bleibt jedoch, dass bis heute – wenn auch unter anderen Vorzeichen als während des Ost-West-Konfliktes – eine Charakterisierung von Entwicklungszusammenarbeit, wie sie der einflussreiche Entwicklungsökonom Hollis B. Chenery vor vielen Jahrzehnten vornahm, in ihren Grundzügen weiterhin Gültigkeit besitzt, und dabei nicht nur für die USA;

Im allgemeinsten Sinne besteht das Hauptziel der Entwicklungshilfe wie auch vieler anderer Instrumente der Außenpolitik darin, ein wirtschaftliches Umfeld zu schaffen, in dem die Vereinigten Staaten ihre eigenen sozialen Ziele am besten verwirklichen können. Der langfristige wirtschaftliche und soziale Fortschritt anderer Länder kann entweder als Voraussetzung für die Art von internationaler Gemeinschaft betrachtet werden, die wir aus eigenem Interesse brauchen, oder als Selbstzweck. In jedem Fall sollten wir darauf bedacht sein, steigende Einkommensniveaus, die Modernisierung der Volkswirtschaften, unabhängige politische Systeme und andere Eigenschaften von Gesellschaften zu fördern, die sowohl ihre eigenen Bürger als auch die internationale Gemeinschaft zufriedenstellen.[19]

In der vielleicht radikalsten Form formulierte der 1951 erstellte Experten-Bericht „Measures for the Economic Development of Underdeveloped Countries" des Department for Economic Affairs der Vereinten Nationen das Programm einer extern induzierten tiefgreifenden und vollständigen Transformation „unterentwickelter" Gesellschaften.

Im gewisser Weise ist ein schneller wirtschaftlicher Fortschritt ohne schmerzhafte Anpassungen nicht möglich. Alte Philosophien müssen über Bord geworfen werden; alte soziale Institutionen müssen zerfallen; Fesseln der Kaste, des Glaubens und der ethnischen Zugehörigkeit müssen gesprengt werden; und eine große Zahl von Menschen, die mit dem Fortschritt nicht Schritt halten können, müssen in ihren Erwartungen an ein bequemes Leben enttäuscht werden. Nur sehr wenige Gemeinschaften sind bereit, den vollen Preis für den raschen wirtschaftlichen Fortschritt zu zahlen.[20]

---

[18] Gieler 2011, S. 10.

[19] Chenery 1961, S. 32–45.

[20] United Nations Department of Economic Affairs 1951, S. 15.

Was heute erschreckend arrogant, neo-kolonial oder gar rassistisch erscheint, reflektierte zum damaligen Zeitpunkt einen wachsenden Willen und ein als alternativlos wahrgenommenes Streben, zwei Drittel der Welt drastisch zu verändern, um materiellen Wohlstand und wirtschaftlichen Fortschritt zu erreichen.[21] Der Feststellung, dass „Unterentwicklung" endogen verursacht sei und es eben innerstaatliche Faktoren seien, die Modernisierung be- oder sogar verhinderten, folgte die Logik, dass eine Überwindung des misslichen Status Quo nur exogen herbeigeführt werden könne. Seine wissenschaftliche Begründung fand die frühe Entwicklungshilfe in modernisierungstheoretischen Überlegungen, die sich prominent mit den Arbeiten des Politökonomen und Wirtschaftshistorikers Walt Whitman Rostow verbinden. In den 1960er Jahren war Rostow in hochrangigen Beraterpositionen in den Administrationen von John F. Kennedy und Lyndon B. Johnson tätig und trug entscheidend zur Instrumentalisierung der Entwicklungspolitik als Teil der Eindämmungs-Strategie gegenüber der Sowjetunion bei. Bekanntheit erlangte Rostow, der eine ganze Generation von Entwicklungstheoretiker*innen und -praktiker*innen prägte und auch heute noch im Rahmen eines jeden entwicklungstheoretischen Seminars rezipiert wird, vor allem für seine Stadientheorie, die er als Gegenmodell zur marxistischen Entwicklungstheorie verstand.

Der Ansatz beruhte auf Rostows Forschung zum Wirtschaftswachstum in den 1950er Jahren an dem von ihm mitbegründeten Center for International Studies am Massachusetts Institute for Technologie (MIT).[22] Die Stadientheorie basiert auf der Prämisse, dass jede Gesellschaft im wirtschaftlichen Modernisierungsprozess fünf Stadien durchläuft, wobei sich jedes Land der Welt gleichsam auf einem Zeitstrahl befindet und sich dabei jeweils einer von fünf Kategorien zuzuordnen lässt: (1) der traditionellen Gesellschaft; (2) der Gesellschaften im Übergang, während dem die Voraussetzungen für den wirtschaftlichen Aufstieg geschaffen werden; (3) der Periode des wirtschaftlichen Aufstiegs; (4) der Entwicklung zur Reife, die dadurch charakterisiert ist, dass die technologischen und unternehmerischen Fähigkeiten für eine effiziente Ressourcennutzung und Produktion gegeben sind; und (5) dem Zeitalter des hohen Massenkonsums. Dieses letzte Stadium, das Rostow weiter ausdifferenziert, was mit Blick auf die große Argumentationslinie hier aber ausgeblendet werden kann, beschreibt die Moderne. Zentral ist die Annahme, dass Länder in einem niedrigen Entwicklungsstadium von jenen in einer höheren Kategorie lernen können und müssen, um sich zu modernisieren.[23]

---

[21] Escobar 2012, S. 4.
[22] Rostow 1952.
[23] Rostow 1967, S. 18 ff.

Hier kommt die Entwicklungshilfe ins Spiel, wobei für Rostow wie generell für die modernisierungstheoretischen Ansätze der europäisch-nordamerikanische Entwicklungsweg den einzigen Referenzpunkt für Modernität bildete – oder wie es Wolfgang Sachs viele Jahre später als generelle Kritik an der Entwicklungspolitik zuspitzte: „Wie im Westen, so auf Erden"[24] – und die Möglichkeit entwicklungsförderlicher lokaler Potenziale und Innovation noch nicht einmal hypothetisch in Betracht gezogen wurden. Weitere Schwächen, wie die fehlende Thematisierung der „regionalen, sektoralen und sozialen Dualismen innerhalb der Entwicklungsländer, [...] der personalen und funktionalen Verteilung von Einkommen und Macht, der Rohstoffabhängigkeit, der Umweltproblematik, der Multinationals, des Währungssystems und anderer Übertragungsmechanismen von negativen Entwicklungseffekten", um exemplarisch aus einer Rezension von Udo Ernst Simonis zu zitieren,[25] taten dem anfänglichen Erfolg der Rostowschen Stadientheorie als Grundlage entwicklungspolitischer Planung keinen Abbruch.[26] Die Administrationen von Eisenhower, Kennedy und Johnson verwendeten Rostows Überlegungen als Blaupause für den Aufbau von Hilfsprogrammen in Asien, Afrika, Lateinamerika und dem Nahen Osten. Insbesondere inspirierten Rostows Argumente Kennedys „Allianz für den Fortschritt" (1961), ein Abkommen zur wirtschaftlichen Kooperation mit Lateinamerika, um nach Kuba das Abdriften weiterer Staaten in den sowjetischen Orbit zu verhindern.[27] In einem Beitrag zu dem Band „Why Foreign Aid", in dem einige der führenden Politikwissenschaftler und Ökonomen der USA 1961 einen der wohl wichtigsten intellektuellen Beiträge zur *Foreign Aid*-Debatte der damaligen Zeit lieferten, schrieb Kennedy deutlich die Überlegungen Rostows reflektierend:

> Wir müssen die freien Industrienationen in einer gemeinsamen Anstrengung vereinen, um denjenigen Nationen zu helfen, die ein stabiles Wachstum erreichen können. Der Grundstein für diese Bemühungen wurde bereits mit der Gründung der OECD unter der Leitung von Präsident Eisenhower gelegt. Eine solche vereinte Anstrengung wird dazu beitragen, die Volkswirtschaften der neuen Entwicklungsländer ‚in die Umlaufbahn' zu bringen – ihnen helfen, ein Stadium selbsttragenden Wachstums zu erreichen, in dem keine außerordentliche Hilfe von außen mehr erforderlich ist.

---

[24] Sachs 1993.

[25] Simonis 1973.

[26] Siehe auch: Millikan & Rostow 1957.

[27] Ausführlich: Pearce 2001.

Wenn dies gelingt – und ich habe allen Grund zu der Hoffnung, dass es gelingt – dann wird dieses Jahrzehnt in der Tat ein bedeutendes in der Geschichte der freien Menschen sein.[28]

Diese Hoffnung wurde ebenso schnell enttäuscht, wie sich die Schwächen des Rostowschen Stadienmodells offenbarten. Die sich schon bald abzeichnenden Differenzierungen im Entwicklungsprozess einzelner Länder, vor allen das beginnende rasante Wirtschaftswachstum in Ostasien und der Aufstieg der ölexportierenden Staaten (deutlich sichtbar durch die Gründung der OPEC 1960), widerlegten die These einer für alle Ökonomien geltenden Gesetzmäßigkeit der zeitlich und inhaltlich definierten sequenziellen Entwicklung. Zudem beruhte die Entwicklungszusammenarbeit in der von den Vereinten Nationen ausgerufenen „ersten Entwicklungsdekade" der 1960er Jahren auf dem doppelten Trugschluss, dass „Unterentwicklung" die Folge von Kapitalmangel sei und folglich durch externe Investitionen überwunden werden könne. Eine weitere Kernannahme bestand darin, dass sich eine stärkere Integration der Entwicklungsländer in den Weltmarkt wachstumsfördernd auswirken würde und in der Folge der Entwicklungsrückstand auf die Industriestaaten allmählich reduziert werden könnte. Tatsächlich vergrößerte sich während der Dekade jedoch das Einkommensgefälle zwischen dem „Globalen Norden" und dem „Globalen Süden". Wie der damalige Bundesminister für wirtschaftliche Zusammenarbeit, Erhard Eppler, 1971 konstatierte „war das Pro-Kopf-Einkommen in Europa 1965 etwa zehnmal größer als in Afrika, 1975 wird es gut elfmal größer sein, 1985 wird es das Vierzehnfache betragen und 2020 schon mehr als das Fünfundzwanzigfache".[29] Eppler, der selbst zunächst Anhänger der These von Entwicklung als Aufholprozess war, diese dann aber rasch infrage stellte, bezog sich auf eine Studie der Futuristen Herman Kahn und Anthony J. Wiener.[30] Zwar riet Eppler zutreffend, die Projektion der Einkommensunterschiede mit Vorsicht zu genießen, da von einer allmählichen Verlangsamung des Wirtschaftswachstum in den Industriestaaten auszugehen sei und in den Entwicklungsländern zu viele Unsicherheitsfaktoren eine Prognose erschwerten, doch stand für ihn außer Frage, dass die Entwicklungszusammenarbeit nicht länger auf eine Strategie des Aufholens setzen sollte. Eppler behielt Recht, wie im übrigen auch Kahn und Wiener erstaunliche Treffsicherheit bewiesen. Legt man die Daten des Internationalen Währungsfonds (IWF) zugrunde, so war 2023 das durchschnittliche Bruttoinlandsprodukt (BIP) pro Kopf

---

[28] Kennedy 1961. Der Beitrag entsprach einer Rede Kennedys vor dem US-Kongress aus demselben Jahr.

[29] Eppler 1981 [1971], S. 24 f.

[30] In deutscher Übersetzung: Kahn & Wiener 1971.

in Gesamt-Europa zwar „nur" knapp 16-mal größer als jenes in Gesamt-Afrika. Vergleicht man jedoch die Werte für Westeuropa und Subsahara-Afrika, so ergibt sich ein Verhältnis von rund 26:1.[31]

In den späten 1960er und frühen 1970er Jahren stellten die dependenztheoretischen Ansätze von Andre Gunder Frank, Fernando Henrique Cardoso, Eduardo Galeano und anderen die modernisierungstheoretischen Überzeugungen nicht nur in Frage, sondern verkehrten sie ins Gegenteil. Gerade die Einbindung in die vom ungleichen Tausch bestimmten post-kolonialen globalen Handelsstrukturen, bei dem die Peripherien (die ehemaligen Kolonien) die unverarbeiteten Rohstoffe und die Metropolen (die ehemaligen Kolonialmächte) die verarbeiteten Industrieprodukte lieferten, sei die strukturelle Wurzel des als „Unterentwicklung" beschriebenen Phänomens.[32] Auch der dependenztheoretische Diskurs ist in einem großen Schnittbereich von Wissenschaft und Praxis geführt worden. Zentral für die Dependenztheorie ist die Prebisch-Singer These, wonach sich die *Terms of Trade* – das in einer Währung gemessene Austauschverhältnis zwischen dem Import und dem Export eines Landes – für die Entwicklungsländer durch ihre Einbindung in das arbeitsteilige Weltwirtschaftssystem langfristig verschlechtern. Grund hierfür ist, so das hier kurz zusammengefasste Argument, dass die Preise für industriell gefertigte Güter stärker steigen als jene für Primärgüter wie Rohstoffe und Agrarprodukte. Da Entwicklungsländer jedoch vornehmlich Primärgüter exportieren und Industrieprodukte importieren, entsteht ein Ungleichgewicht zuungunsten der Entwicklungsländer, deren Wohlstand sich folglich verschlechtert. Der argentinische Entwicklungsökonom Raúl Prebisch, der diesen Zusammenhang 1949 formulierte,[33] hatte später als Direktor der United Nation's Economic Commission for Latin America and the Caribbean (ECLAC) and anschließend als Generalsekretär der United Nations Conference on Trade and Development (UNCTAD) entscheidenden Anteil an den Versuchen, die strukturelle Ungleichheit zu überwinden.

Angesichts des bis Ende der 1960er weit fortgeschrittenen Dekolonisierungsprozesses potenzierte sich das politische Gewicht der Länder des „Globalen Südens" alleine schon durch ihre deutlich gewachsene Stimmenzahl in der UN-Vollversammlung. Die im Zeichen der Dependenzargumentation stehende Wahrnehmung, im Korsett eines von den Interessen und dem wirtschaftspolitischen Verhalten der Industriestaaten determinierten globalen ökonomischen Systems dauerhaft gefangen zu sein, bildete den Nukleus des post-kolonialen

---

[31] IMF 2024.

[32] Frank 1969. S. 31 f.

[33] Publiziert als Prebisch 1950.

Nord-Süd-Konfliktes[34] und – verstärkt noch durch die Ölkrise von 1973 – den Ausgangspunkt für die 1974 von der UN-Vollversammlung verabschiedeten „Erklärung über die Errichtung einer neuen internationalen Wirtschaftsordnung": „In einem System, das in einer Zeit geschaffen wurde, in der die meisten Entwicklungsländer noch nicht einmal als unabhängige Staaten bestanden, und das die Ungleichheit verewigt, wird die Kluft zwischen den entwickelten Ländern und den Entwicklungsländern immer größer."[35] Die Lösung des Problems sahen die Protagonisten der Neuen Weltwirtschaftsordnung jedoch abermals fast ausschließlich in exogenen Faktoren und Dynamiken, wie, um nochmals die Erklärung zu zitieren, der „Gewährung einer aktiven Hilfe an die Entwicklungsländer durch die gesamte internationale Gemeinschaft, frei von irgendwelchen politischen oder militärischen Bedingungen". Weitere zentrale Forderungen bezogen sich u. a. auf eine Verbesserung der *Terms of Trade*, eine Reform des internationalen Währungssystems, die Förderung des Technologietransfers sowie die Regelung und Beaufsichtigung der Tätigkeit transnationaler Unternehmen. Der ideologische Paradigmenwandel, für den das Projekt der Neuen Weltwirtschaftsordnung stand, manifestierte sich somit in der Beschreibung von „Unterentwicklung" als nicht mehr vornehmlich endogen, sondern exogen verursachtes Problem. Abgesehen vom Wunsch nach einer Entkoppelung der Entwicklungshilfe von politischen und sicherheitspolitischen Motivationen wurde Entwicklungszusammenarbeit aber nicht neu gedacht, nur größer und gezielter sollte die Hilfe sein.

Ebenso wenig änderte sich die Vorstellung von Wirtschaftswachstum als hauptsächlichem Indikator für Entwicklung, auch wenn hieran immer stärkere Zweifel artikuliert wurden. Im Mittelpunkt stand hierbei der bis heute vielzierte Bericht des Club of Rome zu den Grenzen des Wachstums von 1972.

> Wenn die gegenwärtige Zunahme der Weltbevölkerung, der Industrialisierung, der Umweltverschmutzung, der Nahrungsmittelproduktion und der Ausbeutung von natürlichen Rohstoffen unverändert anhält, werden die absoluten Wachstumsgrenzen auf der Erde im Laufe der nächsten hundert Jahre erreicht. Mit großer Wahrscheinlichkeit führt dies zu einem ziemlich raschen und nicht aufhaltbaren Absinken der Bevölkerungszahl und der industriellen Kapazität.[36]

---

[34] Für eine Bewertung aus dem Blickwinkel der damaligen Zeit siehe Donges 1970.

[35] Vereinte Nationen 1993 [1974].

[36] Meadows et al. 1972, S. 17.

Nur ein schnelles und entschiedenes Handeln könne die „Wachstumstendenz" noch revidieren und einen „ökologischen und wirtschaftlichen Gleichgewichtszustand" herbeiführen.[37] Selbst der damalige Weltbank-Präsident Robert McNamara schloss sich dieser Argumentationslinie an, indem er 1973 in einer richtungweisenden Rede das Wachstumskonzept für das Anwachsen von Armut in den Entwicklungsländern mitverantwortlich machte. Die hauptsächlich wachstumsfördernden Maßnahmen seien in den meisten Fällen den reichsten 40 % der Bevölkerung zugutegekommen und wären damit nicht in der Lage gewesen, absolute Armut zu reduzieren. Die als „Nairobi Fanfare" bekannt gewordenen Ausführungen McNamaras ebneten angesichts der traditionellen programmatischen Vordenkerrolle der Weltbank den Weg für die „Grundbedürfnisstrategie" als neuem entwicklungspolitischem Ansatz.[38] Statt weiterhin auf einen *trickle down-*Effekt zu hoffen, bei dem die Einkommenszuwächse unter den wohlhabenden Schichten der Gesellschaft sukzessive auch zu den ärmeren Bevölkerungsgruppen „durchsickern", sollten fortan die Grundbedürfnisse der Menschen in direkter Weise verbessert werden. Die neue entwicklungspolitische Rhetorik fokussierte sich vor allem auf die Sicherstellung ausreichender Ernährung, Wohnung und Bekleidung, den Zugang zu grundlegenden Gesundheits- und Bildungseinrichtungen sowie der Bereitstellung von sauberem Wasser und Sanitäreinrichtungen.

Seine wohl nachhaltigste Manifestation fand der frühe wachstumskritische Entwicklungsdiskurs in dem von McNamara 1977 beauftragten und 1980 vorgelegten Bericht der Nord-Süd-Kommission mit dem Titel „Das Überleben sichern" (bekannter als Brandt-Bericht). In seiner Einleitung[39] zu dem Bericht gibt Kommissionsleiter Willy Brandt zu bedenken, dass sich die „Wachstumsideologien im Norden" zu wenig mit der Qualität von Wachstum befasst hätten. Brandt unterstreicht die Bedeutung eines differenzierten Entwicklungsansatzes, der über Strategien zur Produktionssteigerung und der Fokussierung auf bloßes Wirtschaftswachstum hinausgeht. Es gelte von der „ständigen Verwechslung zwischen Wachstum und Entwicklung loszukommen"[40]. Brandt betont die Notwendigkeit, kulturelle, geschichtliche, religiöse und geographische Faktoren zu berücksichtigen, statt Einheitslösungen zu verfolgen. Darauf aufbauend appelliert er für eine gerechtere Einkommensverteilung und die Berücksichtigung der Grundbedürfnisse der ärmsten Bevölkerungsgruppen. Hierbei liege die Hauptlast der Verantwortung bei den „führenden Kräfte[n] im Süden", jedoch müssten nationale

---

[37] Meadows et al. 1972, S. 17.

[38] Nuscheler 2012, S. 31.

[39] Brandt 1983 [1979].

[40] Brandt 1983 [1979], S. 33.

und internationale Anstrengungen Hand in Hand gehen, um Gerechtigkeit und Wohlfahrt zu fördern.[41] Insgesamt also: Ohne Berücksichtigung der *Qualität* von Wachstums und sozialer Veränderung kann nicht von Entwicklung gesprochen werden.

Die Idee qualitativen Wachstums fand einige Jahre später seine Weiterentwicklung im Konzept der nachhaltigen Entwicklung, das die Weltkommission für Umwelt und Entwicklung der Vereinten Nationen 1987 (Brundtland-Kommission) prominent in die Diskussion einbrachte.[42] Auch für den Ansatz des „Pro Poor Growth" (Wachstum, das den Armen zugutekommt und ihnen die Gelegenheit gibt, ihre wirtschaftliche Situation zu verbessern), das die Vereinten Nationen und die OECD kurz nach der Jahrtausendwende definierten und das in den folgenden Jahren von der Weltbank und einigen nationalen Geberorganisationen, u. a. vom BMZ vor allem aber der schwedischen SIDA, operationalisiert wurde,[43] leiste die Brandt-Kommission wichtige Vorarbeit.

Ebenso finden sich im Brandt-Bericht erste implizite Anklänge an die späteren Good Governance-Diskurs, wie der Report insgesamt seiner Zeit deutlich vorauseilte. Systematisch umgesetzt wurden die Ideen der Nord-Süd-Kommission nie, doch findet sich der Geist des Brandt-Berichts – nicht zuletzt auch mit Blick auf die geforderte Nord-Süd-Partnerschaft und eine Kultur der globalen Verantwortung – im in den frühen 1990er Jahren aufkommenden Konzept der Menschlichen Entwicklung (Human Development), in den Millenniums-Entwicklungszielen von 2000 und vor allem in den Nachhaltigen Entwicklungszielen (Sustainable Development Goals, SDGs) von 2015 wieder.

Unabhängig vom jeweiligen Mehrheitsdiskurs verfolgten die meisten Länder des „Globalen Südens" zunächst weiterhin einen klassischen ökonomischen Wachstumskurs. Begünstigt wurde dies durch leicht verfügbare internationale Kredite. In den 1980er-Jahren veränderten sich die globalen Wirtschaftsbedingungen vor dem Hintergrund der Ölkrise jedoch substanziell, was sich u. a. durch stark steigende Zinsen bemerkbar machte. Gleichzeitig resultierten die hohen Staatsausgaben in nicht selten galoppierender Verschuldung, die wiederum die meisten „Entwicklungsländer" in massive Zahlungsschwierigkeiten brachte und die Aufnahme neuer Kredite deutlich erschwerte oder vollständig verhinderte. Die Schuldenkrise, die 1982 in Mexiko begann und sich rasch in Lateinamerika, Afrika und Asien ausbreitete, bildete den Anlass für eine abermalige Neuorientierung der entwicklungspolitischen Programmatik. Die neue

---

[41] Brandt 1983 [1979], S. 14.

[42] United Nations 1987.

[43] Trefs & Lepenies 2009, S. 2.

Strategie zielte auf wirtschaftliche Stabilisierung durch Stärkung der Marktkräfte ab. Die Rezeptur hierzu lieferten die Strukturanpassungsprogramme des IWF und der Weltbank.[44] Der unter dem Begriff „Washington-Konsens" auch heute noch geläufige Ansatz setzte u. a. auf Deregulierung, Entbürokratisierung, Privatisierung, Handelsliberalisierung, die Verbesserung der Bedingungen für ausländische Direktinvestitionen und Steuerreformen.[45] Regierungen, die neue Kredite erhalten wollten, mussten dem strengen wirtschaftsliberalen Kurs folgen. Die neoliberale Entwicklungsstrategie war dabei ein Kind ihrer Zeit, der von Reaganomics und Thatcherismus geprägten 1980er Jahre. „Von den Entwicklungsideen des Brandt-Reports finden sich in diesem Politikansatz nicht einmal Spurenelemente."[46] Eine direkte Förderung der Grundbedürfnisse stand nicht länger auf der Agenda. Nicht alles an den Strukturanpassungsmaßnahmen der 1980er Jahre ist schlecht und verkehrt gewesen und einige Länder profitierten; doch fehlte es an sozialer Ausgewogenheit.

In den 1980er Jahren mehrten sich daher die Stimmen, die monokausale Erklärungsansätze für „Unterentwicklung" ablehnten, wahre Alternativen zu den Geber-dominierten vornehmlich ökonomischen Entwicklungsmodellen forderten und holistischere Ansätze vorschlugen. Exemplarisch sei hier auf den einflussreichen indischen Entwicklungstheoretiker und -praktiker Rajni Kothari verwiesen.[47] Kotahris Arbeiten stehen in der Tradition der indischen Entwicklungstheorie, die seit jeher durch eine gesamtgesellschaftliche Perspektive und ordnungspolitische Reflexionen geprägt war. In seinem ganzheitlichen Ansatz integrierte Kothari wirtschaftliche, politische, und sozio-kulturelle Facetten von Entwicklung und trug gleichzeitig den Interdependenzen zwischen internationalen, nationalstaatlichen und gesellschaftlichen Entwicklungsdynamiken Rechnung. In diesem Kontext sprach sich Kothari für eine direkte Bürgerbeteiligung an politischen Entscheidungsprozessen sowie für politische und administrative Dezentralisierung aus.[48]

Im deutschen entwicklungspolitischen Diskurs kann das Arnold-Bergstraesser Institut (ABI) in Freiburg als Avantgarde der Good Governance-Debatte gelten. In dem 1986 erschienenen richtungsweisenden Band „Entwicklungspolitik" z. B. verweist Gerald Braun auf Freiheit, Rechtsstaatlichkeit und soziale Gerechtigkeit als die wesentlichen Faktoren von Entwicklung und fordert gleichzeitig, die

---

[44] Neubert 2016, S. 361.
[45] Für eine gute Zusammenfassung siehe Nuscheler 2012, S. 32.
[46] Messner 2013, S. 22.
[47] Siehe vor allem Kothari 1988.
[48] Dreis & Klein 1991, S. 211.

Vergabe von Entwicklungshilfe an die Einhaltung universeller Menschenrechte und den Schutz ethnischer Minderheiten zu koppeln.[49] Dieter Oberndörfer sieht im Aufbau einer leistungsfähigen Verwaltung die vornehmliche Entwicklungsaufgabe,[50] während Nikolaus Werz den geringen politischen Institutionalisierungsgrad als ein Hauptproblem vieler Entwicklungsländer identifiziert.[51] Dies waren zentrale Ideen, die wenig später auch der bereits erwähnte Weltbank-Bericht „Sub-Saharan Africa. From Crisis to Sustainable Growth" von 1989 anspricht. Das Vorwort des damaligen Weltbank-Präsidenten Barber Conable gilt als Ursprung des Begriffs Good Governance: „Eine der Hauptursachen für die schwache Wirtschaftsleistung in der Vergangenheit war das Versagen der öffentlichen Institutionen. Die Initiative des Privatsektors und die Marktmechanismen sind wichtig, aber sie müssen Hand in Hand mit einer Good Governance gehen – einem effizienten öffentlichen Dienst, einem zuverlässigen Justizsystem und einer Verwaltung, die der Öffentlichkeit gegenüber rechenschaftspflichtig ist."[52]

Das Ende des Kalten Krieges schien die Entwicklungszusammenarbeit von ihrem politisch-strategischen Korsett befreit zu haben und es bestand die Chance einer fundamentalen Neudefinition entwicklungspolitischer Ansätze und Ziele. Dabei ging es „für den Entwicklungspolitiker auch darum, die offenkundige Diskrepanz zwischen entwicklungspolitischer Rhetorik und Realität, die immer größer geworden war, zu schließen, um vielleicht ein Mindestmaß an Glaubwürdigkeit zurückgewinnen zu können", schreibt Gero Erdmann ebenfalls im Rahmen der am ABI betriebenen entwicklungspolitischen Forschung und verweist darauf, dass die Menschenrechte seit 1975 Teil der entwicklungspolitischen Leitlinien aller Bundesregierungen gewesen seien, für die tatsächliche Vergabepraxis (abgesehen von einzelnen und dabei nicht selten umstrittenen Ausnahmen in Lateinamerika) jedoch keine Rolle gespielt hätten.[53]

Mit Blick auf die deutsche Entwicklungszusammenarbeit schuf der Wissenschaftliche Beirat des BMZ mit seinem wegweisenden Bericht „Grundsätze der Entwicklungszusammenarbeit in den 90er Jahren. Notwendige Rahmenbedingungen" 1990 die Basis für die „fünf Kriterien" des BMZ als maßgeblichen Eckpfeilern der künftigen Ausrichtung: Die Beachtung der Menschenrechte; die Beteiligung der Bevölkerungen am politischen Prozess; die Gewährleistung von Rechtssicherheit; die Schaffung einer marktwirtschaftlichen Wirtschaftsordnung;

---

[49] Braun 1986, S. 74.

[50] Oberndörfer 1986.

[51] Werz 1986, S. 162.

[52] Conable 1989, S. xii.

[53] Erdmann 1992, S. 4–5.

und die Entwicklungsorientierung staatlichen Handelns.[54] Damit war das Fundament für die Förderung von Good Governance hergestellt, wenn es auch zunächst an der Operationalisierung fehlte.[55] Hier wurden jedoch rasch Fortschritte erzielt. So lieferte z. B. eine 1994 von der damaligen Deutschen Gesellschaft für Technische Zusammenarbeit (GTZ)[56] an das Institut für Politikwissenschaft der Johannes Gutenberg-Universität Mainz vergebene Studie zu den politischen Rahmenbedingungen der Entwicklungszusammenarbeit einen wichtigen Input. Dieses unter GTZ/GIZ-Veteranen zum Teil auch heute noch als „Mols-Studie" (benannt nach dem Projektleiter Professor Manfred Mols) bekannte Papier entwickelte auf der Grundlage zweier Fallstudien zu Bolivien und den Philippinen u. a. für die Bereiche Korruptionsbekämpfung, Förderung politischer Dezentralisierungsprozesse, Stärkung der Zivilgesellschaften, Aufbau und Konsolidierung von Rechtsstaatlichkeit, Durchsetzung der Menschenrechte und Verbesserung der Stellung und Rolle von Frauen in Politik und Gesellschaft Kriterien für eine auf Good Governance ausgerichtete Entwicklungszusammenarbeit.

Eine knappe Dekade später resultierte die vom BMZ beauftragte Evaluierung „Möglichkeiten und Grenzen der Förderung von Demokratie und Good Governance in Angola, Äthiopien, Guatemala und Kambodscha" in einer der ersten umfangreichen Bestandsaufnahmen des deutschen Ansatzes. Die Teilstudie Kambodscha z. B. kommt dabei zu dem Ergebnis, dass ein expliziter konzeptioneller und holistischer Ansatz zur Förderung von Demokratie und Good Governance nicht existiere. Gleichzeitig bescheinigt die Evaluierung den im Land aktiven deutschen Akteuren der Entwicklungszusammenarbeit, Wirkungen in den für Good Governance wichtigen Bereichen Landmanagement, Frauenförderung, Dezentralisierung und Verwaltungsreform erzielt zu haben. Insgesamt wird das Vorhandensein richtiger und erfolgsversprechender Ansätze, aber auch ein Mangel an Koordinierung und Synergiebildung unter den Einzelprojekten sowie eine unzureichende Reflexion der politischen Rahmenbedingungen und fehlende Risikoanalysen konstatiert.[57]

Seit den frühen 2000er Jahren sind die Programme und -projekte im Good Governance-Bereich aller OECD-Geber regelmäßig evaluiert worden. Gleichzeitig ist die Zahl der Good Governance-Interventionen rasant angestiegen, was vor allem damit zusammenhängt, dass die im Jahr 2000 formulierten globalen acht Millenniums-Entwicklungsziele (Millennium Development Goals/MDGs) und die

---

[54] Claus, Kuhn & Kurtenbach 2002, S. 13.

[55] Erdman 1992.

[56] Heute: Deutsche Gesellschaft für Internationale Zusammenarbeit (GIZ).

[57] BMZ Referat 120 2003.

ihnen 2015 nachgefolgten Ziele für nachhaltige Entwicklung (Sustainable Development Goals/SDGs) unmittelbar in die Good Governance-Agenda eingebettet sind. Die Millenniumserklärung[58] erkannte ausdrücklich Good Governance als eine der wesentlichsten Voraussetzungen für das Erreichen der MDGs. Sie wies deutlich darauf hin, dass Good Governance auf allen Ebenen unerlässlich sei, um ein förderliches Umfeld für Armutsbekämpfung zu schaffen und eine Voraussetzung für die Durchsetzung der Menschenrechte und anderer universeller Werte darstelle. Oder in den vielzitierten Worten des damaligen Generalsekretärs der Vereinten Nationen, Kofi Annan: „Good Governance ist vielleicht der wichtigste einzelne Faktor bei der Ausrottung von Armut und der Förderung von Entwicklung".[59] Die SDGs haben mit dem 16. Ziel „Frieden, Gerechtigkeit und starke Institutionen" einen expliziten Fokus auf Good Governance etabliert, wobei insgesamt Konsens besteht, dass die Verwirklichung *aller* Ziele guter, ergebnisorientierter Regierungsführung bedarf.

Angesichts einer großen Anzahl öffentlich zugänglicher Evaluierungen wäre zu erwarten, dass inzwischen gesicherte Erkenntnisse zu den Ergebnissen und der Wirksamkeit von Entwicklungszusammenarbeit mit Blick auf die Förderung von Good Governance vorliegen. Allein eine Suche in der OECD Datenbank „DAC Evaluation Resource Centre" (DEReC)[60] bringt fast 3000 relevante Berichte hervor. Eine systematische Auswertung hat bislang jedoch noch nicht stattgefunden, wie überhaupt der über viele Jahre durch Evaluierungsaktivitäten generierte Datenschatz in der (wissenschaftlichen) Entwicklungsliteratur kaum Beachtung findet. Mehr noch: „Kaum ein Politikfeld dürfte einer größeren Diskrepanz zwischen Fremd- und Selbstwahrnehmung ausgesetzt sein als die Entwicklungspolitik. Eine fachfremde Öffentlichkeit, die bis in manche Bundesministerien und parlamentarische Fachausschüsse reicht, hält mitunter den sprichwörtlichen Brunnenbau noch immer für das entwicklungspolitische Kerngeschäft."[61] Gleichzeitig wird seit Jahrzehnten beinahe gebetsmühlenartig die vorgebliche Erfolgslosigkeit von Entwicklungszusammenarbeit angeprangert, ohne dass solche Urteile empirisch robust untermauert sind. Feststellungen, wie jene Ulrich Menzels von 1991, dass die Entwicklungspolitik keinen nennenswerten Erfolg gezeigt habe, unabhängig davon, welche Strategien in den einzelnen „Entwicklungsdekaden" verfolgt worden seien,[62] prägen den Diskurs. So konstatiert auch der

---

[58] United Nations 2000.

[59] Hier zitiert nach United Nations 2015.

[60] https://www.oecd.org/derec/?hf=5&b=0&s=score

[61] Grävingholt 2016.

[62] Menzel 1991, S. 9.

deutsche Botschafter a. D. Volker Seitz im Jahr 2009: „Das Modell der westlichen Entwicklungshilfe mit Hilfsgeldern und regelmäßigem Schuldenerlass seit
Beginn der 1960er Jahre ist gescheitert."[63] Noch deutlich verschärft diagnostiziert die einflussreiche Ökonomin Dambisa Moyo: „Entwicklungshilfe hat dazu
beigetragen, dass die Armen noch ärmer wurden und dass sich das Wachstum ver-
langsamte."[64] Auch Paul Collier betrachtet Entwicklungshilfe als kontraproduktiv
und zwar konkret deshalb, weil sie zu beachtlichen Teilen in die Militärhaushalte
von Staaten fließe und damit in der Konsequenz zu Aufrüstung und der Anwendung von Gewalt beitrage und das Risiko von Konflikten erhöhe.[65] Schließlich,
um ein viertes Beispiel zu nennen, die Einschätzung des ehemaligen Präsidenten des German Institute of Global and Area Studies (GIGA) in Hamburg, Robert
Kappel, in einem Interview: „Wir haben […] eine Art Entwicklungshilfe-Industrie
der großen staatlichen Agenturen wie der Gesellschaft für Internationale Zusammenarbeit (GIZ) und der KfW Entwicklungsbank. […] Sie wollen weitermachen
wie bisher. Es führt aber kein Weg daran vorbei: Diese Industrie muss sich
wandeln. Die Erfolge sind zu gering, es versickert zu viel Geld. Wir geben unabhängigen Staaten, die eigentlich selbst entscheiden sollten, die falschen Anreize.
Wir verfolgen mit der Hilfe zudem unsere eigenen Interessen, und ein Teil des
Geldes fließt in unsere eigene Industrie zurück."[66]

Im Ergebnis mögen die hier zitierten und etliche in ihren Aussagen ähnliche
Studien nicht a priori falsch sein. Es fehlt jedoch zumeist an einer empirisch fundierten Analyse der Wirksamkeit von Entwicklungszusammenarbeit. Entweder
wird das Thema vollständig ausgeblendet, auf anekdotischer Grundlage kursorisch gestreift oder mit starkem Ideologiebezug diskutiert. Dies führt dann, je
nach Sichtweise, regelmäßig zu pauschalen Erfolgsbilanzen oder eben zu einer
Fundamentalkritik der EZ. Reinhard Stockmann spitzt den Status quo der Debatte
treffend zu:

> Viele Bücher, Zeitungsartikel und Statements, die meist sehr persönlich und emo-
> tional „aus der Praxis" berichten und in der Regel mit einer vernichtenden Kritik
> der (staatlichen) Entwicklungszusammenarbeit enden, stellen jedoch – methodisch
> betrachtet – willkürlich ausgewählte Schlaglichter der Entwicklungszusammenarbeit
> dar, die keiner fundierten Prüfung standhalten. Unsystematisch aneinandergereihte
> Defizitschilderungen mögen zu anregenden Diskussionen führen, taugen jedoch nicht
> als empirische Basis, um die (Un-)Wirksamkeit der Entwicklungszusammenarbeit

---

[63] Seitz 2009, S. 47.
[64] Moyo 2011, S. 22.
[65] Collier 2010, S. 121 ff.
[66] Kappel 2018.

oder wenigstens von Programmen, bestimmten Instrumenten oder Ansätzen zu belegen. Die Untersuchungsmethodik ist in der Regel so schwach, dass sie noch nicht einmal ausreicht, um den Erfolg oder Misserfolg der ausgewählten Projekte zu belegen.[67]

Im selben Buchbeitrag bemüht sich Stockmann selbst, Abhilfe zu schaffen, indem er u. a. auf den Reichtum an unabhängigen Evaluierungen verweist, die eine schier unendliche Fülle an quantitativen und qualitativen Erhebungen zu Erfolg und Misserfolg entwicklungspolitischer Programme und Projekte zur Verfügung stellen. Weder in der deutsch- noch englischsprachigen wissenschaftlichen Literatur sind Evaluierungsberichte bisher jedoch in größerem Umfang als Evidenzbasis herangezogen worden. Dies verwundert umso mehr, als die meisten bilateralen und multilateralen Geber bereits seit etlichen Jahren die Evaluierungen ihrer EZ online veröffentlichen. Jenseits der großen normativen und ideologischen Diskurse wird das hier vorliegende Buch erstmals auf einer breiten empirischen Grundlage ein differenziertes Urteil über die Wirksamkeit der auf die Stärkung von Good Governance ausgerichteten EZ treffen können. Zu diesen Zweck sichteten wir mehr als 500 unabhängige Evaluierungsberichte, die seit den frühen 2000er Jahren veröffentlich worden sind, und wählten schließlich rund hundert aus, auf welche die Ausführungen in den folgenden Kapiteln Bezug nehmen. Dabei handelt es sich um Evaluierungen relevanter Programme folgender Geber: Australien, Belgien, Dänemark, Deutschland, Europäische Union, Finnland, Frankreich, Großbritannien, Irland, Island, Kanada, Luxemburg, Niederlande, Norwegen, Österreich, Schweden, Schweiz, USA und UN-Organisationen. In etlichen Fällen sind dies Meta-Evaluierungen, welche die wesentlichen Ergebnisse aus – zumeist zwischen 10 und 30, teilweise aber auch von mehr als 100 – Einzelevaluierungen zusammenschauend analysieren. Die Berichte repräsentieren einen Mix aus Evaluierungen von Länder- und Regionalprogrammen in Asien, Afrika, Lateinamerika und Ozeanien und großen länderübergreifenden Projekten in bestimmten Bereichen (z. B. Förderung der Menschenrechte, Wahlunterstützung oder Stärkung der Zivilgesellschaft) sowie thematische Evaluierungen, die das gesamte Portfolio eines Gebers in einem oder mehreren Sektoren (z. B. Dezentralisierung oder Geschlechtergleichstellung) in den Fokus nehmen.

Ziel unserer Studie ist es zu prüfen, erstens – womit dieses Kapitel bereits begonnen hat – wie sich der Anspruch auf die Förderung von Good Governance herleitet und welche Evolution der Ansatz durchlaufen hat, zweitens wie die Förderung von Good Governance durch Entwicklungszusammenarbeit

---

[67] Stockmann 2016, S. 565.

konkret umgesetzt wird, drittens wie sich die Ergebnisse der EZ in diesem Bereich messen und bewerten lassen sowie viertens und hauptsächlich welche Wirksamkeit Programme und Projekte im Good Governance-Bereich erzielt haben. Eine Auseinandersetzung mit diesen Fragen setzt in den beiden folgenden Kapiteln zunächst eine kurze Reflexion des Entwicklungsbegriffs und -konzepts in genereller Hinsicht sowie einige allgemeine Betrachtungen zur Entwicklungszusammenarbeit voraus.

Literatur

BMZ (2005). *Förderung von Demokratie in der Deutschen Entwicklungspolitik.* Bonn: BMZ Spezial. https://www.entwicklungsdienst.de/fileadmin/Redaktion/ENGAGEMENT_W ELTWEIT/Publik_/Demokr/BMZ_Foerderung_vonGG_in_der_dt_EZ.pdf.

BMZ (2023). Good Governance. https://www.bmz.de/de/themen/good-governance.

BMZ, Referat 120 (2003). *Hauptbericht zur Evaluierung Möglichkeiten und Grenzen der Förderung von Demokratie und Good Governance in Angola, Äthiopien, Guatemala und Kambodscha. Länderbericht Kambodscha.* Bonn: BMZ.

Bräker, Hans & Heinrich Getz (1968). Der Colombo-Plan. In Dies. (Hrsg). *Multilaterale Hilfeleistung für Entwicklungsländer. Internationale Kooperation,* vol. 2. Wiesbaden: VS Verlag für Sozialwissenschaften.

Brandt, Willy (1983) [1979]. Wandel tut Not: Frieden, Ausgleich, Arbeitsplätze. Einleitung. In *Das Überleben Sichern. Der Brandt-Report. Bericht der Nord-Süd-Kommission.* Berlin: Ullstein, S. 11–40.

Braun, Gerald (1986). Kriege und Konflikte in der Dritten Welt. In Dieter Oberndörfer & Theodor Hanf (Hrsg.), *Entwicklungspolitik.* Stuttgart et al.: W. Kohlhammer, S. 46–77.

Chenery, Hollis B. (1961). Objectives and Criteria for Foreign Assistance. In Robert Goldwin (Ed.), *Why Foreign Aid? Two Messages by President Kennedy and Essays.* Chicago: Rand McNally & Company, S. 32–45.

Claus, Burghard, Berthold Kuhn, & Sabine Kurtenbach (2002). *Möglichkeiten und Grenzen der Förderung von Demokratie und Good Governance in Ländern mit „schwierigen" Rahmenbedingungen.* Bonn: BMZ.

Collier, Paul (2010). *Gefährliche Wahl. Wie Demokratisierung in den ärmsten Ländern der Welt gelingen kann.* Bonn: Lizenzausgabe für die Bundeszentrale für Politische Bildung.

Conable, Barber B. (1989). Foreword. In World Bank. *Sub-Sahara Africa. From Crisis to Sustainable Growth.* Washington D.C.: World Bank, S. xi–xii. http://documents.worldb ank.org/curated/en/498241468742846138/pdf/multiOpage.pdf.

Donges, Jürgen B (1970). *Nord-Süd-Konflikt oder Partnerschaft mit der Dritten Welt?* Kieler Diskussionsbeiträge, No. 3.

Dreis, Barbara & Nicolette Klein (1991). Die entwicklungstheoretischen Vorstellungen Rajni Kotharis. In Manfred Mols & Peter Birle (Hrsg.), *Entwicklungsdiskussion und Entwicklungspraxis in Lateinamerika, Südostasien und Indien.* Münster und Hamburg: Lit, S. 209–236.

Europäische Gemeinschaft (2000). 2000/483/EG: Partnerschaftsabkommen zwischen den Mitgliedern der Gruppe der Staaten in Afrika, im Karibischen Raum und im Pazifischen Ozean einerseits und der Europäischen Gemeinschaft und ihren Mitgliedstaaten andererseits, unterzeichnet in Cotonou am 23. Juni 2000. https://eur-lex.europa.eu/legal-content/DE/TXT/HTML/?uri=CELEX:22000A1215(01).

Eppler, Erhard (1981) [1971]. *Wenig Zeit für die Dritte Welt*, 8. Aufl., Stuttgart et al.: W. Kohlhammer.

Erdmann, Gero (1992). *Demokratisierung in Afrika und Menschenrechtskonditionalität in der Entwicklungshilfe: Neue alte Aufgaben für NRO*. Bonn: WEED.

Escobar, Arturo (2012). *Encountering Development. The Making and Unmaking of the Third World*. Paperback reissue, with, a new preface by the author. Princeton and Oxford: Princeton University Press.

Europäische Union (2021). Verordnung 2021/947 des Europäischen Parlaments und des Rates vom 9. Juni 2021 zur Schaffung des Instruments für Nachbarschaft, Entwicklungszusammenarbeit und internationale Zusammenarbeit – Europa in der Welt. https://eur-lex.europa.eu/legal-content/DE/TXT/?uri=CELEX%3A32021R0947.

Frank, Andre Gunder (1969). *Die Entwicklung der Unterentwicklung*. Berlin: Wagenbach.

Friendly, Alfred (1950). Asian Economic Aid Plan Taking Shape. *Washington Post*, 15. September.

Geselbracht, Raymond H. (2015). *Foreign Aid and the Legacy of Harry S. Truman*. Truman State University Press.

Gieler, Wolfgang (2011). Einleitung. In Ders. (Hrsg.) *50 Jahre deutsche Entwicklungszusammenarbeit. Das BMZ von Walter Scheel bis Dirk Niebel*. Bonn et al.: Scientia Bonnensis.

Grävingholt, Jörn (2016). Entwicklungspolitik im Gefüge einer „neuen deutschen Außenpolitik". *Aus Politik und Zeitgeschichte*, 28–29/2016, S. 38–43. https://www.bpb.de/shop/zeitschriften/apuz/230582/entwicklungspolitik-im-gefuege-einer-neuen-deutschen-aussenpolitik/.

Hemmer, Hans-Rimbert (1992). Forderungen an eine Neuorientierung der deutschen Entwicklungspolitik in den 90er Jahren – Wunschdenken versus Realismus. In Günter Baadte & Anton Raunscher (Hrsg.), *Dritte Welt und Entwicklung*. Graz et al.: Verlag Styria, S. 105–124.

IMF (2024). GDP per capita, current prices https://www.imf.org/external/datamapper/NGDPDPC@WEO/UVK/EURO/EU.

Kahn, Herman & Anthony J. Wiener (1971). *Ihr werdet es erleben – Voraussagen der Wissenschaft bis zum Jahre 2000*. Reinbek bei Hamburg: Rowohlt.

Kappel, Robert. (2018). „Die Erfolge sind zu gering". Interview in Welt-Sichten, 1. Oktober. https://www.welt-sichten.org/artikel/35079/entwicklungshilfe-die-erfolge-sind-zu-gering.

Kennedy, John F. (1961). Foreign Aid 1961. In Robert Goldwin (Ed.), *Why Foreign Aid? Two Messages by President Kennedy and Essays*. Chicago: Rand McNally & Company, S. 1–9.

Kothari, Rajni (1988). *Rethinking Development. In Search of Human Alternatives*. Delhi: Ajanta Publications.

Meadows, Dennis et al. (1972). *Die Grenzen des Wachstums. Bericht des Club of Rome zur Lage der Menschheit*, Stuttgart: Deutsche Verlags-Anstalt.

Menzel, Ulrich (1991). *Die Geschichte der Entwicklungstheorie*. Hamburg: Deutsches Übersee-Institut.

Messner, Dirk (2013). Einführung in den Brandt-Report. Eine Einordnung in die Diskussionen zu globaler Entwicklung seit den 1970er Jahren. In Brandt, Willy (2013) [1980]. *„Das Überleben sichern" – die Einleitung zum Nord-Süd-Bericht. mit einer Einführung von Dirk Messner*. Schriftenreihe der Bundeskanzler-Willy-Brandt-Stiftung, Heft 25. Bonn: Bundeskanzler-Willy-Brandt-Stiftung, S. 12–29.

Millikan, Max F. & Walt Rostow (1957). *A Proposal: Key to an Effective Foreign Policy*. New York: Harper.

Mols, Manfred (2009). Good Governance – ein Konzept auf der Suche nach entwicklungspolitischem Realismus. In Matthias Seifert, Ingrid Wehr & Heribert Weiland (Hrsg.), *Good Governance in der Sackgasse?* Baden-Baden: Nomos, S. 53–68.

Moyo, Dambisa (2011). *Dead Aid, Warum Entwicklungshilfe nicht funktioniert und was Afrika besser machen kann*. Berlin: Haffmans & Tolkemitt.

Neubert, Dieter (2016). Entwicklungspolitik: Programme, Institutionen und Instrumente. In Karin Fischer, Gerhard Hauck & Manuela Boatcă (Hrsg.), *Handbuch Entwicklungsforschung* Wiesbaden: Springer VS., S. 359–374.

Nuscheler, Franz (2012). *Lern- und Arbeitsbuch Entwicklungspolitik*. 7. Aufl., Bonn: J.H.W. Dietz Nachf.

Oakman, Daniel (2010). *Facing Asia: a history of the Colombo Plan*. Canberra: ANU E Press.

Oberndörfer, Dieter (1986). Politik und Verwaltung in der Dritten Welt. In Dieter Oberndörfer & Theodor Hanf (Hrsg.) *Entwicklungspolitik*. Stuttgart et al.: W. Kohlhammer, S. 131–139.

Pearce, Kimber Charles (2001). *Rostow, Kennedy, and the Rhetoric of Foreign Aid*. Michigan State University Press.

Prebisch, Raúl (1950). *The Economic Development of Latin America and its Principal Problems*. Economic Commission for Latin America. New York: United Nations of Economic Affairs. https://repositorio.cepal.org/server/api/core/bitstreams/77466a7c-2c03-4168-81d0-4886825819dc/content.

Preston, Lewis T. (1992). Foreword. In World Bank. *Governance and Development*. Washington D.C. http://documents.worldbank.org/curated/en/604951468739447676/pdf/multi-page.pdf.

Rostow, Walt Whitman (1952). *The process of economic growth*. New York: W. W. Norton & Co.

Rostow, Walt Whitman (1967). *Stadien wirtschaftlichen Wachstums. Eine Alternative zur marxistischen Entwicklungstheorie*. 2. Auflage. Göttingen: Vandenhoeck & Ruprecht.

Sachs, Wolfgang (Hrsg.) (1993). *Wie im Westen so auf Erden: ein polemisches Handbuch zur Entwicklungspolitik*. Reinbek bei Hamburg: Rowohlt.

Seifert, Matthias, Ingrid Wehr & Heribert Weiland (Hrsg.) (2009). *Good Governance in der Sackgasse?* Baden-Baden: Nomos.

Seitz, Volker (2009). *Afrika wird armregiert oder Wie man Afrika wirklich helfen kann*. München: dtv.

Simonis, Udo Ernst (1973). Rezension von W. W. Rostow. Politics and the Stages of Growth. *Verfassung und Recht in Übersee*, 6(1), S. 117–120.

Stockmann, Reinhard (2016). Wirksamkeit der Entwicklungszusammenarbeit. In Reinhard Stockmann, Ulrich Menzel und Franz Nuscheler. *Entwicklungspolitik Theorien – Probleme – Strategien*, 2. überarbeitete und erweiterte Auflage. Berlin: De Gruyter Oldenbourg, S. 562–600.

Trefs, Matthias & Philipp Lepenies (2009). *Pro-Poor Growth: Kurze Einführung in ein neues entwicklungspolitisches Konzept*. Fokus Entwicklungspolitik, Positionspapiere der KfW Entwicklungsbank. https://www.kfw-entwicklungsbank.de/Download-Center/PDF-Dokumente-Development-Research/2009_02_FE_Trefs-Lepenies-PPG_D.pdf.

Truman, Harry S. (1949). *Inaugural Address*. https://www.trumanlibrary.gov/library/public-papers/19/inaugural-address.

United Nations (1987). *Report of the World Commission on Environment and Development: Our Common Future*. New York: United Nations.

United Nations (2000). *United Nations Millennium Declaration*. General Assembly resolution 55/2, adopted 08 September.

United Nations (2015). Global and National Leadership in Good Governance. *UN Chronicle*, No. 4 Vol. LII (April). https://www.un.org/en/chronicle/article/global-and-national-leadership-good-governance#:~:text=Former%20United%20Nations%20Secretary%2DGeneral,eradicating%20poverty%20and%20promoting%20development%22.

United Nations Department of Economic Affairs (1951). *Measures for the Development of Under-developed Countries*. Report by a Group of Experts appointed by the Secretary-General. of the United Nations. New York: United Nations. https://digitallibrary.un.org/record/708544/files/E_1986_ST_ECA_10-EN.pdf.

Vereinte Nationen (1993) [1974]. *Erklärung über die Errichtung einer neuen internationalen Wirtschaftsordnung*. Resolution der Generalversammlung verabschiedet am 1. Mai 1974 3201 (S-VI). New York: Deutscher Übersetzungsdienst, Vereinte Nationen. https://www.un.org/depts/german/gv-early/ar3201-s-vi.pdf.

Walsh, Jennifer & Ngaire Woods (2007). Introduction. In Walsh, Jennifer, Ngaire Woods (eds.) *Exporting Good Governance. Temptations and Challenges in Canada's Aid Program*. Waterloo, Canada: Wilfrid Laurier University Press.

Werz, Nikolaus (1986). Erst Modernisierung- dann Demokratie? In Dieter Oberndörfer & Theodor Hanf (Hrsg.) *Entwicklungspolitik*. Stuttgart et al.: W. Kohlhammer, S. 153–176.

World Bank (1989). *Sub-Sahara Africa. From Crisis to Sustainable Growth*. Washington D.C.: World Bank. World. http://documents.worldbank.org/curated/en/498241468742846138/pdf/multi0page.pdf.

Ziai, Aram (2010). Zur Kritik des Entwicklungsdiskurses. *Aus Politik und Zeitgeschichte*, 10/2010, S. 23–28.

Entwicklungsnarrative im Spiegel der Zeit und Ideen

„Irgendwie klingt es immer nach erwünschtem Wandel, nach einem Schritt in die richtige Richtung, vom Einfachen zur Vielfalt, vom Unterlegenen zum Überlegenen, vom Schlechten zum Besseren, so als sei jedenfalls eine Verbesserung gemeint, eine Bewegung, die von einem allgemein gültigen und abweisbaren Prinzip geleitet und auf ein erstrebenswertes Ziel gerichtet ist."[1] So bringt Gustavo Esteva, einer der bekanntesten Vertreter der Post-Development Schule, die Kritik am Entwicklungsbegriff und dem damit verbundenen Narrativ auf den Punkt. Gleichzeitig ist Entwicklung ein Wort mit vielfältigen Deutungsoptionen: So kann *entwickeln* entstehen, verändern und sich verändern, entfalten, hervorbringen, sichtbar machen oder erschaffen bedeuten. Seit der Mitte des 17. Jahrhunderts lässt sich der Begriff Entwicklung im Deutschen als Übertragung des lateinischen *evolutio* belegen. Das lateinische Verb *evolvere* (herausrollen oder entfalten) bildet die semantische Basis und beinhaltet die Idee eines schrittweisen Offenlegens oder Entstehens von etwas, das bereits vorhanden ist bzw. einer Sache innewohnt, jedoch noch zur Entfaltung gebracht muss.[2] Während der Aufklärung erlangte das Konzept von Entwicklung zunehmend die Bedeutung von Fortschritt im Sinne eines aufsteigenden Prozesses „Man geht davon aus, dass Individuen wie soziale Gebilde genügend Können und Rationalität erworben haben, um durch den Einsatz des eigenen Kräftepotentials eine immer bessere Welt hervorzubringen".[3] Diesem Verständnis von Entwicklung lag somit schon früh ein Modernisierungsleitbild zugrunde, das sich in erster Linie an

---

[1] Esteva 1993, S. 96.

[2] Ausführlich zur Geschichte des Entwicklungsbegriffs Stockmann 2016, S. 1 f.; Nohlen & Nuscheler 1993, S. 58 f.

[3] Mols 1991, S. 116.

© Der/die Herausgeber bzw. der/die Autor(en), exklusiv lizenziert an Springer Fachmedien Wiesbaden GmbH, ein Teil von Springer Nature 2024
J. Dosch und P. Becker, *Die Wirksamkeit von Entwicklungszusammenarbeit*,
https://doi.org/10.1007/978-3-658-45474-6_2

einem westeuropäisch-nordamerikanischen Vorbild orientierte[4] und damit seit dem 19. Jahrhundert auch „als Legitimationsgrundlage für die Übertragung westlicher wirtschaftlicher, kultureller, sozialer und politischer Lebensformen auf außereuropäische Gesellschaften" diente.[5] Nicht zuletzt wurde dieses Verständnis von Entwicklung damit ein Wegbegleiter des Kolonialismus.[6] Seine Vorstellungen von Entwicklung hatte „Europa" bereits während der Entdeckungsreisen und Eroberungszüge in die Welt „verpflanzt"[7] und damit eine folgenschwere imperialistische Vereinnahmung des Entwicklungsbegriffs herbeigeführt.[8] Somit erlangte das Konzept der Entwicklung eine eurozentrische oder gar rassistische Konnotation, der es sich zumindest nach Ansicht der Post-Development Schule bis heute nicht entledigt hat. Wie Aram Ziai zusammenfassend ausführt – und es lohnt sich diese Überlegungen mit Blick auf die anhaltend große Deutungsmacht des Ansatzes ausführlich wiederzugeben –, werden in diesem Verständnis die europäischen Gesellschaften (einschließlich jene des europäisierten Nordamerikas)

> als entwickelt bezeichnet, d. h. als reif und vollständig im Gegensatz zu anderen Gesellschaften, die von dieser Norm abwichen: Die „weniger entwickelten". Diese werden sprachlich als mangelhaft, rückständig und minderwertig gerahmt. Das bedeutet, dass durch diese Bezeichnung andere Gesellschaften nicht als solche akzeptiert werden, sondern nur als minderwertige Versionen der eigenen Gesellschaft, weil die Standards einer guten Gesellschaft sowohl als universell als auch identisch mit bestimmten (europäischen) Standards angenommen werden: Es gibt eine universelle Entwicklungsleiter, an deren Spitze wir die USA und Westeuropa finden, während ärmere Gesellschaften als traditionell betrachtet werden und somit modern (d. h. westlich) werden müssen. Somit wird aus der Perspektive des Westens die eigene Gesellschaft zum Maßstab, an dem die Minderwertigkeit des (weniger entwickelten) Anderen festgestellt wird. Die Diagnose impliziert die Therapie. Sie müssen mehr wie wir werden: Moderner, produktiver, säkularer, demokratischer usw. Nicht nur historisch, sondern auch konzeptionell setzte das Projekt des „Entwickelns der Unterentwickelten" das ältere des „Zivilisierens der Unzivilisierten" fort.[9]

Aus der Sichtweise des Post-Development Ansatzes ist das Konzept von Entwicklung somit unweigerlich mit der (post-)kolonialen Vorstellung westlicher Überlegenheit behaftet und dient dazu, die Vorherrschaft der industrialisierten

---

[4] Sangmeister 2009, 19.

[5] Stockmann 2016, S. 1.

[6] Sangmeister 2009. S. 18.

[7] Nuscheler 2012, S. 171.

[8] Aram Ziai 2013, S. 128.

[9] Ziai 2013, S. 128. Siehe auch Ziai 2006.

über die restliche Welt zu legitimieren und damit eine „Zementierung globaler Hierarchien"[10] zu erreichen. Für Arturo Escobar unterliegt die Entwicklungsdebatte in diesem Sinne denselben Prinzipien wie der koloniale Diskurs, indem er „einen äußerst effizienten Apparat zur Produktion von Wissen über die Dritte Welt und zur Ausübung von Macht über sie geschaffen [hat]." Dieser Apparat „hat seitdem nicht aufgehört, neue Wissens- und Machtarrangements, neue Praktiken, Theorien, Strategien usw. zu produzieren. Insgesamt hat er erfolgreich ein Regime über die Dritte Welt etabliert, einen ‚Raum für »unterworfene Völker«', der eine gewisse Kontrolle über sie gewährleistet."[11] Die Evidenzlage zumindest der jüngeren Jahre lässt jedoch Zweifel an der Absolutheit dieser Aussage aufkommen.

Eines der vielleicht eindrucksvollsten und sichtbarsten Beispiele für die semantische Wende in der Konstruktion des Entwicklungsnarrativs ist das Tropenmuseum in Amsterdam. 1910 als Kolonialmuseum gegründet, spiegelte es, der damaligen Überzeugung folgend, zunächst die Denkweise des Kolonialismus als treibende Kraft hinter der „Entwicklung der Kolonien" in den Bereichen Verwaltung, wirtschaftliche Aktivitäten im Allgemeinen, Landwirtschaft und Exportkulturen, insbesondere Holz- und Kautschukgewinnung, sowie Bildung und Gesundheitsversorgung wider.[12] Als Ergebnis einer jahrzehntelangen „heftigen gesellschaftlichen Debatte über das Wesen des niederländischen Kolonialismus"[13] widmet sich das Tropenmuseum heute einer durchgehend kritischen Perspektive. Die Dauerausstellung des Museums „Unser koloniales Erbe" stellt den Kolonialismus ausschließlich als Geschichte europäischer Herrschaft, Unterdrückung und Ausbeutung dar und beleuchtet darüber hinaus die Widerstandsfähigkeit der kolonisierten Völker im Kampf gegen ein ihnen von außen aufgezwungenes System. Der Begriff Entwicklung wird in der gesamten Ausstellung nicht ein einziges Mal erwähnt; das implizite Leitmotiv ist vielmehr die klare Botschaft, dass der Kolonialismus nur als ein entwicklungsfeindliches Phänomen verstanden werden kann.

Mit ähnlicher Absicht fokussiert sich das Ethnologische Museum im Humboldt-Forum in Berlin mit der Ausstellung „Ansichtssache(n) – ein Auftakt" auf der Dekonstruktion der Kolonisation in den ehemaligen deutschen Kolonialgebieten Kamerun, Namibia und Ozeanien. Im Mittelpunkt steht hier vor allem

---

[10] Eckert 2015: 4.
[11] Escobar 2012, S. 9.
[12] Legêne 1998, S. 4.
[13] Legêne 1998, S. 5.

die Entlarvung der Objektsammlungen des 19. und frühen 20. Jahrhunderts als
Strategie der „intellektuellen Aneignung" Afrikas auf der Grundlage der kolonial-
rassistischen Konstruktion eines fingierten Bildes des Kontinents als „rückständig,
isoliert, unveränderlich und homogen", das bis heute die Vorstellung von Afrika
in Europa präge. Auch wenn der Begriff „Unterentwicklung" nicht explizit Verwendung findet, so wird doch deutlich, dass die „Unterscheidung zwischen einem
Wir und den Anderen" die Wurzel eines Entwicklungsverständnisses bildet, das es
vor allem mithilfe eines inklusivistischen Ansatzes, der den ehemals Kolonisierten eine Stimme verleiht, als Fiktion zu entlarven gilt.[14] Nicht alle ethnologischen
Museen jedoch stellen sich gleichermaßen der Kritik, in welche ihre im Zuge
des europäischen Imperialismus entstandenen Sammlungen geraten sind. So zeigt
die ethnographische Ausstellung im dänischen Nationalmuseum in Kopenhagen
weiterhin Tausende Exponate in weitgehend unkommentierter, reduktionistischer
Weise. Zumeist fehlt jegliche Information zum Gebrauch der Artefakte wie auch
zum Kontext ihrer Entstehung und Erwerbung. Die Ausstellung folgt der Logik,
Objekte als Kunst zu präsentieren, um sie so von ihrer kolonialen Vergangenheit
zu trennen und für sich selbst sprechen zu lassen. Dass die gezeigten Objekte
aus ihrem Kontext genommen werden, lässt jedoch jeden Anspruch auf neu-
trale Darstellung zumindest als problematisch erscheinen. Ein Beitrag zu einem
von kolonialer Vergangenheit losgelösten Entwicklungsverständnis wird hier nicht
geleistet.

Gegenstand und Begriff von Entwicklung sind einer stetigen Veränderung
unterworfen. Hinzu kommt, dass Entwicklung, wie aus den bisherigen Ausführungen bereits hervorgeht „weder wertneutral, noch unabhängig von Raum und
Zeit definiert wird."[15] Der Begriff ist stets normativ. Gleichzeitig stellt die Viel-
deutigkeit des Begriffs Entwicklung zwangsläufig dessen Nützlichkeit infrage.
Während es auf den ersten Blick attraktiv erscheint, sich des „amöbenartigen" und
„formlosen" Konzepts[16] zu entledigen, mangelt es an einer operationalisierbaren
Alternative. Man täte dem Post-Development Diskurs jedoch Unrecht, reduzierte
man ihn auf eine reine Fundamentalkritik an einem wie auch immer definierten
westlichen Fortschrittscredo gepaart mit ausgeprägter Globalisierungsskepsis. Der

---

[14] Die wörtlichen Zitate sind Ausstellungstafeln entnommen. Boast (2011, S. 56) erkennt –
trotz weiterhin bestehender Skepsis gegenüber gegenwärtigen museumsethnologischen Konzepten – seit den 1990er Jahren zumindest „eine beispiellose Verbesserung in der Einbeziehung und Stärkung von Interessengruppen der Herkunftsgemeinschaften in das Management,
die Nutzung und die Präsentation ihres Kulturerbes in Museen".

[15] Sangmeister 2009, S. 18.

[16] Sachs 1992, S. 4.

Ansatz betont auch den Respekt vor kultureller Vielfalt und lokalen Wissenssystemen und argumentiert, dass Entwicklung nicht als Einheitslösung gesehen werden sollte, sondern an die jeweiligen örtlichen Kontexte und Kulturen angepasst werden müsse. Lokale Gemeinschaften verfügten oft über nachhaltige Lebensweisen und Kapazitäten der Problemlösung, die von der globalen Entwicklungsagenda übersehen würden.

Das wahrscheinlich am häufigsten zitierte Beispiel eines alternativen, nichtwestlichen Entwicklungskonzeptes ist die Vision des Buen Vivir (bzw. *sumak kawsay* in Quichua), des „guten Lebens", das während der Regierungszeit des ecuadorianischen Präsidenten Rafael Correa (2007–2017) zentrale Bedeutung für den Andenstaat sowie auch weltweite Aufmerksamkeit erlangte. Zeitgleich erhob der bolivianische Präsident Evo Morales (2006–2019) das Konzept unter der Bezeichnung Vivir Bien *(suma qamaña)* – das „bessere Leben" – zum politischen Programm, das auch in die Verfassung von 2009 Eingang fand.

Buen Vivir entspringt den indigenen Kosmosvisionen und Traditionen, stellt die Beziehung zur Natur in den Mittelpunkt (Ecuador schrieb 2008 als erstes Land die Rechte der Natur in seiner Verfassung fest) und beruht auf den Prinzipien Plurinationalität und Interkulturalität und damit dem Respekt für die Werte und Prinzipien indigener Völker.[17] Der darauf aufbauende nationale Entwicklungsplan normierte u. a. die Garantie menschenwürdiger, gerechter und stabiler Arbeitsverhältnisse, die Stärkung der nationalen Identität und Würdigung verschiedener Identitäten und der Multikulturalität, die Förderung nachhaltigen Umweltschutzes sowie die Sicherung eines Systems sozialer, fairer und nachhaltiger Wirtschaft. In Ecuador selbst hat das Konzept nach mehrfachen Regierungswechseln längst an Bedeutung verloren und ist vor allem in der Wahrnehmung konservativer Kreise retrospektiv zu einem Macht- und Propagandainstrument der ungeliebten Correa-Regierung degradiert worden. In globalen Entwicklungsdiskursen hat es jedoch kaum an Strahlkraft eingebüßt, wie die anhalte Publikationstätigkeit zu dem Thema unter Beweis stellt. Neben der Attraktivität seiner konkreten Inhalte spielt Buen Vivir vor allem deshalb eine wichtige Rolle im Entwicklungsdiskurs, weil der Ansatz – ganz dem von Wolfgang Sachs formulierten Desiderat entsprechend, dem traditionellen Entwicklungsdenken abzuschwören und ihm „neue, mutige Antworten" entgegenzusetzen[18] – gar nicht auf der Idee von Entwicklung beruht. Es gibt

---

[17] Für die ausführlichste deutschsprachige Darstellung von Buen Vivir siehe Acosta 2015.
[18] Sachs 1993: 9.

im Wissen vieler indigener Völker keine der „Entwicklung" analoge Vorstellung. Es existiert dort kein linearer Begriff vom Leben, der ein Vorher oder Nachher im Sinne von „Unterentwicklung" oder „Entwicklung" etablieren würde; eine Dichotomie, die Menschen und Länder durchlaufen sollten, um zu Wohlstand zu gelangen, wie es in Westen geschieht. Es gibt dort auch keine analogen Konzepte von „Reichtum" und „Armut" im Sinne von materieller Anhäufung und materieller Entbehrung. Außerdem wird der Mensch innerhalb der Natur als ein Akteur unter anderen gesehen und nicht als die „Krone der Schöpfung".[19]

Aber wie lokal ist ein lokales Entwicklungskonzept? Es steht außer Frage, dass die Prinzipien von Buen Vivir über Jahrhunderte hinweg innerhalb der indigenen Gemeinschaften gepflegt und beachtet wurden, als Teil ihres traditionellen Verständnisses der harmonischen Beziehung zwischen Menschen und Natur sowie der Bedeutung von Gemeinschaft und kollektivem Wohlbefinden. Es war jedoch nicht in erster Linie die indigene Bevölkerung selbst, die in Ecuador über substanzielle politische Repräsentation und Macht verfügt, sondern der an der Universität Köln ausgebildete renommierte ecuadorianische Wirtschaftswissenschaftler Alberto Acosta, der Buen Vivir als politisches Programm operationalisierte und zum Verfassungsrang verhalf. 2007/08 als Präsident der verfassungsgebenden Versammlung löste der damals enge Vertraute Correas (später kam es zum Bruch), das vorherige Wahlversprechen des Präsidenten ein, den Staat und das Gemeinwesen Ecuadors auf eine neue institutionelle Basis zu stellen, die in den Prinzipien von sozialer Gleichheit und Gerechtigkeit, Diversität und Nachhaltigkeit verankert ist. Dass aber selbst ein auf den ersten Blick geradezu idealtypisches endogenes „nicht-westliches" Konzept auch exogen beeinflusst und letztlich das Ergebnis der Verschmelzung mehrerer Denkströmungen in einem globalen Diskurskontext ist, demonstriert auf anschauliche Weise ein Einblick in die Denkweise Acostas, der 2017 den Internationalen Hans-Carl-von-Carlowitz-Nachhaltigkeitspreis erhielt. In seiner Laudation würdigte Christian Felber: „Er [Acosta] kennt nicht nur die Traditionen der Indigenen, sondern auch die deutschen Beiträge zur internationalen Nachhaltigkeitsdiskussion. Er kennt und schätzt Joachim Schellnhuber ebenso wie Carl von Carlowitz – er hat interkulturelle Nachhaltigkeitskompetenz. Alberto Acosta setzt sich nicht nur für nachhaltige Lebens- und Wirtschaftsweisen ein, sondern er geht einen Schritt weiter: Er möchte verbindliche und einklagbare Rechte für die Natur erreichen!"[20]

---

[19] Acosta 2023, S. 163–164.
[20] Felber 2017.

Noch anschaulicher lässt sich sowohl die Bedeutung der Konstruktion „nicht-westlicher" Entwicklungsmodelle als auch die Rolle des Nexus zwischen endo-genen und exogenen Faktoren am Beispiel Singapurs aufzeigen. Kaum ein Land der Welt hat eine beeindruckendere Entwicklung vollzogen als der seit 1965 souveräne Stadtstaat Singapur, ein Prozess, der sich kurz und bündig mit „The Singapore Story", dem Titel des ersten Bandes der Memoiren des Staatsgründers und langjährigen Premierministers Lee Kuan Yew (1923–2015), umschreiben lässt.[21] Als Sir Stamford Raffels, Gouverneur im Dienste der Britischen Ostindien-Kompanie, 1819 an der Südspitze der Malaiischen Halb-insel eine britische Niederlassung gründete, lebten laut Überlieferung gerade 20 Fischerfamilien auf dem Gebiet des heutigen Singapurs. Gegen 1880 besaß das Inselterritorium an der Straße von Malakka, das 1867 den Status einer Kronkolonie erhalten hatte, bereits eine Bevölkerung von mehr als 170.000 Ein-wohner*innen und war damit deutlich größer als beispielsweise Frankfurt am Main, Köln oder Leipzig zu jener Zeit. Nach den Daten des Internationalen Wäh-rungsfonds verfügt Singapur 2024 kaufkraftbereinigt nach Luxemburg und Irland (und mit einigem Abstand vor Katar und der Schweiz!) mit rund 139.000 USD weltweit über das drittgrößte BIP pro Kopf[22] und nimmt auf dem UNDP Index der menschlichen Entwicklung gleich hinter Finnland und den Niederlanden die 12. Position von 190 Ländern ein (Deutschland befindet sich an 6. Stelle).[23] Lee, der das Land bis 1990 unterunterbrochen als Premierminister regierte und anschließend den Kabinetten seiner Nachfolger Goh Chok Tong und Lee Hsien Loong (der Sohn Lees) als „Senior Minister" bzw. „Minister Mentor" ange-hörte, bevor er 2011 nach 52 Jahren aktiver Regierungstätigkeit der Exekutive den Rücken kehrte, machte nie einen Hehl aus seiner Ablehnung westlicher Entwicklungsvorstellungen (und „westlicher Demokratie"). Stattdessen sollte ein eignes zivilisatorisches Leitbild das Fundament des Entwicklungsweges bilden, das Lee in den frühen 1980er Jahren schließlich in der konfuzianischen Ethik fand. Lee gab sich überzeugt, dass „konfuzianische Werte" wie Sparsamkeit, harte Arbeitsmoral, Lernbereitschaft und Loyalität zur Familie die Grundlage für sozia-len Zusammenhalt, hohe Sparraten und Investitionen und damit zu Produktivität und Wachstum bildeten.[24] Ebenso sah der Staatsgründer den Konfuzianismus als Schlüssel für das „Beharren auf Rechtsstaat, Korruptionsbekämpfung und

---

[21] Lee 1998.

[22] IMF 2024.

[23] UNDP 2024.

[24] Lee Kuan Yew zitiert in Blume 2011.

Leistungsprinzip".[25] In der Rhetorik Lees bildete die konfuzianische Ethik auf diese Weise nicht nur den Nukleus der nationalen Identität, sondern erschien, dramaturgisch geschickt in Szene gesetzt, geradezu als Überlebensprinzip. In einem Vortrag vor Studierenden warnte Lee in den späten 1980er Jahren: „An dem Tag, da die Chinesen ihren Konfuzianismus verlieren, an dem Tag werden wir nur ein x-beliebiges Land der Dritten Welt sein."[26] Zu jener Zeit begann Lee auch, vor einer Verwestlichung der Gesellschaft Singapurs zu warnen. In seiner Perzeption befand sich der Wohlfahrtsstaat europäischer Prägung infolge eines zerstörerischen Individualismus und moralfreien Materialismus in einem raschen Prozess des Niedergangs. Es galt das Überspringen zersetzender externer Einflüsse auf Singapur zu verhindern. Insgesamt schienen somit das konfuzianische Gedankengut und dessen Moralkodex gut geeignet, um das singapurische Entwicklungsmodell gegen intervenierende Einflüsse von innen und außen abzusichern.

Zu bedenken ist jedoch, dass die Regierung Singapurs zunächst traditionellem chinesischem Gedankengut kritisch gegenüberstand und als modernisierungshemmend, ja geradezu kontraproduktiv für die Entstehung der jungen Nation ansah. Erst in späteren Jahren seiner Amtszeit als Premierminister bemühte Lee Kuan Yew den Konfuzianismus als ideologischen Rahmen des nationalen Entwicklungsmodells, wandte ihn dann aber auch konsequent retrospektiv als Erklärungsansatz für die Singapur Story an. Lees erst späte Hinwendung zum Konfuzianismus überrascht nicht. Als Sohn wohlhabender chinesischer Eltern wurde Lee, der im Elternhaus nur Englisch sprach, im britischen Geiste erzogen, besuchte zunächst die Eliteschule Raffels College in Singapur und studierte – nach einem kurzen Aufenthalt an der London School of Economics and Political Science (LSE) – von 1946 bis 1949 Rechtswissenschaften am Fitzwilliam College der Universität von Cambridge. Für den durch und durch britisch sozialisierten Juristen Lee gab es zunächst keine Veranlassung, sich mit konfuzianischer Ethik auseinanderzusetzen. Als er schließlich deren Nützlichkeit für die Formung einer nationalen Identität erkannte und die Regierung 1982 die Einführung von Konfuzianismus-Studien als obligatorisches Unterrichtsfach bekanntgab, war Lee auf die Beratung und Unterstützung westlicher Konfuzianismus-Experten angewiesen. Mindestens vier renommierte US-Professoren wurden um ihre Empfehlungen zur Umsetzung des konfuzianischen Curriculums gebeten. Während

---

[25] Lee Kuan Yew zitiert in Blume 2011.

[26] Zitiert nach Der Spiegel 1989.

die Experten zugestanden, dass bestimmten konfuzianischen Prinzipien dauerhafte Gültigkeit zukäme, warnten sie jedoch davor, dass der über Jahrhunderte in einem ruralen und autoritären Kontext kodifizierte Konfuzianismus in politischer Hinsicht nicht nur veraltet, sondern auch geradezu anstößig sei.[27] Fortan bestand das Bestreben Lee Kuan Yews darin, Konfuzianismus und Good Governance, verstanden als effektive und von rechtsstaatlichen Prinzipien geleitete Regierungsführung, konzeptionell zu verbinden und die konfuzianische Ethik quasi als unabdingbares, konstituierendes Element einer modernen überwiegend ethnisch chinesischen Gesellschaft zu präsentieren.

Es wäre jedoch ein Missverständnis, den wirtschaftlichen Erfolg und den exponierten sozioökonomischen Status Singapurs alleine oder auch nur vornehmlich auf ein konfuzianisches Entwicklungsmodell oder eine konfuzianische Arbeitsethik zurückzuführen. Das heutige Singapur ist das Produkt einer stark interventionistischen und gleichzeitig technokratischen Regierungspolitik, die vor allem von ausländischen Investitionen profitierte und in einer kontinuierlicher Wohlfahrtssteigerung für die Bevölkerung resultierte. Die Entwicklung des Landes vollzog sich vom britischen Handelsdepot zunächst zum Billiglohnland für die arbeitsintensive Fertigungsindustrie und anschließend im Zuge des staatlich gezielt vorangetriebenen wirtschaftlichen Ausbaus zum Exportland für technologisch hochstehende Produkte. Ende der 1980er Jahre rückte Singapur in die exklusive Gruppe der 25 Weltbank-Mitgliedsländer der oberen Einkommenskategorie auf, womit das Land für ausländische Kapitalanleger besonders interessant wurde, nicht zuletzt auch weil damalige Risikogutachten Singapur auf eine Stufe mit der Schweiz und Japan stellten. Das unternehmensfreundliche Klima führte dazu, dass in den 1980er und frühen 1990er Jahren 80 % aller Neuinvestitionen im produzierenden Sektor Singapurs von ausländischen Firmen getätigt wurden. Damit nahm Singapur eine Spitzenstellung in der Gruppe der asiatischen Industriestaaten ein. Zwei Drittel der Produktionsanlagen befanden sich Anfang der 1990er Jahre in den Händen ausländischer Unternehmen. Sie schufen den Großteil der neuen Arbeitsplätze, erzielten die höchsten Zuwächse in Produktivität, Export und Wertschöpfung und wurden damit zum Motor des Industrialisierungsprozesses und zur Quelle des technologischen Fortschritts. Neben materieller Bedürfnisbefriedigung und der Erzielung stetig steigender Einkommen gelang es der Regierung, durch umfassende Sozialpolitiken das Vertrauen innerhalb der Bevölkerung und deren Akzeptanz des politischen Herrschaftsmodells zu stärken. Seit den 1950er Jahren besteht ein umfangreiches soziales Sicherungssystem. Der staatliche Central Provident Fund umfasst neben der Rentenabsicherung auch

---

[27] Campbell 1982.

die Gesundheitsvorsorge, Finanzierung universitärer Ausbildung und den Erwerb privaten Wohneigentums. Zudem investierte die Regierung massiv auf allen Ebenen des Bildungssektors. Heute gilt das Schulsystem Singapurs als eines der leistungsfähigsten der Welt. Garant der Singapur Story war nicht zuletzt aber auch die strategisch äußerst günstige geographische Lage des Landes an der – neben dem Ärmelkanal – wichtigsten und meistbefahrensten Seehandelsstraße der Welt. Würde sich Singapur in der geographischen Position der flächenmäßig vergleichbaren Inselstaaten Tonga oder Dominica befinden, hätte die Regierung ihr durch substanzielle ausländische Direktinvestitionen gestütztes wirtschaftliches Entwicklungsmodell sicherlich nicht in gleicher Weise umsetzen können.[28]

Der in der Implementierung nur partiell und zeitweise effektive Buen Vivir-Ansatz (letztlich konnten die von der Verfassung garantierten Rechte der Natur einen zunehmenden Extraktivismus in Ecuador nicht verhindern) und das sehr erfolgreiche Entwicklungsmodell Singapurs können hier nur angerissen werden. In der Zusammenschau zeigen beide Beispiele jedoch bereits anhand der kurzen Darstellung die Bedeutung eigener, innerstaatlicher und -gesellschaftlicher Impulse für Entwicklungsprozesse im „Globalen Süden". Beide Fälle untermauern ein Verständnis von Entwicklung, wie es die Südkommission 1991 formulierte. Demnach ist Entwicklung

> ein Prozess, der es den Menschen ermöglicht, ihre Fähigkeiten zu entfalten, Selbstvertrauen zu gewinnen und ein erfülltes und menschenwürdiges Leben zu führen. Sie ist ein Prozess, der die Menschen von der Angst vor Armut und Ausbeutung befreit. Sie ist der Ausweg aus politischer, wirtschaftlicher oder sozialer Unterdrückung [...], eine Bewegung, die im Wesentlichen in der Gesellschaft entsteht, die sich entwickelt. [...] Entwicklung ist gleichbedeutend mit wachsender individueller und kollektiver Eigenständigkeit. Grundlage für die Entwicklung einer Nation müssen ihre eigenen personellen und materiellen Ressourcen sein, die im vollen Umfang für die eigenen Bedürfnisse genutzt werden."[29]

Im Vordergrund dieser Definition steht somit das schon aus der Epoche der Aufklärung bekannte „Sich entwickeln", nicht das passive „Entwickelt werden". Dies kommt bereits im Untertitel „Eigenverantwortung der Dritten Welt für dauerhafte Entwicklung" des auch als Nyerere-Bericht bekannten Dokuments – benannt nach dem Kommissionsleiter und ehemaligen Präsidenten Tansanias, Julius Nyerere – zum Ausdruck. Weder die Definition noch die Ausführungen

---

[28] Dosch 2018. Dort auch eine ausführliche Darstellung.
[29] Stiftung Entwicklung und Frieden 1991, S. 34.

des Berichts insgesamt sind jedoch als ein Plädoyer für einen Ansatz zu verstehen, der Entwicklung ausschließlich als endogenen Prozess interpretiert. Gemeint ist hier nicht ein Modell, wie es in extremer Form in der nordkoreanischen Juche-Ideologie der absoluten Autarkie seinen Ausdruck findet. Die Geschichte der Menschheit ist eine der kontinuierlichen wechselseitigen Kontakte zwischen Gruppen und Gesellschaften, der ständigen externen Impulse, des Austausches sowie der Übertragung und Aufnahme von Wissen, Kenntnissen und Fähigkeiten. Isolierung hat schon immer Stillstand bedeutet. Kein Entwicklungskonzept kann jemals nur endogen sein.

Unabhängig von der Frage, welchen Anteil nationale und internationale Akteure an der Konzipierung und Umsetzung von Entwicklungsansätzen besitzen und welche Motive und Motivationen ihrem Engagement zugrunde liegen, lässt sich aufbauend auf dem Verständnis der Südkommission Entwicklung ideologiefrei kurz und prägnant als *Prozess der Verbesserung der individuellen Lebensverhältnisse* definieren. Die Begriffe Prozess und Verbesserung deuten freilich darauf hin, dass wir uns letztlich nicht von Kategorien des Vorher und Nachher lösen können. Eine Transzendierung der Zeit, wie sie der Pachamama-Kosmologie[30] indigener Gemeinschaften der Andenregion in ihrer traditionellen Form immanent ist, lässt sich nicht global transferieren. Mit dem Index der menschlichen Entwicklung des United Nations Development Programme (UNDP) steht ein verbreitet akzeptiertes Instrumentarium für die Beurteilung der Lebensqualität zur Verfügung. Der Human Development Index setzt sich aus den Indikatoren Lebenserwartung bei der Geburt, voraussichtliche Schulbesuchsdauer, durchschnittliche Schulbesuchsdauer und kaufkraftbereinigtes BIP pro Kopf zusammen. Kritisch werden jedoch die starke Gewichtung des BIP und die Nichtberücksichtigung anderer wichtiger Aspekte, wie vor allem ökologischer Faktoren, gesehen. Den aussagekräftigsten und nahezu universal anerkannten Rahmen für die Messung von Entwicklung bilden die nachhaltigen Entwicklungsziele (SGDs). Im Jahr 2015, während eines Gipfels der Vereinten Nationen in New York, wurde die Agenda 2030 für nachhaltige Entwicklung ins Leben gerufen. Diese globale Initiative, an der sich alle UN-Mitgliedsstaaten beteiligen, zielt auf die Förderung von Frieden und Wohlstand für alle Menschen ab, sowie auf den Schutz der Umwelt und des Klimas auf der Erde, was sich in den fünf „P" *(People, Planet, Prosperity, Peace, Partnership)* widerspiegelt. Im Rahmen dieser Agenda wurden 17 Ziele für SDGs mit insgesamt 169 Unterzielen *(targets)* festgelegt. Diese Ziele decken ein breites Spektrum an Themen ab, darunter die

---

[30] Pachamama = Mutter Erde, Mutter Welt, Mutter Kosmos. Siehe z. B. Tola 2019, insbesondere S. 200.

Beseitigung von Armut und Hunger, die Stärkung der Bildungs- und Gesundheitssysteme, die Verbesserung der Bedingungen für menschenwürdige Arbeit, Förderung von Geschlechtergerechtigkeit, Maßnahmen gegen den Klimawandel und effizientes Wassermanagement. Die Überwachung und Bewertung dieser Ziele erfolgt auf UN-Ebene durch einen Satz von derzeit 231 Indikatoren.[31] Entwicklung ist folglich ein mehrdimensionaler Prozess, der sich in großen Teilen, aber nicht völlig von der Vorstellung Entwicklung gleich Wirtschaftswachstum gelöst hat.

Da die SDGs universelle Gültigkeit besitzen und alle UN-Mitglieder zur Umsetzung verpflichten, hat die Agenda 2030 in formaler Hinsicht gleich drei Dichotomien aufgelöst: Entwicklung/Unterentwicklung, Industrieländer/ Entwicklungsländer und Geber/Nehmer. Einordnungen existieren jedoch weiterhin. Üblicherweise wird die Klassifizierung der Weltbank gemäß des Einkommensstatus herangezogen. Demnach fällt jedes Land in eine von vier Kategorien: (1) geringes Einkommen *(low income)*; (2) mittleres Einkommen, untere Gruppe *(lower-middle income)*; (3) mittleres Einkommen, obere Gruppe *(upper-middle income)* und (4) hohes Einkommen *(high income)*. Die Alternative bildet der HDI. Hier lauten die Cluster: (1) Geringe menschliche Entwicklung *(low human development)*, (2) mittlere menschliche Entwicklung *(medium human development)*, (3) hohe menschliche Entwicklung *(high human development)* und schließlich (4) sehr hohe menschliche Entwicklung *(very high human development)*. Die UN-Liste der Least Developed Countries (LDCs), auf der 45 Länder geführt werden, orientiert sich sowohl am per capita BIP als auch an Gesundheits- und Bildungsindikatoren, die im Human Assets Index (HAI) zusammengefasst sind. Der Ansatz gleicht also dem HDI, bildet aber mehr Faktoren ab. Die Vereinten Nationen definieren LDCs u. a. als einkommensschwache Länder, die mit schwerwiegenden strukturellen Hindernissen für nachhaltige Entwicklung konfrontiert und in besonderem Maße anfällig für wirtschaftliche und ökologische Schocks sind.[32]

Eine Kategorisierung ist trotz der Egalisierung von Entwicklung durch die SDGs weiterhin unentbehrlich, da im Rahmen der fortbestehenden Entwicklungszusammenarbeit nach wie vor zwischen Akteuren unterschieden werden muss, die Ressourcen zur Verfügung stellen und solchen, die diese empfangen, und insofern auch Kriterien erforderlich sind, um zu bestimmen, welche Länder in den Genuss von Official Development Assistance (ODA)[33] kommen können. Die

---

[31] Statistisches Bundesamt 2024.

[32] United Nations 2024.

[33] ODA sind Leistungen, die (1) zu günstigen (konzessionären) Bedingungen (2) mit dem Hauptziel der Förderung der wirtschaftlichen und sozialen Entwicklung von Entwicklungsländern (3) von öffentlichen Stellen (4) an Entwicklungsländer bzw. an Staatsangehörige von

Kluft zwischen Gebern und Nehmern ist somit de facto nicht eliminiert worden, hat sich aber verkleinert und wird besser und überzeugender überbrückt, was zum einen am gemeinsamen Zielkatalog der SGDs und zum anderen an den zunehmenden finanziellen Eigenbeteiligungen der begünstigten Partnerländer liegt. Die Mehrheit der OECD-Geber richtet ihre Entwicklungspolitik nicht mehr strikt am Merkmal der wirtschaftlichen Bedürftigkeit aus, sondern orientiert sich auch – oder sogar vornehmlich – an thematischen und strategischen Agenden (so sind mit Stand 2023 nur 27 der 65 Partnerländer der deutschen Entwicklungszusammenarbeit LDCs)[34]. Gleichzeitig hat sich die OECD zumindest auf ein festes Kardinalkriterium geeignet: Wenn Staaten in drei aufeinander folgenden Jahren die Schwelle zur Kategorie hohen Einkommens überschreiten, habe sie keinen Anspruch mehr auf ODA.[35]

Literatur

Acosta, Alberto (2015). *Buen vivir. Vom Recht auf ein gutes Leben.* München: oekom.
Acosta, Alberto (2023). Eine andere Wirtschaft für eine andere Zivilisation. Überlegungen ausgehend von der Reziprozität des Buen Vivir. In Judith Bollongino, Tobias Götze, Heiner Hastedt, Christopher Höhn, Tim Fritjof Huttel, Antje Maaser (Hrsg). *Umkämpftes Gemeinwohl. Deutungsmachtkonflikte um das gemeinsame Wohl.* Frankfurt: Campus, S. 163–186.
Blume, Georg (2011). Kapitalismus: „Ich sehe Europa als müdes Land nach zwei Weltkriegen" In *Die Zeit,* http://www.zeit.de/2011/47/Kapitalismus-Singapur-Modell/komplettansicht.
BMZ (2023). Länderliste nach Partnerschaftskategorien https://www.bmz.de/resource/blob/29604/laenderliste.pdf.
BMZ (2021). Leitfaden "Was ist Official Development Assistance (ODA)?" https://www.bmz.de/de/ministerium/zahlen-fakten/oda-zahlen/hintergrund/leitfaden-oda-19206#anc=A.
Boast, Robin (2011). Neocolonial collaboration: Museum as Contact Zone Revisited. *Museum anthropology,* 34(1), S. 56–70.
Campbell, Colin (1982), Singapore Plans to Revive Study of Confucianism. *The New York Times.* https://www.nytimes.com/1982/05/20/world/singapore-plans-to-revive-study-of-confucianism.html.
Der Spiegel (1989). *Singapur. Mauern für die Zukunft.* Nr. 42, http://www.spiegel.de/spiegel/print/d-13498342.html.

Entwicklungsländern oder an internationale Organisationen zugunsten von Entwicklungsländern vergeben werden. Für die Anrechnung als ODA müssen alle vier Bedingungen erfüllt sein (BMZ 2021).

[34] BMZ 2023.

[35] OECD 2024.

Dosch, Jörn (2018). Politische Führung unter konfuzianischen Vorzeichen: Die Singapur Story. In Martin Koschkar & Clara Ruvituso (Hrsg.). *Politische Führung im Spiegel regionaler politischer Kultur*. Wiesbaden: Springer VS, S. 397–413.

Eckert, Andreas (2015). Geschichte der Entwicklungszusammenarbeit. In *Aus Politik und Zeitgeschichte*, 65(7–9), S. 3–8.

Escobar, Arturo (2012). *Encountering development the making and unmaking of the Third World*. With a new preface by the author. Princeton, N.J: Princeton University Press.

Esteva, Gustavo (1993). Entwicklung. In Wolfgang Sachs (Hrsg.). *Wie im Westen so auf Erden. Ein polemisches Handbuch zur Entwicklungspolitik*. Reinbek bei Hamburg: Rowohlt, S. 89–121.

Felber, Christian (2017). Laudatio für Alberto Acosta, Träger des Internationalen Hans-Carl-von-Carlowitz-Nachhaltigkeitspreises, beim Verleihungsakt am 23. November 2017 im Opernhaus Chemnitz. https://christian-felber.at/wp-content/uploads/2018/12/Laudatio-Acosta-2017.pdf.

IMF (2024). GDP per capita, current prices. https://www.imf.org/external/datamapper/PPP PC@WEO/OEMDC/ADVEC/WEOWORLD/SGP/EUQ.

Lee Kuan Yew (1998). *The Singapore Story: Memoirs of Lee Kuan Yew*. Singapore: Times Editions.

Legêne, Susan (1998). *The Tropenmuseum and the Colonial Heritage*. Position paper. Amsterdam: Vrije Universiteit Amsterdam. https://research.vu.nl/ws/portalfiles/portal/30983041/Legene_1998_Position_paper_Tropenmuseum_Colonialism_.pdf.

Mols, Manfred (1991). Entwicklung/Entwicklungstheorien. In Dieter Nohlen (Hrsg.). *Wörterbuch Staat und Politik*. Bonn: Bundeszentrale für politische Bildung, S. 116–121.

Nohlen, Dieter & Franz Nuscheler (1993). Was heißt Entwicklung? In Dieter Nohlen & Franz Nuscheler. (Hrsg.). *Handbuch der Dritten Welt. Band 1: Grundprobleme, Theorien, Strategien*. 3. Aufl. Bonn: Dietz, S. 55–75.

Nuscheler, Franz (2012). *Lern- und Arbeitsbuch Entwicklungspolitik*. 7., überarbeitete und aktualisierte Auflage. Bonn: Dietz.

OECD (2024). DAC List of ODA Recipients. https://www.oecd.org/dac/financing-sustainable-development/development-finance-standards/daclist.htm.

Sachs, Wolfgang (1992). Introduction. In Wolfgang Sachs (ed.). *The Development Dictionary. A Guide to Knowledge as Power*. London: Zed Books, S. 1–5.

Sachs, Wolfgang (Hrsg.) (1993). *Wie im Westen so auf Erden. Ein polemisches Handbuch zur Entwicklungspolitik*. Dt. Erstausg. Reinbek bei Hamburg: Rowohlt.

Sangmeister, Hartmut (2009). *Entwicklung und internationale Zusammenarbeit. Eine Einführung*. Baden-Baden: Nomos.

Statistisches Bundesamt (2024). Indikatoren der UN-Nachhaltigkeitsziele, https://sdg-indika toren.de/.

Stiftung Entwicklung und Frieden (Hrsg.) (1991). *Die Herausforderung des Südens. Der Bericht der Südkommission. Über die Eigenverantwortung der Dritten Welt für dauerhafte Entwicklung*. Bonn-Bad Godesberg.

Stockmann, Reinhard (2016). Einleitung: Entwicklung. In: Reinhard Stockmann, Ulrich Menzel und Franz Nuscheler. *Entwicklungspolitik. Theorien – Probleme – Strategien*. 2. überarbeitete und erweiterte Auflage. Berlin: De Gruyter Oldenbourg, S. 1–10.

Tola, Miriam (2019). "Pachamama." In Matthew Schneider-Mayerson & Brent Ryan Bellamy (eds.) *An Ecotopian Lexicon*, University of Minnesota Press, 2019, pp. 194–203.

UNDP (2024). Human Development Insights. https://hdr.undp.org/data-center/country-ins ights#/ranks.

United Nations (2024). Department of Economic and Social Affairs Economic Analysis https://www.un.org/development/desa/dpad/least-developed-country-category.html.

Ziai, Aram (2006). Ideologiekritik in der Entwicklungstheorie. *Politische Vierteljahres-schrift*, 47(2), S. 193–218.

Ziai, Aram (2013). The discourse of "development" and why the concept should be abandoned. *Development in Practice*, 23(1), S. 123–136.

Entwicklungszusammenarbeit: Eine vorläufige Bilanz

3

Nach wie vor gelten als Entwicklungspolitik im weiteren Sinne alle Maßnahmen „seitens staatlicher und gesellschaftlicher Akteure der IL [Industrieländer], die – zumindest rhetorisch – auf die Förderung der politischen und sozioökonomischen Lebensbedingungen in den EL [Entwicklungsländern] zielen".[1] Zur Entwicklungszusammenarbeit zählen „nur die Aktivitäten spezialisierter staatlicher Organisationseinheiten […], die explizit Instrumente zur Förderung politischer und sozioökonomischer Modernisierung in EL anwenden bzw. finanzieren".[2] Sie befasst sich mit den Maßnahmen, „die konkret zur Verbesserung der Lebensverhältnisse in den Entwicklungsländern in Kooperation zwischen diesen und sogenannten Geberländern gemeinsam vereinbart und durchgeführt werden".[3] Grundsätzlich wird zwischen bilateraler und multilateraler Zusammenarbeit differenziert: Bilaterale Zusammenarbeit bezeichnet eine Kooperation, die direkt zwischen zwei Regierungen stattfindet, eine multilaterale Zusammenarbeit entsteht durch die Einschaltung eines Dritten (z. B. der Weltbank).[4] Von 1960 (dem ersten Jahr, für das die OECD Daten zur Verfügung stellt) bis 2022 hat die Gesamtheit aller offiziellen Geber insgesamt gut 5750 Mrd. USD für die Entwicklungszusammenarbeit zur Verfügung gestellt (Abb. 3.1).

---

[1] Faust 2016, S. 338.
[2] Faust 2016, S. 338,
[3] Stockmann 2016, S. 8.
[4] Z. B. Ihne & Wilhelm 2013, S. 9.

© Der/die Herausgeber bzw. der/die Autor(en), exklusiv lizenziert an Springer Fachmedien Wiesbaden GmbH, ein Teil von Springer Nature 2024
J. Dosch und P. Becker, *Die Wirksamkeit von Entwicklungszusammenarbeit*,
https://doi.org/10.1007/978-3-658-45474-6_3

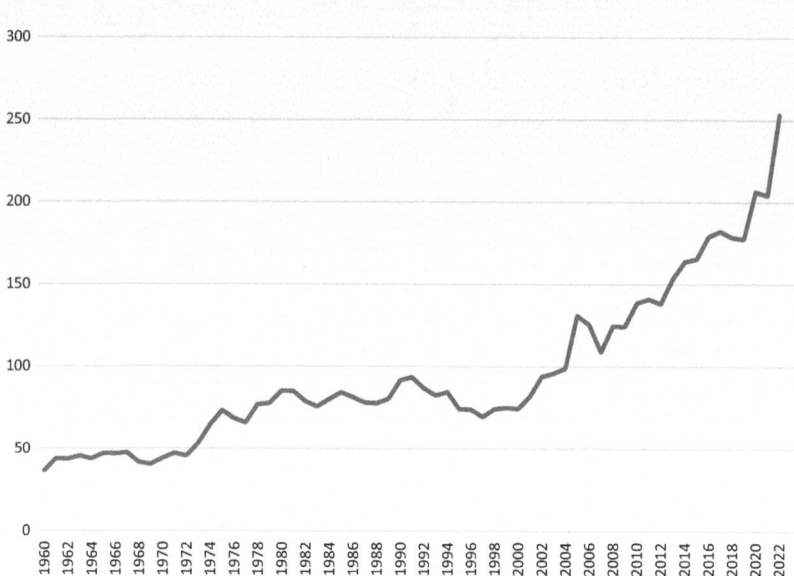

Abb. 3.1 Gesamte ODA-Auszahlungen *(Disbursements)* 1960–2022 in Milliarden USD (konstante Preise). Gesamte ODA = Alle „offiziellen Geber": OECD-Geber, Nicht-OECD Geber, Multilaterale Organisationen, Private Geberorganisationen. (Datenquelle: OECD Data Explorer, https://data-explorer.oecd.org/)

    Die am 20. Januar 1949 gehaltene Antrittsrede von Harry S. Truman, dem 33. Präsidenten der Vereinigten Staaten von Amerika, gilt als Geburtsstunde der Entwicklungspolitik in konzeptioneller Hinsicht, wenngleich die konkreten Zielsetzungen und Schwerpunkte, wie auch der ideologische Unterbau, seither dem Wandel der Zeit ausgesetzt sind. Es werden in der Regel vier Entwicklungsdekaden unterschieden, die für die internationale Zusammenarbeit bedeutungsvoll waren. Sie sind bereits im ersten Kapitel angesprochen worden und sollen an dieser Stelle noch einmal kurz benannt werden.[5] Bis in die 1960er Jahre war das Konzept „Entwicklung durch Wachstum" in der internationalen Zusammenarbeit vorherrschend. Die zweite Dekade wurde vor allem durch die Kritik am Wachstumskonzept geprägt (um 1973). Es entstand eine Grundbedürfnisstrategie, die

---

[5] Siehe hierzu auch Nuscheler 2012, S. 30 ff.

sich auf die Bereitstellung essentieller Güter und Leistungen für ein menschenwürdiges Leben (vor allem Nahrung, Unterkunft, Kleidung, Gesundheit und Bildung) ausrichtete und die folgenden Jahre der Zusammenarbeit prägte. Die dritte Dekade der internationalen Zusammenarbeit stand unter dem Vorzeichen des „Washington-Konsens". Diese neoliberale Strategie „setzte auf die Deregulierung des Wirtschaftslebens, die Liberalisierung des Außenhandels und Privatisierung von häufig defizitären Staatsunternehmen".[6] Die vierte Dekade wurde von neuen ordnungspolitischen Konzepten dominiert: Die Notwendigkeit der sozial- und umweltpolitischen Flankierung und Orientierung der Wirtschaftspolitik rückte in den Mittelpunkt der Zusammenarbeit („nachhaltige Entwicklung", Weltmenschenrechtskonferenz 1993, Weltbevölkerungskonferenz 1994, Weltsozialgipfel 1995 u. v. m.). Daran anschließend wurde die Entwicklungszusammenarbeit in der Zeit von 2000 bis 2015 von den Millennium-Entwicklungszielen geprägt, gefolgt 2015 von der bereits vorgestellten Agenda 2030 als dem aktuellen Rahmen.

Im Laufe der Jahrzehnte entstand ein Netz von Entwicklungsorganisationen, deren Aktionsfeld sich stetig erweiterte. Üblicherweise wird zwischen staatlichen und nicht-staatlichen Akteuren unterschieden.[7] Zu der ersten Gruppe zählen vor allem

- die Vereinten Nationen (UN), deren Sonderorganisationen (z. B. die Ernährungs- und Landwirtschaftsorganisation FAO, der Internationale Währungsfonds IMF und die Weltbank) sowie Fonds und Programme (wie das UN-Entwicklungsprogramm UNDP, das UN-Flüchtlingskommissariat UNHCR oder das Kinderhilfswerk UNICEF);
- nationale Außen-, Wirtschafts- und dezidierte Entwicklungsministerien, wie das Bundesministerium für Wirtschaftliche Zusammenarbeit und Entwicklung (BMZ) und im Falle der EU das Generaldirektorat Internationale Partnerschaften (INTPA);
- nationale Implementierungsorganisation, wie z. B. die Deutsche Gesellschaft für internationale Zusammenarbeit (GIZ), Agence Française de Développement (AFD) und die Austrian Development Agency (ADA), sowie
- Entwicklungsbanken, wie z. B. die Kreditanstalt für Wiederaufbau (KFW), die European Investment Bank (EIB) oder die Asian Development Bank (ADB).

---

[6] Nuscheler 2012, S. 32.
[7] Ausführlich zu den Akteuren der internationalen Entwicklungszusammenarbeit Sangmeister und Schönstedt 2010, S. 55 ff.

Nicht-staatliche Akteure sind nationale oder internationale zivilgesellschaftlichen Organisationen. Ihr Spektrum reicht von

- kirchlichen Einrichtungen (z. B. Misereor, Brot für die Welt, Caritas, die dänische DanChurchAid) über
- Hilfsorganisationen (z. B. Oxfam, Ärzte ohne Grenzen, die Kinderhilfswerke Terre des Hommes und World Vision) bis zu
- global agierenden privaten und wohltätigen Stiftungen (z. B. Aga Khan Foundation und Bill & Melinda Gates Foundation, die weltweit größte private Stiftung).

Nicht-staatlichen Akteuren kommt zweierlei Bedeutung zu. Sie treten, wie die Gates and Khan Stiftungen, entweder selbst als Geber in der Entwicklungszusammenarbeit auf oder sind als Implementierungspartner von staatlichen Gebern aktiv, d. h. sie setzen Projekte um, die beispielsweise vom BMZ oder der EU finanziert werden. 2018 stellten die OECD-DAC Mitglieder zivilgesellschaftlichen Organisationen (CSOs) insgesamt 21 Mrd. USD zur Verfügung und kanalisierten damit 15 % der gesamten bilateralen ODA durch nicht-staatliche Akteure.[8] Eine Sonderrolle nehmen die häufig als Organisationen *sui generis* bezeichneten parteinahen politischen Stiftungen ein, die in dieser Form nur in Deutschland existieren.[9] Seit Aufnahme ihrer internationalen Arbeit im Jahr 1962 sind sie als Akteur fest im Schnittbereich zwischen Entwicklungszusammenarbeit und auswärtigen Beziehungen verankert.[10] Die beiden großen Stiftungen FES und KAS unterhalten jeweils knapp über 100 Auslandsbüros, die vier kleineren (FNS, HSS, HBS und RLS) jeweils zwischen 40 und 60.[11] Ihre Finanzierung – im Jahr 2022 waren dies rund 650 Mio. € – erhalten die politischen Stiftungen aktuell hauptsächlich aus Bundesmitteln nach einem im Stiftungsfinanzierungsgesetz von

---

[8] OECD 2020, S. 11.

[9] Die SPD-nahe Friedrich-Ebert-Stiftung (FES), die CDU-nahe Konrad-Adenauer-Stiftung (KAS), die CSU-nahe Hanns-Seidel-Stiftung (HSS), die FDP-nahe Friedrich-Naumann-Stiftung für die Freiheit (FNS), die dem Bündnis 90/Die Grünen nahestehende Heinrich-Böll-Stiftung (HBS) und die der Linken nahestehende Rosa-Luxemburg-Stiftung (RLS). Die AFD-nahe Desiderius-Erasmus-Stiftung ist aufgrund der Regelungen des im November 2023 vom Bundestag verabschiedeten Stiftungsfinanzierungsgesetzes derzeit noch von einer staatlichen Finanzierung ausgeschlossen. Mit Ausnahme der FNS handelt es sich trotz ihrer Bezeichnung der Rechtsform nach nicht um Stiftungen, sondern um eingetragene Vereine.

[10] Böhler 2005.

[11] Lepszy o. J.

2023 festgelegten Verteilungsschlüssel, der sich an den Wahlergebnissen der mit ihnen verbundenen Parteien der jeweils letzten vier Bundestagswahlen orientiert. Das Akteursspektrum ist abgesehen von der im Laufe der Jahre gewachsenen Bedeutung nicht-staatlicher bzw. zivilgesellschaftlicher Organisationen in generischer Hinsicht weitgehend unverändert geblieben. Geändert hat sich jedoch der zentrale semantische Bezugspunkt. So löste der Begriff Entwicklungszusammenarbeit den der Entwicklungshilfe ab, der angesichts seines „paternalistischen und damit hierarchischen Unterton[s]"[12] nicht mehr zeitgemäß erschien. Die „Entwicklungsländer" sind im heutigen offiziellen Sprachgebrauch „Partnerländer", um zu verdeutlichen, dass Geber und Empfänger gemeinsam definierte entwicklungspolitische Ziele verfolgen.[13] Trotz der Änderung der Termini bleibt der Verdacht einer einseitig von außen nach den Interessen der Geber gelenkten transitiven Entwicklung bestehen.[14] In dieser Wahrnehmung stellt sich Entwicklungszusammenarbeit als asymmetrisches Beziehungsgeflecht dar, in dem – im schlimmsten Fall – die eine Seite der anderen die eigenen Vorstellungen oktroyiert. Vor dem geistigen Auge erscheint das Klischee des klassischen weißen Entwicklungshelfers, der ausgestattet mit seinem Herrschaftswissen die Menschen in der „Dritten Welt" mithilfe der Rezepturen der Industriestaaten aus dem Teufelskreislauf der Armut führen möchte, dabei nicht selten jedoch scheitert oder gar eine Verschlechterung der Situation verursacht. Das entwicklungspolitische Schrifttum ist voll mit Beispielen von Fabriken, die leer stehen, weil sie am falschen Ort errichtet wurden, oder weil man es versäumte, Lieferketten mitzudenken, Straßen, die ins Nirgendwo führen, und Gemeinden, denen man Wohlstand versprach, der sich aber nie einstellte. In seinem Dokumentarfilm „Süßes Gift – Hilfe als Geschäft" von 2012 zeigt Peter Heller u. a. das gescheiterte Turkana-See Projekt. Im Jahr 1969 verloren Nomadenstämme in Kenia aufgrund einer schweren Dürre einen Großteil ihrer Tiere, woraufhin internationale Organisationen beschlossen, sie in der Nähe des Turkana-Sees, dem größten Binnensee des Landes, anzusiedeln, um sie zu Fischern umzuschulen. Dieses Vorhaben ignorierte jedoch den spezifischen kulturellen und sozio-ökonomischen Kontext. Die norwegische Entwicklungsbehörde plante, die Fischerei in Kenia zu modernisieren und errichtete eine große Kühlanlage für den Fischexport nach skandinavischem Modell. Diese Anlage wurde aber nie in Betrieb genommen und diente zum Zeitpunkt der Filmarbeiten als Lager für Trockenfisch für den lokalen

---

[12] Ihne & Wilhelm 2013, S. 8.
[13] Sangmeister & Schönstedt 2010, S. 17.
[14] Nuscheler 2012: 128, 308.

Markt. „Die Entwicklungshelfer sind längst wieder weg, die Menschen aber auch heute nicht in der Lage, sich selbst zu ernähren."[15]

Es soll nicht behauptet werden, dass solche Beispiele aus der Zeit der „Entwicklungshilfe" vollständig der Vergangenheit angehören. Auch in der Epoche der Entwicklungszusammenarbeit finden sich Fälle defizitärer, gar gänzlich gescheiterter Projekte, weil im Planungsprozess wichtige kulturspezifische, sozioökonomische, ökologischen oder generell politische Faktoren nicht hinreichend verstanden und berücksichtigt wurden – nicht zuletzt, weil der nötige Austausch mit den Partnerländern ausblieb. Um einen Fall zu nennen (wobei zunächst jedoch der positive Grundansatz erläutert werden muss): Unter dem Dach ihrer entwicklungspolitischen Kooperationsstrategie mit Asien finanziert die EU neben bilateralen Programmen auch Maßnahmen im regionalen Kontext. Diese Förderung ergänzt die bilaterale entwicklungspolitische Zusammenarbeit mit einer Reihe asiatischer Länder. Im Rahmen des regionalen Programms für den Zeitraum 2007–2013[16] standen gemäß der ursprünglichen Allokation 79 Mio. € bzw. 13 % der für die Umsetzung der Strategie insgesamt eingeplanten 618 Mio. € für die Stärkung regionaler Integration zur Verfügung. Der Löwenanteil war für die Zusammenarbeit mit der Association of Southeast Asian Nations (ASEAN) vorgesehen, der 1967 gegründeten Regionalorganisation Südostasiens, welche seit den frühen 1970er Jahre eine enge Partnerschaft mit der EU auf Augenhöhe verbindet. Über die Jahrzehnte hat die EU die ASEAN effektiv in technischen, wirtschaftlichen, sozialen und sicherheitspolitischen Bereichen unterstützt und damit einen wesentlichen Beitrag zur Vertiefung der wirtschaftlichen und politischen Integration in Südostasien geleistet. Diese Assistenz war vor allem deshalb so erfolgreich, weil die ASEAN-Mitgliedsstaaten selbst stets über detaillierte Visionen und Programme für den Ausbau ihrer Zusammenarbeit untereinander verfügten. Außerdem unterhalten sie ein zentrales Sekretariat in Jakarta, das zwar anderes als die Europäische Kommission über keine supranationalen Kompetenzen verfügt, aber eine starke Koordinationsfunktion ausübt – auch für die Organisation und Implementierung der EU-finanzierten Projekte. Die ASEAN besitzt somit *Ownership* (s. u.), d. h. die EU hat Unterstützung für die Umsetzung von Vorhaben geleistet, die von der ASEAN selbst als zentral und prioritär identifiziert worden waren, wobei natürlich – wie dies angesichts der Erfahrungen des europäischen Integrationsprozesses nicht anderes zu erwarten ist und von der ASEAN auch gewünscht wurde – im Laufe der Jahre immer wieder wichtige Impulse von EU-Akteur*innen ausgegangen sind.

---

[15] Welt-Sichten 2012.
[16] European Commission 2007.

Mit der 1985 gegründeten South Asian Association for Regional Coopera-
tion (SAARC) existiert in Südasien eine Regionalorganisation, die auf den ersten
Blick Parallelen mit der ASEAN aufweist, wobei bei näherem Hinsehen jedoch
sofort die strukturellen Unterschiede zutage treten.[17] Abgesehen von kurzen Peri-
oden der konstruktiven Zusammenarbeit, die z. B. 2004 in der Gründung der
South Asian Free Trade Area (SAFTA) mündete (welche sich dann aber als
Papiertiger entpuppte), hat die SAARC angesichts der großen Asymmetrie der
Mitgliederstruktur, in der Indien mit seinen nationalen Interessen eine übermäch-
tige Position einnimmt, vor allem aber durch den indisch-pakistanischen Konflikt,
kaum Wirkung entfalten können. Zwar besteht ein SAARC-Sekretariat in Kathmandu, das personell mit der nötigen technischen Expertise für das Management
der Organisation ausgestattet ist, jedoch über keine eigenen Befugnisse verfügt. In
ihrem Bestreben, zwischenstaatliche Zusammenarbeit in ganz Asien zu fördern,[18]
stellte die EU 2007 aus dem Budget des Programmschwerpunkts „regionale Integration" der Asien-Strategie rund 2,6 Mio. € für die wirtschaftliche Stärkung der
SAARC mit dem Ziel zur Verfügung, ihren Mitgliedsstaaten eine bessere Position
in den Handelsbeziehungen mit der EU zu verschaffen. Generell bestanden bei
einigen SAARC-Mitgliedern, vor allem bei Indien, Vorbehalte gegenüber dem
Projekt, da offenbar im Vorfeld keine hinreichende Kommunikation stattgefunden hatte. Formal scheiterte das Vorhaben, da die EU übersah, dass das SAARC
Sekretariat nicht mit dem Mandat ausgestattet war, ein *Financing Agreement*
abzuschließen und auch anschließend von den Mitgliedsstaaten nicht dahingehend
autorisiert wurde. Bei einem *Financing Agreement* in der Entwicklungszusammenarbeit handelt es sich um ein formales Abkommen, das die rechtliche und
finanzielle Grundlage für die Unterstützung und Zusammenarbeit zwischen Geber
und Empfänger bildet. Geregelt sind darin vor allem Zweck und Umfang der
Unterstützung, die Finanzierungsbedingungen, die Umsetzungsmodalitäten, Ver-
antwortlichkeiten und Pflichten beider Seiten sowie Compliance-Regeln und
weitere rechtliche Bestimmungen. Der anschließende Versuch, mit den Geldern
stattdessen ein Projekt zur Zivilluftfahrt zu initiieren, scheiterte letztlich ebenfalls und die EU musste die Mittel abschreiben. 2,6 Mio. € sind im Rahmen
der EU Entwicklungszusammenarbeit ein überschaubarer Betrag, dennoch versteht es sich von selbst, dass kein einziger Euro verschwendet werden sollte,
weil im Planungsprozess nicht genügend Anstrengungen unternommen wurden,

---

[17] Für eine frühe Analyse siehe Dosch & Wagner 1999.

[18] Wie im Übrigen auch weltweit: Es gibt in Afrika, Lateinamerika und im asiatisch-
pazifischen Raum keine wesentliche regionale Organisation, die nicht in einem Kooperati-
onsverhältnis mit der EU steht.

die Kontextbedingungen zu analysieren und zu verstehen.[19] Gleichzeitig erreicht der hier geschilderte Fall nicht die Dimension des von vornherein unter Ausblendung sämtlicher sozio-ökonomischer und kultureller Faktoren fundamental falsch geplanten Turkana-See Projekts.

Tatsächlich lassen sich in den Hunderten für dieses Buch gesichteten unabhängigen Evaluierungsberichten der vergangen etwa 20 Jahre keine Negativbeispiele vom Ausmaß des Turkana-Falls finden. Der Grund hierfür ist zunächst eine im Vergleich zu den 1960er und 1970er Jahren stark gewandelte konzeptionelle Herangehensweise an die Planung von Programmen der Entwicklungszusammenarbeit. Spektakuläre monolithische Megaprojekte, die durch die Fokussierung auf einen einzelnen Faktor, also z. B. die Einführung einer neuen Agar- und Produktionsmethode, eine spezifische Infrastrukturmaßnahme oder die Veränderung eines bestimmten gesellschaftlichen Verhaltens- und Einstellungsmusters, sozio-ökonomischen Fortschritt für große Bevölkerungsgruppen erzielen wollen, sind differenzierteren, holistischen Ansätzen gewichen. Dabei wird die Bearbeitung des eigentlichen Kernproblems in seinen mehrdimensionalen Kontext eingebettet. Für eine Maßnahme zur Wasserversorgung beispielsweise bedeutet dies idealtypisch, dass eben nicht nur ein Anschluss an das Trinkwassernetz hergestellt wird, sondern auch Aspekte wie Sanitärversorgung, Hygiene, Ressourcenverteilung, Wasser-Governance, Geschlechtergleicheit, Menschenrechte, ggf. Konfliktfaktoren und in jedem Fall umweltpolitische Implikationen Berücksichtigung finden. Es ist daher unwahrscheinlich, dass ein Projekt auf ganzer Linie scheitert, sondern eher der Fall, dass es mit Blick auf die Teildimensionen unterschiedliche Ergebnisse erzielt.

Einen der wichtigsten Evolutionsschritte vollzog die Entwicklungszusammenarbeit mit der Postulierung des *Ownership*-Prinzips, also der Idee, dass die Partnerländer die Hauptverantwortung für ihre eigene Entwicklungsplanung und -strategien übernehmen sollten. Formalisiert wurde das Prinzip 2005 im Rahmen der mit breiter globaler Zustimmung verabschiedeten Pariser Erklärung über die Wirksamkeit der Entwicklungszusammenarbeit („Paris Declaration on Aid Effectivness"). Die Erklärung beinhaltet neben *Ownership,* die auch die Selbstverpflichtung zur Stärkung von Institutionen und zur Korruptionsbekämpfung normiert, vier weitere Prinzipien:

---

[19] Dieser Fall ist in den Evaluierungsberichten European Commission 2014a und 2014b. erwähnt und durch Interviews gestützt, die Jörn Dosch im August 2013 mit Akteur*innen der EU und der SAARC in Kathmandu, Nepal, führte.

- Anpassung *(alignment)*: Die Geberländer und -organisationen stimmen ihre Unterstützung mit den Strategien der Partnerländern ab und nutzen lokale Systeme.
- Harmonisierung *(harmonisation)*: Die Geberländer und -organisationen koordinieren ihre Maßnahmen, vereinfachen die Verfahren und tauschen Informationen aus, um Dopplungen zu vermeiden.
- Ergebnisorientiertes Management *(managing for results)*: Partnerländer und Geber konzentrieren sich auf die Erzielung und Messung der Ergebnisse.
- Gegenseitige Verantwortlichkeit *(mutual accountability)*: Geber und Empfängerländer sind gemeinsam rechenschaftspflichtig für die Entwicklungsergebnisse.[20]

Im weiten Verständnis beruht *Ownership* somit auf der Überzeugung, dass die Entwicklungszusammenarbeit effektiver ist, wenn sie von den Partnerländern geleitet und gesteuert wird. Dies bedeutet, dass die Länder nicht nur bei der Formulierung ihrer Entwicklungsziele, sondern auch bei der Umsetzung und Bewertung der Fortschritte eine aktive Rolle spielen. Vor 2005 gab es zwar ähnliche Ansätze, aber die Pariser Erklärung markierte einen wichtigen Wendepunkt, indem sie diese Konzepte zur verbindlichen Leitlinie erhob. Gerechnet von Trumans Rede 1949 dauerte es also mehr als ein halbes Jahrhundert, um einer Idee zu formaler Anerkennung zu verhelfen, die eigentlich von vornherein als selbstverständlich hätte gelten sollen, eben jener der Eigenverantwortung. 2008 erweiterte der Aktionsplan von Accra („Accra Agenda for Action") die Effektivitätsagenda, indem Entwicklungsleistungen in einen breiteren entwicklungspolitischen Zusammenhang gestellt wurden. Der Aktionsplan verankert Menschenrechte, die Gleichstellung der Geschlechter, den Umweltschutz sowie Aspekte der Good Governance als Säulen wirksamer Entwicklungszusammenarbeit. Gleichzeitig wird eine breitere Beteiligung von Zivilgesellschaft und Parlamenten gefordert, um Transparenz und Rechenschaftspflicht in der Entwicklungszusammenarbeit zu verbessern.[21]

Dass es sich bei der Betonung von Eigenverantwortlichkeit nicht um einen semantischen Trick handelt, um reine Rhetorik, die lediglich unveränderte Herrschaftsverhältnisse und Asymmetrien zu verschleiern versucht, lässt sich alleine schon am Instrument der Budgethilfe *(Budget Support)* in der Entwicklungszusammenarbeit erkennen, das in der Folge von Paris und Accra rasch an Bedeutung gewann. Hierbei handelt es sich um einen Ansatz, bei dem Geldmittel vom Geber

---

[20] High Level Forum 2005.
[21] BMZ 2008.

direkt an die Regierung eines Empfängerlandes übertragen werden. Diese Form der Unterstützung unterscheidet sich von anderen Hilfsmodalitäten, wie etwa der Projekthilfe, bei der Geber die Finanzierung und das Management eines spezifischen Projekts kontrollieren. Bei der Budgetunterstützung werden die Mittel in Übereinstimmung mit den Haushaltsverfahren des Empfängerlandes verwaltet. Es werden zwei Hauptformen unterschieden: Allgemeine Budgethilfe, die ungebundene Beiträge zum staatlichen Haushalt des Empfängers umfasst, und sektorspezifische Budgetunterstützung, die sich auf einzelne Politikfelder bezieht (z. B. Bildung, Gesundheit oder Umwelt). Gemeinsam ist beiden Varianten, dass sie mit regelmäßigem und institutionalisiertem politischem Dialog zwischen Geber und Empfänger, flankierenden Projekten für den Kapazitätsaufbau sowie der gemeinsamen Festlegung von Indikatoren einhergehen, um die sachgemäße Verausgabung der Mittel überwachen und überprüfen zu können. Zudem müssen bestimmte Eingangsvoraussetzungen erfüllt sein (z. B. die Reduzierung von Korruption), bevor Budgethilfe geleistet werden kann.

Nach 2005 schien es nur eine Frage der Zeit zu sein, bis sich Budgethilfe als vorherrschender Ansatz etabliert haben würde. Die anfänglichen Erfahrungen waren geradezu euphorisch. Eine umfangreiche Studie von sieben *Budget Support*-Länderevaluierungen aus dem Jahr 2014[22] zeigt, dass Budgethilfe unter komplexen und schwierigen Rahmenbedingungen bedeutende Ergebnisse erzielen kann. Insbesondere habe *Budget Support* dazu beigetragen, die Fähigkeit der begünstigten Regierungen zu verbessern, ihre öffentlichen Finanzen zu verwalten, öffentliche Dienstleistungen zu erbringen und die Wirtschaftstätigkeit zu regulieren. In Ländern mit niedrigem Einkommen habe Budgethilfe einen entscheidenden Beitrag zu einer beträchtlichen Verbesserung des Zugangs zu – und der Nutzung von – sozialen Dienstleistungen, insbesondere im Bildungs- und Gesundheitswesen, geleistet. Fortschritte in der Korruptionsbekämpfung hätten sich ebenfalls nachweisen lassen. In Ländern mit mittlerem Einkommen habe Budgethilfe staatliche Reformprozesse effektiv stärken können. Der Bericht verweist auf Südafrika, wo die Bereitstellung von Budgethilfe die Regierung in die Lage versetzt habe, öffentliche Dienstleistungen zu demokratisieren, die öffentliche Verwaltung zu stärken und letztlich Ungleichheit und Armut zu reduzieren. Entsprechende Resultate seien vor allem in den Bereichen Wasserversorgung und Abwasserentsorgung, medizinische Grundversorgung, Zugang zur Justiz, Beschäftigungsförderung und Zugang zu Technologie erzielt worden. In Marokko und Tunesien habe Budgethilfe Steuerreformen vorangebracht, die Versorgung mit Gesundheitsdiensten verbessert, entscheidend zum Ausbau des sekundären

---

[22] European Commission 2014c.

und tertiären Bildungssektor beigetragen und die weltwirtschaftliche Integration der beiden Länder gestärkt. Während des Untersuchungszeitraums sei in Mali, Marokko, Südafrika und Tunesien ein deutlicher Rückgang der Einkommensarmut zu verzeichnen gewesen, wobei der Bericht zugesteht, dass es schwierig sei, dieses Ergebnis alleine der Budgethilfe zuzuschreiben.

Diese insgesamt positiven Ergebnisse sind auch von anderen Budgethilfe-Evaluierungen bestätigt worden, wie einem 2017 abgeschlossenen Bericht des Deutschen Evaluierungsinstituts der Deutschen Entwicklungszusammenarbeit (DEval). Demnach führt Budgethilfe u. a.

- „dazu, dass öffentliche Ausgaben ansteigen, besonders in den Sektoren Bildung und Gesundheit. Sie wirkt sich zudem positiv auf die Qualität des öffentlichen Finanzwesens aus und verbessert den Zugang zu öffentlichen Dienstleistungen. Eine Wirkung auf die Qualität der öffentlichen Dienstleistungen wurde allerdings nicht festgestellt"; und
- „stärkt die ‚Angebotsseite' öffentlicher Rechenschaftslegung. Dies betrifft insbesondere die Leistungsfähigkeit von Institutionen wie Finanzministerium, statistische Ämter oder Rechnungshof."[23]

Zwar existieren laut der Evaluierung keine „Belege für einen systematischen negativen Effekt von Budgethilfe auf Korruption", doch hat in den letzten Jahren die Akzeptanz der Budgethilfe in den Geberländern aufgrund perzipierter fiduziarischer und politischer Risiken deutlich abgenommen. „Insbesondere bilaterale Geber – einschließlich Deutschland – haben seit 2012/13 so gut wie keine allgemeine Budgethilfe mehr geleistet."[24] Bei der EU spielt *Budget Support* weiterhin eine Rolle, wenn auch keine zentrale. Im Dreijahreszeitraum 2020–2022 betrug der Anteil der Budgetunterstützung an der gesamten ODA (inklusive der Leistungen im Rahmen der Europäischen Nachbarschaftspolitik und der Beziehungen mit den Staaten des westlichen Balkans) der EU 17 %.[25] Allgemeine Budgethilfe leistet die EU dabei im Rahmen von *SDG Contracts* (SDG-C), mit denen Staaten Mittel für die Umsetzung ausgewählter SDGs zur Verfügung gestellt werden, sowie *State and Resilience Building Contracts* (SRBC), die Partnerländer bei der Verringerung von Fragilität und in Transitionsprozessen unterstützen. Wie

---

[23] DEval 2024 fasst Kernergebnisse der Evaluierung zusammen. Für den Gesamtbericht: DEval 2017.

[24] Orth & Schmitt 2018.

[25] European Union 2023. 2022 betrug der Gesamtbetrag der Budgethilfe der EU 1,8 Mrd. €, wobei alleine 700 Mio. € der Ukraine zugutekamen.

bei anderen Gebern überwiegt jedoch auch bei der EU bei weitem die Sektor-Budgethilfe. 2022 waren von den 198 *Budget Support*-Verträgen, welche die EU mit Ländern weltweit schloss, 167 *Sector Reform Performance Contracts* (SRPC) im Gegensatz zu 28 SRBCs und drei SDG-Cs.[26]

Während der Appetit für Budgethilfe insgesamt rückläufig ist, hat die Bedeutung von Multi-Donor Trust Funds (MDTF) als Instrument für die Umsetzung von groß angelegten Entwicklungsprogrammen vor allem vor dem Hintergrund der MDGs und SDGs zugenommen. Diese Fonds, die häufig von UN-Organisationen oder Entwicklungsbanken verwaltet werden, sind besonders in Situationen nützlich, in denen eine koordinierte Finanzierung und ein gemeinsames Handeln mehrerer Akteure erforderlich sind, um komplexe Herausforderungen anzugehen. Generell ermöglichen MDTFs und andere Budgetpools

- eine effizientere und effektivere Koordinierung von Vorhaben in einem bestimmten Sektor (z. B. Gesundheit, Bildung oder Agrarwirtschaft) und vermeiden eine Dopplung der Initiativen unterschiedlicher Geber;
- eine Reduzierung der Verwaltungs- und Transaktionskosten;
- eine bessere Ausrichtung der Unterstützung an den Prioritäten des Partnerlandes, indem eine gezielte Orientierung an den strategischen Entwicklungszielen des Empfängerlandes erfolgt und diesem größere Kontrolle und Entscheidungsgewalt darüber zugestanden wird, wie die gepoolten Mittel verwendet werden;
- eine Risikoteilung insbesondere in komplexen oder instabilen Situationen, in denen das Engagement einzelner Geber riskanter oder weniger effektiv sein könnte.

Wichtig ist zudem, dass Systeme zur Unterstützung durch MDTFs und andere Pools in der Regel über Mechanismen verfügen, um Transparenz und Rechenschaftspflicht sowohl gegenüber den Gebern als auch gegenüber der Bevölkerung des Empfängerlandes in Bezug auf die Verwendung der Mittel herzustellen.

Das folgende Beispiel aus dem Bereich Good Governance verdeutlicht sowohl die Bedeutung von MDTFs als auch Sektor-Budgethilfe sowie das Zusammenspiel von beiden im Fall Nepals. Nach dem Ende des zehnjährigen Bürgerkriegs zwischen maoistischen Rebellen und Regierungstruppen im Jahr 2006 und dem Sturz der Monarchie 2008 gab sich Nepal 2015 eine neue Verfassung, die einen föderalen Staatsaufbau normiert. War die politische Macht zuvor auf der Ebene

---

[26] European Commission 2023.

der nationalen Regierung zentralisiert, so verfügen nun auch die neu geschaffenen sieben Provinzen mit jeweils eigenen Parlamente und Verwaltungen und die 753 Kommunen über originäre Befugnisse und Kompetenzen. Die Föderalisierung ist eine tragende Säule der Demokratisierung des Landes, dabei aber nicht frei von Konflikten und Problemen. Neben Fragen der Grenzziehung zwischen den Provinzen haben vor allem die Verteilung von Ressourcen und Macht zu anhaltenden Debatten und politischen Spannungen geführt. Ausgerichtet auf die Umsetzung der Verfassungsbestimmungen und der darauf aufbauenden nationalen Strategien unterstützen mehrere Geber Nepal bei der Implementierung der Föderalisierungsreform und der Bearbeitung der damit einhergehenden Herausforderungen. Ein Schlüsselelement bildet das öffentliche Finanzmanagement (*Public Financial Management*/PFM) als Strategie der nepalesischen Regierung zur Stärkung der Regierungsführung, zur Optimierung des Outputs öffentlicher Ressourcen und zur Gewährleistung einer inklusiven und breitenwirksamen Entwicklung. In diesem Kontext zielt der Public Financial Management Multi-Donor Trust Fund (PFM-MDTF) auf die Stärkung der Leistungsfähigkeit, Transparenz und Rechenschaftspflicht in der öffentlichen Finanzverwaltung in Nepal ab. Der Trust Fund wird von der Weltbank verwaltet und von Australien, der EU, Norwegen, der Schweiz, Großbritannien und den USA finanziert. Bis Ende 2022 belief sich das kumulative Volumen der bereitgestellten Mittel auf rund 21 Mio. USD.[27] Neben dem Finanzministerium und dem Ministry of Federal Affairs and General Administration sind mehr als ein Dutzend weitere Regierungs- und Verwaltungsbehörden sowie CSOs an der Umsetzung der einzelnen Projekte beteiligt.

Gleichzeitig unterstützen Großbritannien, die EU, Norwegen, die Schweiz und UNDP das Provincial and Local Governance Support Program (PLGSP). Dabei handelt es sich nach eigener Darstellung der Regierung, um das nationale „Flagship-Programm [...] für den Aufbau institutioneller, organisatorischer und individueller Kapazitäten auf allen Regierungsebenen, wobei der Schwerpunkt auf der Provinz- und Kommunalebene liegt. Oberstes Ziel des Programms ist es, eine funktionierende, nachhaltige, inklusive und rechenschaftspflichtige Regierungsführung auf Provinz- und Kommunalebene zu erreichen".[28] Im Zeitraum 2019 bis 2022 standen hierfür 130 Mio. USD zur Verfügung, wobei 100 Mio. USD von den Gebern durch Budgethilfe erbracht wurden und der Eigenanteil

---

[27] World Bank 2023.
[28] Government of Nepal, Ministry of Urban Development o. J.

Nepals bei 30 Mio. USD lag.[29] PLGSP und PFM-MDTF – flankiert von weiteren kleineren Vorhaben der Projekthilfe – haben einen wesentlichen Beitrag zur Implementierung der Dezentralisierung und des föderalen Staatsaufbaus geleistet: Die Governance-Strukturen auf Provinz- und lokaler Ebene sind deutlich gestärkt worden, wobei es zu einer Verbesserung von Transparenz und Rechenschaftspflicht auf allen Regierungsebenen gekommen ist und die Provinz- und Kommunalregierungen mehr Befugnisse erhalten haben. Zudem sind gut funktionierende Arbeitsbeziehungen zwischen den Provinzen und Kommunen etabliert und die Zusammenarbeit zwischen der Zentral- und der Provinzebene verbessert worden, wobei hier jedoch weiterhin Zuständigkeits- und Verteilungskonflikte existieren. Mit Blick auf PFM sind eine Verringerung fiduziarische Risiken und eine bessere Rechnungsprüfung feststellbar. Insbesondere ist die Regierung in die Lage versetzt worden, einen Haushaltsplan und konsolidierte Ausgabenberichte zu erstellen. Gleichzeitig jedoch sind die subnationalen PFM-Systeme nach wie vor schwach, sodass auf der lokalen Ebene die Gefahr des Missmanagements von Ressourcen besteht. Kritisch ist ferner angemerkt, dass die Geber-Unterstützung der Föderalisierung von teilweise zu optimistischen Zielsetzungen innerhalb kurzer Zeiträume geleitet ist und zudem bisher keiner klaren Strategie der Priorisierung und Sequenzierung folgte.[30]

Als eine der wohl aufwendigsten und aussagekräftigsten Metaevaluierungen der vergangenen Jahre kann das vom norwegischen Außenministerium beauftragte Projekt „Norad Country Evaluation Briefs" (CEBs) gelten. Unabhängige Gutachter*innen werteten die Evaluierungen der Entwicklungszusammenarbeit mit 15 Ländern über einen Fünfjahreszeitraum aus: Afghanistan, Äthiopien, Demokratische Republik Kongo, Ghana, Haiti, Indonesien, Kolumbien, Malawi, Mali, Mosambik, Myanmar, Nepal, Niger, Palästina, Somalia, Tansania und Vietnam. Zu jedem Land wurden nach einem weitgehend einheitlichen methodischen Verfahren etwa 25 Evaluierungsberichte zu großen Projekten und Programmen bilateraler-, multilateraler- und nicht-staatliche Geber und Implementierungsorganisationen ausgewählt, um zu einer möglichst repräsentativen Einschätzung der Stärken und Schwächen, Erfolge und Misserfolge der Entwicklungszusammenarbeit mit den jeweiligen Ländern zu gelangen. Insgesamt flossen somit rund 380 Evaluierungen in die Auswertung ein. Die Länderberichte wurden zwischen

---

[29] Government of Nepal, Ministry of Urban Development o. J.

[30] Diese Erkenntnisse beruhen auf von Jörn Dosch im Rahmen der „Evaluation of the EU's cooperation with Nepal (2014–2021)" im Juni 2023 in Nepal geführten Interviews und sind in European Commission et al. 2024 veröffentlicht.

2016 und 2022 veröffentlicht.[31] In der Zusammenschau ergeben sich deutliche Gemeinsamkeiten der Bewertung. Auf der Positivseite steht vor allem die Einhaltung des *Ownership*-Prinzips, konkret die wirksame Abstimmung der Entwicklungszusammenarbeit auf die sozio-ökonomischen, gesellschaftlichen und politischen Reformprozesse in den Partnerländern. Fast durchgängig werden die Programme und Projekte als relevant mit Blick auf die Bedürfnisse der Bevölkerungen eingestuft. Durchgehend finden sich Hinweise auf die konstruktive und wirksame Zusammenarbeit der Geberseite nicht nur mit nationalen Regierungen und deren Behörden, sondern in besonderem Maße mit Akteuren subnationaler und lokaler Entscheidungsebenen und der Zivilgesellschaft. Auf diese Weise konnten fast in allen Fällen nachweisbare Verbesserungen in den Bereichen Bildung und Gesundheit erzielt werden, wobei die Ergebnisse in anderen Sektoren je nach Kontextbedingungen, Mitteleinsatz und Engagement der Regierungen unterschiedlich ausfallen. Den CEBs ist auch zu entnehmen, dass Programme besonders dann wirksam und nachhaltig waren, wenn sie explizit Strategien zur Ermächtigung gesellschaftlicher Akteure integrierten.

Hinsichtlich der wichtigsten Schwachpunkte zählen unzureichende Koordinierung ähnlich konzipierter Aktivitäten unterschiedlicher Geber, begrenzte Nachhaltigkeit und ein Mangel an finanziellen und personellen Ressourcen zu den häufigen Nennungen. Die Finanzierung von Programmen war oftmals lediglich für kurze Zeiträume (häufig zwei bis drei Jahre) angelegt, was bei gleichzeitig ambitionierten Zielsetzungen dazu führte, dass projektierte Wirkungen nur partiell erzielt werden konnten. Verbesserungen und Fortschritte, die während des Implementierungszeitraums erreicht wurden, verblassten oft schnell, nachdem die externe Finanzierung auslief, da die beteiligten staatlichen Akteure sich nicht in der Lage sahen, die Programme mit eigenen Mitteln und eigenem Personal fortzusetzen bzw. generell neu etablierten Strukturen zur Nachhaltigkeit zu verhelfen. In manchen Fällen blieb die erwartete Involvierung des Privatsektors aus oder war zu gering, um die Nachhaltigkeit sicherzustellen. Teilweise spielte hierbei aber auch das Fehlen klarer Ausstiegsstrategien eine Rolle, d. h. seitens der Projektpartner wurde versäumt, konkrete und konsensfähige Pläne für die Verstetigung von Projektergebnissen zu formulieren. Ein regelmäßig wiederkehrendes Problem bestand in der Umsetzung entwicklungspolitischer Vorhaben in Form von Pilotprojekten, von denen ausgewählte Bevölkerungsgruppen, einzelne Regionen oder auch nur wenige Gemeinden profitierten. Wirkungen wurden durchaus erzielt, doch gab es darüber hinaus fast immer die Absicht, die in den Pilotphasen umgesetzten Reformen anschließend auf weitere Teile des jeweiligen Landes oder sogar die

---

[31] Die Berichte sind verfügbar unter Norad 2020.

Gesamtbevölkerung auszuweiten, was jedoch oftmals nicht gelang. Es sei jedoch angemerkt, dass Pilotprojekte nur einen Teil des Portfolios von Gebern ausmachen und gerade durch Budgethilfe unterstütze Sektorenprogramme (aber auch andere Ansätze) von vornherein landesweite Reichweite besaßen. Bereits diese kurze Zusammenfassung der CEBs und die in diesem Kapitel angerissenen Beispiele zeigen, dass eine pauschale Bewertung von Entwicklungszusammenarbeit als wirksam und förderlich oder kontraproduktiv und schädlich nicht möglich ist. Jede Bewertung bedarf der differenzierten Betrachtung auf der Grundlage umfangreicher Evidenz.

Literatur

BMZ (2008). Aktionsplan von Accra. https://www.oecd.org/development/effectiveness/425 64567.pdf.

Böhler, Werner (2005). Die Rolle der politischen Stiftungen in der deutschen Entwicklungspolitik. *KAS-Auslandsinformationen*, 6/05, S. 4–14. https://www.kas.de/c/document_lib rary/get_file?uuid=0d5b0a0f-7e7d-e2b7-d17d-4cfdfb4f63f2&groupId=252038.

DEval (2017). *What We Know About the Effectiveness of Budget Support*. Evaluation Synthesis. Bonn: DEval. https://www.deval.org/fileadmin/Redaktion/PDF/05-Publikati onen/Berichte/2017_Effectiveness_Budget_Support/DEval_Effectiveness_Budget_Sup ort_2017_EN.pdf.

DEval (2024). Wirksamkeit von Budgethilfe. https://www.deval.org/de/evaluierungen/lau fende-und-abgeschlossene-evaluierungen/wirksamkeit-von-budgethilfe.

Dosch, Jörn & Christian Wagner (1999). *ASEAN und SAARC: Entwicklung und Perspektiven regionaler Zusammenarbeit in Asien*. Hamburg: Abera.

European Commission (2007). *Regional Strategy Paper for Asia 2007–2013*. https://eur-lex.europa.eu/EN/legal-content/summary/regional-strategy-for-asia-2007-2013.html#:~: text=The%20Regional%20Strategy%20Paper%20for,health%2C%20and%20support% 20to%20uprooted.

European Commission (2014a). *Evaluation of the European Union's regional co-operation with Asia*. Final Report, Vol. 1. https://www.oecd.org/derec/ec/Evaluation_of_the_Eur opean_Union_regional_co-operation_with_Asia_Vol1.pdf.

European Commission (2014b). *Evaluation of the European Union's regional co-operation with Asia*. Final Report, Vol. 2. https://www.oecd.org/derec/ec/Evaluation_of_the_Eur opean_Union_regional_co-operation_with_Asia_Vol2.pdf.

European Commission (2014c). *Synthesis of Budget Support Evaluations: Analysis of the Findings, Conclusions and Recommendations of seven Country Evaluations of Budget Support*. https://www.oecd.org/derec/ec/BGD_Budget-Support-Synthesis-Report-final.pdf.

European Commission (2023). Budget Suport. Trends and results 2023. https://op.europa.eu/ en/publication-detail/-/publication/627a8bb9-51db-11ee-9220-01aa75ed71a1/language-en/format-PDF/source-search.

European Commission, Directorate-General for International Partnerships, Christensen, P., Dosch, J., Laanouni, F. et al., (2024). *Evaluation of the EU's cooperation with Nepal (2014-2021) – Final report.* Publications Office of the European Union, https://data.eur opa.eu/doi/10.2841/08725.

European Union (2023). Budget Support. https://international-partnerships.ec.europa.eu/fun ding-and-technical-assistance/funding-instruments/budget-support_en.

Faust, Jörg (2016). Entwicklungstheorien und Entwicklungspolitik. In Hans-Joachim Lauth & Christian Wagner (Hrsg.). *Politikwissenschaft. Eine Einführung.* 8., überarbeitete Auflage. Paderborn: Ferdinand Schöningh, S. 322–356.

Government of Nepal, Ministry of Urban Development (o. J.). Provincial and Local Governance Support Program (PLGSP). https://doli.gov.np/doligov/program-projects/provin cial-and-local-governance-support-program-plgsp/.

High Level Forum (2005). Paris Declaration on Aid Effectiveness, https://www.undp.org/ sites/g/files/zskgke326/files/publications/ParisDeclaration.pdf.

Ihne, Hartmut & Jürgen Wilhelm (Hrsg.) (2013). *Einführung in die Entwicklungspolitik.* Lizenzausgabe der 3. Aufl. Bonn: Bundeszentrale für Politische Bildung.

Lepszy, Norbert (o. J.). *Politische Stiftungen.* Bundeszentrale für Politische Bildung, https:// www.bpb.de/kurz-knapp/lexika/handwoerterbuch-politisches-system/202095/politische-stiftungen/.

Norad (2020). Country Evaluation Briefs. https://www.norad.no/en/front/evaluation/about-evaluation-department/evaluation-series/country-evaluation-briefs/.

Nuscheler, Franz (2012). *Lern- und Arbeitsbuch Entwicklungspolitik.* 7., überarbeitete und aktualisierte Auflage. Bonn: Dietz.

OECD (2020). *The Development Dimension Development Assistance Committee Members and Civil Society.* Paris: OECD Publishing. https://doi.org/10.1787/51eb6df1-en?format= pdf.

Orth, Magdalena & Johannes Schmitt (2018). *How effective is Budget Support as an Aid Modality?* DEval Policy Brief 2/2018. Bonn: German Institute for Development Evaluation (DEval). https://www.deval.org/fileadmin/Redaktion/PDF/05-Publikationen/Pol icy_Briefs/2018_2_Budgethilfe_als_Modalitaet/DEval_Policy_BudgetSupport_AidM odality_2018_EN.pdf.

Sangmeister, Hartmut & Alexa Schönstedt (2010). *Entwicklungszusammenarbeit im 21. Jahrhundert. Ein Überblick.* Baden-Baden: Nomos.

Stockmann, Reinhard (2016). Einleitung: Entwicklung. In Reinhard Stockmann, Ulrich Menzel und Franz Nuscheler. *Entwicklungspolitik. Theorien – Probleme – Strategien.* 2. überarbeitete und erweiterte Auflage. Berlin: De Gruyter Oldenbourg, S. 1–10.

Welt-Sichten. Magazin für globale Entwicklung und ökumenische Zusammenarbeit (2012). *Das Gegenteil von gut ist gut gemeint.* https://www.welt-sichten.org/tipps-und-termine/ 4423/das-gegenteil-von-gut-ist-gut-gemeint.

World Bank (2023). *Nepal Public Financial Management Multi-Donor Trust Fund. Progress Report,* July-December 2022. https://mdtfpfm.org.np/uploads/files/document/ Nepal_PFM_MDTF_Progress_Report_July-_Dec_2022_138.pdf.

Der Good Governance-Diskurs   4

„Good Governance und nachhaltige Entwicklung sind untrennbar. Das ist die Lehre aus all unseren Anstrengungen und Erfahrungen, von Afrika über Asien bis Lateinamerika."[1] Dieses Zitat von Kofi Annan, dem ehemaligen Generalsekretär der Vereinten Nationen, findet sich im 2004 erschienenen Report „Striving for Good Governance in Africa". In den letzten Jahrzehnten hat das oft als neues Leitbild von Staatlichkeit angepriesene Konzept Good Governance eine bemerkenswerte Karriere verzeichnet, wie bereits im ersten Kapitel erläutert.[2] Dies liegt nicht zuletzt an der Position der Weltbank, die großen Linien in der Entwicklungszusammenarbeit vorgeben zu können. Sie veröffentlichte 1989 die Studie „Sub-Saharan Africa, From Crisis to Sustainable Growth", die für ausbleibende Entwicklungserfolge wie auch für Fehlentwicklungen bzw. das Scheitern vieler Entwicklungsprojekte in Subsahara-Afrika eben eine Governance-Krise verantwortlich machte.[3] Die Weltbank war es auch, die in diesem Bericht dem Begriff „Governance" das Attribut „good" hinzufügte – im Vorwort von Barber B. Conable, dem damaligen Präsidenten der Weltbank, und ein weiteres Mal unter der Überschrift „Curbing corruption"[4] – und somit eine innovative Perspektive in die entwicklungspolitische Diskussion einbrachte, welche sich rasch verbreiten sollte.

Die spezifischen politischen Zielsetzungen dieses Konzeptes wurden jedoch nicht von der Weltbank selbst gesetzt, da diese aufgrund eines neutralen, unpolitischen Mandats daran gehindert ist. Generell dürfen in Reformprogrammen der Weltbank nur die ökonomischen Aspekte bearbeitet werden, politische

---

[1] Zitiert in Economic Commission for Africa 2004, S. ii.
[2] Bröchler & Blumenthal 2006, S. 8.
[3] World Bank 1989, S. 60.
[4] World Bank 1989, S. xii, 61.

© Der/die Herausgeber bzw. der/die Autor(en), exklusiv lizenziert an Springer Fachmedien Wiesbaden GmbH, ein Teil von Springer Nature 2024
J. Dosch und P. Becker, *Die Wirksamkeit von Entwicklungszusammenarbeit*,
https://doi.org/10.1007/978-3-658-45474-6_4

Reformen finden dabei keine Beachtung.[5] Es war das Development Assistance Committee (DAC) der OECD[6], das dem Good Governance-Ansatz mit der Verabschiedung der Leitlinie „Orientations on Participatory Development and Good Governance" 1993 eine normative Erweiterung verlieh. Im ersten Paragraphen wird Good Governance sowohl als Konditionalität wie auch Zielsetzung von Entwicklungszusammenarbeit definiert:

> Es ist zunehmend offensichtlich geworden, dass eine entscheidende Verbindung zwischen offenen, demokratischen und rechenschaftspflichtigen Systemen der Regierungsführung einerseits und der Achtung der Menschenrechte sowie der Fähigkeit zur Erreichung nachhaltiger wirtschaftlicher und sozialer Entwicklung andererseits existiert. Obwohl diese Verbindungen weder einfach noch einheitlich sind und je nach Fall sowie in Bezug auf Zeit und Ort stark variieren, sind sich die DAC-Mitglieder einig, dass nachhaltige Entwicklung eine positive Wechselwirkung zwischen wirtschaftlichem und politischem Fortschritt erfordert. Diese Verbindung ist so grundlegend, dass partizipative Entwicklung und gute Regierungsführung zentrale Anliegen bei der Zuweisung und Gestaltung von Entwicklungshilfe sein müssen.[7]

Die Programmatiken der nationalen Entwicklungsbehörden reicherten anschließend das vom DAC entworfene Leitbild von Good Governance mit konkreten politischen Vorgaben an. Dass Entwicklung an funktionierende Rechts- und Verwaltungsstrukturen, also ein System von Good Governance gebunden ist, wurde zum allgemeinen Konsens.[8] Seither ist Good Governance sowohl ein Förderkriterium (dies jedoch mit abnehmender Bedeutung), vor allem jedoch ein Förderziel in der Entwicklungszusammenarbeit.[9]

Die selbstverständliche Verwendung des Begriffs brachte jedoch auch zunehmend Kritik mit sich, zumal „keine Einigkeit über den genauen Inhalt des Konzeptes" bestand und damit auch „keine international anerkannte Definition dessen, was Good Governance ausmacht, wie breit ihr Einzugsbereich zu schneiden ist (partizipative Entwicklung, Demokratie, Menschenrechte) und welche Ursachen- und Wirkungs-Zusammenhänge zwischen den einzelnen, als relevant betrachteten Elementen bestehen".[10] Der Verdacht, es könne sich bei dem

---

[5] Seifert 2009, S. 15.

[6] Das Development Assistance Committee (DAC) ist der Ausschuss und dabei das zentrale Forum für Entwicklungszusammenarbeit der Organisation für wirtschaftliche Zusammenarbeit und Entwicklung (OECD).

[7] OECD 1993, S. 8.

[8] Nuscheler 2016, S. 397.

[9] Vogel 2007, S. 8.

[10] Conzelmann 2003, S. 468.

Begriff um eine *Catch-All Phrase* handeln, scheint aus diesem Grund zunächst berechtigt.[11]

Im Folgenden soll der Begriff Good Governance mit seinen Implikationen erschlossen werden. Hierbei wird zunächst das Begriffsverständnis von Governance im Vordergrund stehen. Dies ist für die nähere Betrachtung von Good Governance unerlässlich, da Governance den Gegenstand des Konzepts maßgeblich bestimmt. In rein technisch-administrativer Weise definiert die Weltbank Governance zunächst als „die Ausübung politischer Macht zur Verwaltung der Angelegenheiten einer Nation".[12] In Deutschland fand der anglo-amerikanische Begriff Governance (lateinisch: *gubernare* = steuern, lenken) etwa zu Beginn der 1990er Jahre Einzug in die politikwissenschaftlichen Analysen und ersetzte „den bis dahin geläufigen Begriff der politischen Steuerung".[13] Die Governance-Debatte entwickelte sich aufgrund der dreigliedrigen Diagnose, dass a) „Problemzusammenhänge vielfach Kompetenzgrenzen der Regierungs- und Verwaltungseinheiten" überschritten, außerdem b) „Formen der autokrativen Steuerung angesichts der Komplexität öffentlicher Aufgaben" versagten und c) „eine Verlagerung von Aufgaben auf den Markt nur für Teilaspekte der öffentlichen Leistungen möglich [sei] und zugleich traditionelle Formen der Kooperation zwischen Regierungen und organisierten Interessen sich als anfällig für Entscheidungsblockaden [...] erwiesen."[14] Es erscheint sinnvoll, eine Abgrenzung der Begriffe Government und Governance vorzunehmen. Nach Nuscheler bezieht sich Government „auf die Gesamtheit staatlicher Institutionen und Gesetze und auf das staatliche Monopol der Rechtssetzung, also auf das staatliche Gewaltmonopol und auf die hierarchischen Entscheidungskompetenzen des formal legitimierten Staatsapparates."[15] Governance hingegen erfasst auch „Entscheidungsprozesse jenseits des staatlichen Institutionensystems und von Aktivitäten, die nicht aus formellen und gesetzlich definierten Zuständigkeiten hergeleitet werden können, vor allem die Beteiligung privater Akteure an kooperativen Entscheidungsverfahren".[16] Renate Mayntz beschreibt Governance (auf den Nationalstaat bezogen) als „das Gesamt aller nebeneinander bestehenden Formen der kollektiven Regelung gesellschaftlicher Sachverhalte: von der institutionalisierten zivilgesellschaftlichen Selbstregelung über verschiedene Formen des Zusammenwirkens staatlicher

---

[11] Nuscheler 2016, S. 401.

[12] World Bank 1989, S. 60.

[13] Mayntz 2004, S. 66.

[14] Benz 2004, S, 22.

[15] Nuscheler 2009, S. 5.

[16] Nuscheler 2009, S. 5.

und privater Akteure bis hin zu hoheitlichem Handeln staatlicher Akteure"[17] und formuliert damit einen weiten Begriff von Governance. Bei der Regelung kollektiver Sachverhalte in einem gemeinschaftlichen Interesse ist das Besondere von Governance dementsprechend das Zusammenwirken von Staat und Zivilgesellschaft, wobei es zu beachten gilt, dass Governance in einem modernen Staat aus einem Neben- und Miteinander von Regelungsformen besteht. Das kann bedeuten, dass es sowohl rein staatliche als auch rein zivilgesellschaftliche Regelungsformen geben kann. Mayntz hält des Weiteren zusammenfassend fest, dass die Verwendung des Begriffs Governance einen „Oberbegriff aller Formen sozialer Handlungskoordinationen" als auch einen „Gegenbegriff zur hierarchischen Steuerung" beinhaltet.[18]

Implizit an diesen Diskurs anschließend stellt die Austrian Development Agency (ADA) eine brauchbare Arbeitsdefinitionen für die Entwicklungszusammenarbeit zur Verfügung. Demnach ist Governance „die Art und Weise, wie in einem Staat Entscheidungen getroffen und Politiken ausgestaltet werden. Eine zentrale Bedeutung kommt dabei den Institutionen, Normen und Verfahren zu, die das Handeln staatlicher und nichtstaatlicher sowie marktwirtschaftlicher Akteur*innen regeln. Governance ist somit nicht nur Government, sondern bedeutet Regierung und Regieren."[19] Im Kontext entwicklungspolitischer Debatten wird Governance zumeist als normativ aufgeladener Begriff verwendet, eben als Good Governance. Laut BMZ ist Good Governance „transparent, effektiv und legt Rechenschaft ab. Sie beteiligt die gesamte Bevölkerung und berücksichtigt die Meinung und die Bedürfnisse von Minderheiten und Schwachen. Alle Bürgerinnen und Bürger werden mit den notwendigen öffentlichen Gütern und sozialen Dienstleistungen versorgt".[20] Good Governance hat sich „von seinem ursprünglichen Fokus auf ökonomische Prozesse und verwaltungstechnische Effizienz weiterentwickelt hin zu einem stärkeren Bezug zu Menschenrechten, Demokratie, Rechtsstaatlichkeit und Partizipation".[21]

Damit geht das Verständnis von Good Governance heute deutlich über seine frühere Verwendung als Antonym zu Bad Governance hinaus. Die „Crisis of Governance", die in der bereits erwähnten Studie der Weltbank von 1989 in Sub-Sahara Afrika diagnostiziert wurde, konstatierte, dass Entwicklung in sogenannten gescheiterten Staaten *(failed states)* fast immer unmöglich bleiben

---

[17] Mayntz 2004, S. 66.

[18] Mayntz 2004, S. 66–68.

[19] Austrian Development Agency 2011, S. 11.

[20] BMZ o. J.

[21] Austrian Development Agency 2011, S. 11.

werde.[22] Good Governance wurde in diesem Zusammenhang als Rezeptur gegen Bad Governance verstanden. Hierzu zählten laut der Weltbank ein unzuverlässiges Rechtssystem, schwaches öffentliches Management, ungenügende Bindung des Regierungs- und Verwaltungshandelns an Gesetze, mangelnde Transparenz bei der Verwaltung und Verwendung öffentlicher Mittel, das Rentendenken von Eliten und die Korruption (sie gilt in der Literatur oftmals als Metapher für Bad Governance).[23] Die Normativität des Konzeptes wird an der Gegenüberstellung von Good and Bad Governance besonders deutlich.

Die Weltbank veröffentlichte 1992 die Studie „Governance and Development", die Rudolf Dolzer als „Wiege des neuen Denkens in den Bahnen der Good Governance" bezeichnet.[24] Ein Umdenken des Entwicklungskurses konnte festgestellt werden: „Die Studie macht deutlich, dass die endogenen Strukturen der Good Governance den Prozess der Entwicklung entscheidend beeinflussen und lenken. Hilfe zur Selbsthilfe bedeutet demnach in erster Linie die Hilfe zum Aufbau gesunder staatlicher Strukturen und nicht die Förderung isolierter Projekte."[25] Ein weiterer wichtiger Faktor für die prozesshafte Veränderung der Entwicklungszusammenarbeit hin zu einem Good Governance-Konzept markierte das Ende des Ost-West-Konfliktes. War das Handeln der Geberländer oftmals von geostrategischen Motiven beeinflusst, sodass beispielsweise kleptokratische Regime von der Kritik und dem Entzug von Subsidien verschont blieben, wenn sie nur Allianztreue bewiesen, wurden die Geberländer nach Ende des Kalten Krieges „von diesen Zwängen und diplomatischen Rücksichtnahmen"[26] befreit. Ab diesem Zeitpunkt diente die Governance-Debatte oftmals auch als Rechtfertigung für Kürzungen von Entwicklungsgeldern.[27] Die Terroranschläge vom 11. September 2001 verliehen dem Good Governance-Konzept zusätzliche Prominenz, da ihm nun auch eine sicherheitspolitische Präventivfunktion[28] zugeschrieben wurde. Selbst wenn die Förderung von und Forderung nach Good Governance nicht frei von interessengeleiteten Vorhaben zu sein scheint, so steht inzwischen außer Frage, dass komplexe Reformaufgaben in Ländern, die sich in einer

---

[22] Mols 2009, S. 55.

[23] Nuscheler 2012, S. 158.

[24] Dolzer 2007, S. 18.

[25] Dolzer 2007, S. 18.

[26] Nuscheler 2009, S. 10.

[27] Die Begründung lautete, dass die Gelder in Staaten mit einer *bad governance* „versickern" würden und nichts nützten.

[28] Bad Governance gilt als „Brutstätte des Terrorismus" (Nuscheler 2009, S. 11), die Förderung von Good Governance leistet demnach einen Beitrag, die Terrorismusgefahr einzudämmen.

Transformationssituation befinden, nicht ohne die Berücksichtigung von Governance angegangen werden können.[29] Manfred Mols hält zusammenfassend fest, dass „in dem Doppelbegriff [Good Governance] eine ordnungspolitische Aussage über wünschbare Normalität und damit auch über Leistungsfähigkeit und Legitimation enthalten ist, was nach internationaler Auffassung am deutlichsten in Demokratien der Fall sein wird."[30]

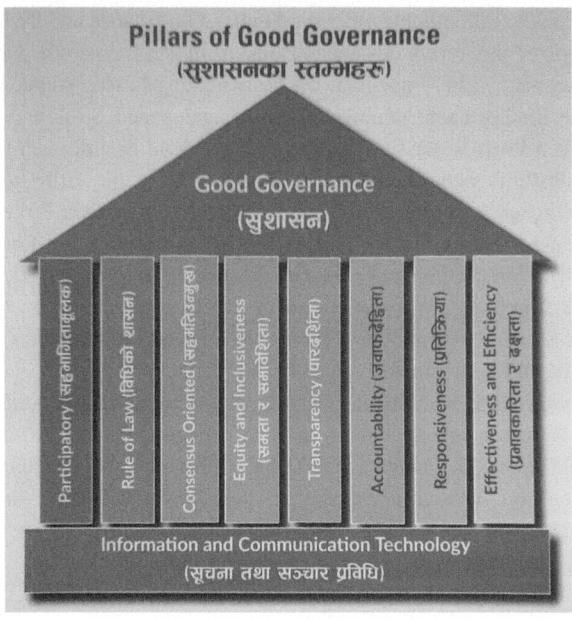

Abb. 4.1 Die Säulen von Good Governance: Titelbild der Broschüre eines von der EU und der Welthungerhilfe finanzierten Projekts der nepalesischen NGO Aasaman. (Quelle: Aasaman Nepal (2023). Projektunterlagen „Pillars of Good Governance", Kathmandu, mimeo)

---

[29] Stockmeyer 2006, S. 257.
[30] Mols 2009, S. 55.

Zu Beginn des neuen Jahrtausends sah sich die internationale Gemeinschaft vor Herausforderungen gestellt, welche sich unter vier Handlungsfelder subsumieren ließen und die auch heute nichts vom ihrer Relevanz verloren haben: Frieden, Sicherheit und Abrüstung; Entwicklung und Armutsbekämpfung; Schutz der gemeinsamen Umwelt; Menschenrechte, Demokratie und gute Regierungsführung.[31] Vor diesem Hintergrund waren die Millennium Development Declaration (Millenniums-Erklärung) der Vereinten Nationen und die dazugehörigen Millennium Development Goals/MDGs (Millenniums-Entwicklungsziele) das Ergebnis dieser Wahrnehmung und stellten den Höhepunkt der Weltkonferenzen der 1990er Jahre dar, die sich bereits intensiv mit globalen Problemen befasst hatten.[32] Die Millenniums-Erklärung wurde zum ersten Leitfaden für entwicklungspolitisches Handeln im 21. Jahrhundert.[33]

Aus der Millenniums-Erklärung extrahierte eine Arbeitsgruppe, unter anderem mit Vertreter*innen der UN, Weltbank und OECD, einige Zielvorgaben, die im Wesentlichen auf zwei Kapiteln der Erklärung beruhten: „Entwicklung und Armutsbekämpfung" sowie „Schutz der gemeinsamen Umwelt".[34] Diese Zielvorgaben wurden zu den MDGs ernannt und als normativer Referenzrahmen von offizieller Seite und von zahlreichen Akteur*innen der Zivilgesellschaft anerkannt.[35] Die MDGs setzten sich aus acht Hauptzielen mit 18 konkretisierenden Zielvorgaben und 48 Indikatoren zur Messung der Ziele zusammen.[36] Später wurden sie durch insgesamt 21 Zielvorgaben und 60 Indikatoren präzisiert.[37] Obwohl die MDGs einige neue Aspekte beinhalteten, sollte zunächst berücksichtigt werden, dass ein multidimensionales Zielsystem nichts vollkommen Neues in der Geschichte der Entwicklungszusammenarbeit darstellte. 1996 beispielsweise verabschiedete das DAC das Strategiepapier „Shaping the 21st Century: The Contribution of Development Co-operation", das internationale Entwicklungsziele festlegte. Hier finden sich u. a. die „Entwicklung stabilerer, sicherer, partizipativer und gerechterer Gesellschaften" als prominente Zielsetzung und der „Kapazitätsaufbau für eine effektive, demokratische und rechenschaftspflichtige Regierungsführung, der Schutz der Menschenrechte und die Achtung der

---

[31] Kevenhörster & van den Boom 2009, S. 34.
[32] Küblböck 2006, S. 138.
[33] Brand 2006, S. 61.
[34] Loewe 2005, S. 1.
[35] Küblböck 2006: 138.
[36] United Nations 2001, S. 57 f.
[37] United Nations 2005.

Rechtsstaatlichkeit" als Mittel der Umsetzung.[38] Dem Millennium-Gipfel, der im September 2000 stattfand, kam eine besondere Bedeutung für die internationale Entwicklungszusammenarbeit zu. Zum einen waren 189 UN-Mitgliedstaaten vertreten; davon rund 150 von ihren Staats- und Regierungschefs.[39] Dies ist bemerkenswert, denn „zu keinem anderen Anlass in der Geschichte war eine ähnlich große Zahl von höchsten Repräsentanten unabhängiger Staaten zusammengetroffen".[40] Zum anderen war die Millenniums-Erklärung als tatsächlich global anzusehen, denn sie galt in gleichem Maße für alle beteiligten Staaten unabhängig der jeweiligen Klassifizierung des Entwicklungsstatus. Die dazugehörigen MDGs erlangten durch die mit ihnen verbundenen Indikatoren Messbarkeit. In einem aufwendigen Verfahren sollte regelmäßig der Fortschritt bei der Zielerreichung überprüft werden, was auch umgesetzt wurde. Es ging dementsprechend – anders als so häufig in der Vergangenheit – nicht mehr nur um die Erfassung einer Input-Größe (Finanzmittel), viel mehr rückten die Wirkungen *(impacts)* der aufgebrachten Leistungen mit den angewendeten Mitteln in den Vordergrund der Zusammenarbeit.[41]

Angesichts der bereits seit der ersten Hälfte der 1990er Jahre intensiv geführten Good Governance-Debatte konnte es durchaus verwundern, dass Good Govervance in den MDGs keine hervorgehobene Erwähnung fand, selbst wenn UN-Dokumente Good Governance von der lokalen über die nationale und regionale bis hin zur globalen Ebene als eine übergreifende Voraussetzung benannten, um die ehrgeizigen MDGs zu erreichen.[42] Da die MDGs stets im Zusammenhang mit der Millenniums-Erklärung betrachtet werden sollten, erscheint es sinnvoll, sowohl die Zielvorgaben als auch die Erklärung etwas genauer zu beleuchten. Unter dem MDG 8 „Eine weltweite Entwicklungspartnerschaft aufbauen" wird Good Governance in der Zielvorgabe 8a explizit genannt. Dort heißt es: „Entwicklung eines offenen, regelbasierten, berechenbaren, nichtdiskriminierenden Handels- und Finanzsystem. Dies beinhaltet eine Verpflichtung auf Good Governance, Entwicklung und Armutsbekämpfung – sowohl national als auch international". Es ist jedoch erstaunlich, dass sich die Indikatoren zur Messbarkeit dieser Zielvorgabe dann allerdings ausschließlich auf die ODA, also auf die Finanzmittel beziehen. Der Indikator 8.1 lautet beispielsweise: „Netto-ODA, insgesamt und für die am wenigsten entwickelten Länder (LDCs), als

---

[38] Development Assistance Committee 1996, S. 2.

[39] Stockmann 2016, S. 452.

[40] Loewe 2005, S. 1.

[41] Stockmann 2016, S. 455.

[42] Z. B. UNESCAP 2004.

prozentualer Anteil am Bruttonationaleinkommen der Geber. Und weiter Indikator 8.2: „Anteil der gesamten bilateralen, sektoral zuordenbaren ODA der OECD/
DAC-Geber für grundlegende soziale Dienste (Grundbildung, primäre Gesundheitsversorgung, Ernährung, sicheres Wasser und Sanitärversorgung)."[43] Es wird
schnell deutlich, dass Good Governance auch bei den darauffolgenden Indikatoren keine Berücksichtigung findet. So macht Markus Loewe deutlich, dass
sich keiner der Indikatoren auf „*political deprivation* (Mangel an Menschen-
und Bürgerrechten, Partizipationsmöglichkeiten, Rechtsstaatlichkeit und Transparenz der Verwaltung)" bezieht.[44] MDG 3 (Förderung der Gleichstellung der
Geschlechter und Ermächtigung der Frauen) ist das einzige Ziel, das aus heutiger Sicht der Good Governance Agenda zuzurechnen ist. Insgesamt blendeten
die MDGs jedoch die Beachtung der politischen Dimension von Entwicklung
aus. Dies ist paradox, wurde doch während der gesamten Laufzeit der MDGs
in fast jeder Rede und in vielen Strategiepapieren zur künftigen Entwicklungszusammenarbeit auf die Notwendigkeit von Good Governance hingewiesen.[45]
Der Grund für die weitgehende Good Governance-Blindheit der MGDs bestand
vor allem in der diplomatische Rücksichtnahme auf die politischen Empfindlich-
keiten etlicher autoritär regierter UN-Mitglieder. Dies hatte jedoch zur Folge,
dass wesentliche Ursachen von Armut, zu denen eben auch Bad Governance
gehört, ausgeblendet wurden. An der Millenniums-Erklärung als übergeordne-
tem Rahmen der MDGs lag es nicht. Hier findet sich im 5. Kapitel unter
der Überschrift „Menschenrechte, Demokratie und gute Lenkung" das klare
Bekenntnis, Demokratie, Rechtsstaatlichkeit und die Anerkennung der Menschenrechte und Grundfreiheiten einschließlich des Rechts auf Entwicklung stärken
und fördern zu wollen.[46] Jedoch zählte dieses Kapitel nicht zu denjenigen,
die durch die MDGs operationalisiert, also durch Zielvorgaben in eine politische Handlungsagenda überführt wurden. Im offiziellen UN-Abschlussbericht zu
den Millennium-Entwicklungszielen von 2015 findet sich dann auch kein Hinweis auf Good Governance oder einzelne Komponenten des Konzeptes. Eine
Erwähnung von Demokratie, Rechtsstaatlichkeit, Menschenrechten und Grundfreiheiten oder auch nur Transparenz und Partizipation sucht man vergeblich.[47]
Wie viele Geber ging jedoch auch Deutschland in der Entwicklungszusammenarbeit über die MDGs hinaus. Die Bundesregierung verabschiedete 2001 ein

---

[43] United Nations o. J.
[44] Loewe 2005, S. 15.
[45] Dolzer 2007, S. 14; Schmidt 2013, S. 286.
[46] Vereinte Nationen 2000.
[47] Vereinte Nationen 2015a.

„Aktionsprogramm 2015", in dem die Richtung der deutschen Entwicklungspolitik und -zusammenarbeit festgelegt wurde. Der Fokus des Aktionsprogrammes lag auf der Armutsbekämpfung und beinhaltete zehn „Ansatzpunkte", die zu diesem Ziel beitragen sollten. Der neunte Ansatzpunkt lautet: „Beteiligung der Armen sichern – verantwortungsvolle Regierungsführung stärken".[48]

Eine deutliche Evolution markieren die 17 Sustainable Development Goals (SDGs), welche 2015 die Nachfolge der MDGs antraten und bis 2030 verwirklicht werden sollen. Wie Andrew Massey treffend anmerkt, legt selbst eine flüchtige Lektüre der Agenda 2030 für Nachhaltige Entwicklung, welche die SDGs enthält, nahe, dass deren vollständige Umsetzung in weltweiter Good Governance resultieren würde.[49] Die Agenda 2030 beschreibt die Vision einer Welt „in der Demokratie, gute Regierungsführung und Rechtsstaatlichkeit sowie ein förderliches Umfeld auf nationaler und internationaler Ebene unabdingbar für eine nachhaltige Entwicklung sind".[50] Good Governance ist nicht nur ein Ziel an sich innerhalb der SDGs, sondern auch ein entscheidender Faktor für den Erfolg aller anderen Ziele, da effektive und rechenschaftspflichtige Governance-Strukturen als grundlegend für die Erreichung einer nachhaltigen Entwicklung angesehen werden. SDG 16 (Frieden, Gerechtigkeit und starke Institutionen) zielt speziell auf die Förderung friedlicher und inklusiver Gesellschaften ab und betont die Bedeutung von Rechtsstaatlichkeit, effektiven und rechenschaftspflichtigen Institutionen sowie transparenten Entscheidungsprozessen. Die Stärkung von Institutionen auf allen Ebenen wird als wesentlich für die Umsetzung der SDGs angesehen. Starke Institutionen können eine effizientere und gerechtere Ressourcenverteilung gewährleisten, Korruption bekämpfen und sicherstellen, dass die Stimmen aller Bevölkerungsgruppen gehört werden. Insgesamt fokussieren die SDGs stark auf Partizipation und Inklusion. In diesem Kontext bedeutet Good Governance die Beteiligung aller gesellschaftlichen Gruppen, einschließlich marginalisierter und benachteiligter Menschen. Dies soll sicherstellen, dass Entwicklungsprogramme auf die Bedürfnisse aller abgestimmt sind und die Menschenrechte respektiert werden. Ein weiterer Schwerpunkt liegt auf der Stärkung von Transparenz und Rechenschaftspflicht. Eine transparente Regierungsführung wird als entscheidend angesehen für das Vertrauen der Bürger*innen und für die effektive Umsetzung der SDGs, da so ermöglicht wird, die Arbeit von Regierungen zu überwachen. Schließlich wird Good Governance als notwendig erachtet, um eine nachhaltige wirtschaftliche, soziale und ökologische Entwicklung zu

---

[48] BMZ 2001, S. 2.
[49] Massey 2022, S. 80.
[50] Vereinte Nationen 2015b, S. 4.

gewährleisten. Dies umfasst die Berücksichtigung langfristiger Auswirkungen politischer Entscheidungen sowie die Gleichgewichtung von wirtschaftlichen, sozialen und ökologischen Zielen.

Der SDG-Fortschrittsbericht für 2023[51] ist mit Blick auf die hier skizzierte ambitionierte Good Governance-Agenda in dreierlei Hinsicht aufschlussreich. Erstens: Im Gegensatz zur Agenda 2030, die Good Governance expressis verbis hervorhebt, kommt der Fortschrittsbericht 2023 – der gleichzeitig den Halbzeitpunkt im Implementierungsprozess der SDGs markiert – ohne die explizite Erwähnung von Good Governance aus. Stattdessen nimmt der Bericht an rund 20 Stellen Bezug zu einigen der Teildimensionen des Konzepts, u. a. *global governance* (in der deutschen Ausgabe: globale Ordnungspolitik), *private sector governance* (privatwirtschaftliche Steuerungsmodelle), *inclusive governance* (inklusives staatliches Handeln), *public governance systems* (staatliche Lenkungssysteme) oder *multilevel governance* (Mehrebenenverwaltung). Dies erweckt den Anschein einer vornehmlich technischen Interpretation von Governance. Von den großen transversalen inhaltlichen Good Governance-Dimensionen der Agenda 2030 werden lediglich Menschenrechte, nicht jedoch Demokratie und Rechtsstaatlichkeit wörtlich genannt. Zweitens: Ein genaueres Lesen des Berichts zeigt dann aber, dass Good Governance weit über die zunächst vermutete technische Perspektive bei der Diskussion aller SDGs mitschwingt, ohne dass es einer wörtlichen Nennung des Konzeptes bedarf. Hier bestätigen sich die Eingangsüberlegungen im ersten Kapitel dieses Buches: Im globalen Entwicklungsdiskurs hat sich ein Verständnis von Good Governance als *Conditio-sine-qua-non* für die Verbesserung der Lebensverhältnisse von Individuen und Gesellschaften inzwischen weitgehend durchgesetzt. Freilich existiert, ähnlich wie im Falle von Nachhaltigkeit, auch heute noch keine einheitliche Definition. Jedoch ist von einem gemeinsamen Kernbestand in der Bedeutung des Begriffes auszugehen. Völlige semantische Übereinstimmung ist in transnationaler und transkultureller Hinsicht weder möglich noch nötig. Die Analogie zum Begriff Demokratie verdeutlicht dies. Wir haben eine klare Vorstellung davon, was Demokratie bedeutet, selbst wenn sich allein in der englischsprachigen Literatur mehr als 3500 „komplexe Bezeichnungen" von Demokratie finden, welche die Bedeutungen der Demokratie durch das Hinzufügen von Adjektiven oder kurzen Beschreibungen spezifizieren.[52] Drittens: Von den allgemein der Förderung von Good Governance zugeordneten Teilagenden bewertet der SDG-Bericht lediglich die Fortschritte im Bereich der Geschlechtergleichheit und -gleichstellung, da es sich hierbei um ein

---

[51] Vereinte Nationen 2023.
[52] Gagnon 2020.

eigenständiges Entwicklungsziel handelt (SDG 5). Dies ist insofern folgerichtig, als der Bericht, wie dargestellt, implizit Good Governance als Bedingung und Rahmen für nachhaltige Entwicklung, nicht aber als Entwicklungsziel selbst ansieht.

Literatur

Austrian Development Agency (ADA) (2011). *Good Governance Anleitungen zur strategischen Umsetzung der Leitlinien der OEZA*. https://www.entwicklung.at/fileadmin/user_u pload/Dokumente/Publikationen/Handbuecher/Governance/HB_Good_Governance.pdf.

Benz, Arthur (2004). Governance – Modebegriff oder nützliches sozialwissenschaftliches Konzept? In Arthur Benz (Hrsg.). *Governance – Regieren in komplexen Regelsystemen. Governance*. Wiesbaden: VS Verlag für Sozialwissenschaften, S. 11–28.

BMZ (2001). *Aktionsprogramm 2015. Armut bekämpfen. Gemeinsam handeln*. Bonn und Berlin: BMZ.

BMZ (o. J.). Good Governance, https://www.bmz.de/de/themen/good-governance.

Brand, Richard (2006). Mehr Worte als Taten? Der deutsche Beitrag zur Erfüllung der Millennium-Entwicklungsziele. In Franz Nuscheler & Michèle Roth (Hrsg.). *Die Millennium-Entwicklungsziele. Entwicklungspolitischer Königsweg oder ein Irrweg?* Bonn: Dietz, S. 61–80.

Bröchler, Stephan & Julia von Blumenthal (2006). Von Government zu Governance – Analysen zu einem schwierigen Verhältnis. In Julia von Blumenthal & Stephan Bröchler (Hrsg.). *Von Government zu Governance. Analysen zum Regieren im modernen Staat*. Hamburg: Lit, S. 7–21.

Conzelmann, Thomas (2003). Auf der Suche nach einem Phänomen: Was bedeutet Good Governance in der europäischen Entwicklungspolitik? *Nord-Süd aktuell. Vierteljahreszeitschrift für Nord-Süd- und Süd-Süd Entwicklungen*, 17(3), S. 468–477.

Development Assistance Committee (1996). *Shaping the 21st Century: The Contribution of Development Co-operation*. Paris: OECD. https://www.oecd.org/dac/2508761.pdf.

Dolzer, Rudolf (2007). Good Governance. Genese des Begriffs, konzeptionelle Grundüberlegungen und Stand der Forschung. In Rudolf Dolzer, Matthias Herdegen & Bernhard Vogel (Hrsg.). *Good Governance. Gute Regierungsführung im 21. Jahrhundert*. Freiburg: Herder, S. 13–23.

Economic Commission for Africa (2004). *Striving for Good Governance in Africa. Synopsis of the 2005 African Governance Report Prepared for the African Development Forum IV*. https://repository.uneca.org/bitstream/handle/10855/5524/bib-39277_I. pdf?sequence=1&isAllowed=y.

Gagnon, Jean-Paul (2020, letzte Aktualisierung) Datenbank „Democracy with Adjectives Database, at 3539 entries". Database, Foundation for the Philosophy of Democracy. https://researchprofiles.canberra.edu.au/en/publications/democracy-with-adjectives-dat abase-at-3539-entries (seit Ende 2023 nicht mehr verfügbar).

Kevenhörster, Paul & Dirk van den Boom (2009). *Entwicklungspolitik*. Wiesbaden: VS Verlag für Sozialwissenschaften.

Küblböck, Karin (2006). Schmerztherapie statt Ursachenbekämpfung? Eine strukturelle Kritik an den Millennium-Entwicklungszielen. In Franz Nuscheler und Michèle Roth (Hrsg.). *Die Millennium-Entwicklungsziele. Entwicklungspolitischer Königsweg oder ein Irrweg?* Bonn: Dietz, S. 138–154.

Loewe, Markus (2005). *Die Millennium Development Goals. Hintergrund, Bedeutung und Bewertung aus Sicht der deutschen Entwicklungszusammenarbeit.* Diskussion Paper 12/2005. Bonn: Deutsches Institut für Entwicklungspolitik. https://edoc.vifapol.de/opus/volltexte/2011/3059/pdf/12_2005.pdf.

Massey, Andrew. (2022) Sustainable Development Goals and their Fit with Good Governance. *Global Policy*, 13(Suppl. 1), S. 79–85. https://doi.org/10.1111/1758-5899.13037.

Mayntz, Renate (2004). Governance im modernen Staat. In Arthur Benz (Hrsg.). *Governance – Regieren in komplexen Regelsystemen. Eine Einführung.* Wiesbaden: VS Verlag für Sozialwissenschaften, S. 65–76.

Mols, Manfred (2009). Good Governance – ein Konzept auf der Suche nach entwicklungspolitischem Realismus. In Heribert Weiland, Ingrid Wehr und Matthias Seifert (Hrsg.). *Good Governance in der Sackgasse?* Baden-Baden: Nomos, S. 53–68.

Nuscheler, Franz (2009). *Good Governance – Ein universelles Leitbild von Staatlichkeit und Entwicklung?* Duisburg: Institut für Entwicklung und Frieden (INEF Report 96).

Nuscheler, Franz (2012). *Lern- und Arbeitsbuch Entwicklungspolitik.* 7., überarbeitete und aktualisierte Aufl. Bonn: Dietz.

Nuscheler, Franz (2016). Politische Strukturgebrechen: Bad Governance – Korruption – Staatszerfall. In Reinhard Stockmann, Ulrich Menzel & Franz Nuscheler. *Entwicklungspolitik. Theorien – Probleme – Strategien.* 2., überarbeitete und erweiterte Auflage. Berlin: De Gruyter Oldenbourg. S. 397–409.

OECD 1993. Orientations on Participatory Development and Good Governance. https://one.oecd.org/document/OCDE/GD(93)191/En/pdf.

Schmidt, Siegmar (2013). Good Governance als Entwicklungsvoraussetzung. In Hartmut Ihne & Jürgen Wilhelm (Hrsg.). *Einführung in die Entwicklungspolitik.* Lizenzausg. der 3. Aufl. Bonn: Bundeszentrale für politische Bildung, S. 284–290.

Seifert, Matthias (2009). Good Governance in der Sackgasse? Ein Problemaufriss. In Heribert Weiland, Ingrid Wehr & Matthias Seifert (Hrsg.). *Good Governance in der Sackgasse?* Baden-Baden: Nomos, S. 9–27.

Stockmann, Reinhard (2016). Entwicklungsstrategien. In Reinhard Stockmann, Ulrich Menzel & Franz Nuscheler. *Entwicklungspolitik. Theorien – Probleme – Strategien.* 2., überarbeitete und erweiterte Auflage. Berlin: De Gruyter Oldenbourg. S. 432–490.

Stockmeyer, Albrecht (2006). Governance – aus der Praxis der GTZ. In Gunnar Folke Schuppert (Hrsg.). *Governance-Forschung. Vergewisserung über Stand und Entwicklungslinien.* 2. Aufl. Baden-Baden: Nomos, S. 251–273.

UNESCAP (2004). Good governance and the MDGs. https://www.unescap.org/sites/default/files/Governance.pdf.

United Nations (2001). *Road map towards the implementation of the United Nations Millennium Declaration.* Report of the Secretary-General. New York: UN. https://digitallibrary.un.org/record/448375/files/A_56_326-EN.pdf?ln=en.

United Nations (2005): Resolution adopted by the General Assembly on 16 September 2005. World Summit Outcome. New York: UN. https://www.un.org/en/development/desa/population/migration/generalassembly/docs/globalcompact/A_RES_60_1.pdf.

United Nations (o. J.). List of Millennium Development Goals, and Goal 8 Targets and Indicators, https://www.un.org/en/development/desa/policy/mdg_gap/mdg8_targets.pdf.

Vereinte Nationen (2000). Millenniums-Erklärung der Vereinten Nationen. https://www.un-kampagne.de/fileadmin/downloads/erklaerung/millenniumerklaerung.pdf.

Vereinte Nationen (2015a). *Millenniums-Entwicklungsziele. Bericht 2015.* https://www.un.org/depts/german/millennium/MDG%20Report%202015%20German.pdf.

Vereinte Nationen (2015b). *Transformation unserer Welt: die Agenda 2030 für nachhaltige Entwicklung.* Resolution der Generalversammlung, verabschiedet am 25. September 2015: 4/38. https://www.un.org/depts/german/gv-70/band1/ar70001.pdf.

Vereinte Nationen (2023). *Ziele für nachhaltige Entwicklung. Bericht 2023: Sonderausgabe Auf dem Weg zu einem Rettungsplan für die Menschen und die Erde.* New York. https://www.un.org/Depts/german/millennium/SDG%20Bericht%202023.pdf.

Vogel, Bernhard (2007). Einführung. In Rudolf Dolzer, Matthias Herdegen & Bernhard Vogel (Hrsg.). *Good Governance. Gute Regierungsführung im 21. Jahrhundert.* Freiburg: Herder, S. 7–12.

World Bank (1989). *Sub-Sahara Africa. From Crisis to Sustainable Growth.* Washington D.C.   https://documents1.worldbank.org/curated/en/498241468742846138/pdf/multi0page.pdf.

Rolle und Bedeutung von Evaluierung in der Entwicklungszusammenarbeit

5

Ungeachtet des jeweiligen globalen entwicklungspolitischen Strategierahmens bildet die Förderung von Good Governance seit gut zwei Jahrzehnten einen festen Bestandteil in den Programmen praktisch aller OECD-Geber. In der Zusammenschau mit Abb. 5.1 zeigt sich, dass die für Maßnahmen im Bereich Good Governance zur Verfügung gestellten Mittel anteilig von knapp acht Prozent der gesamten ODA im Jahr 2000 auf etwas mehr als 11 % 2022 gestiegen sind. Nachdem sich die jährlichen Aufwendungen in diesem Bereich zwischen 2007 und 2016 fast konstant bei etwa 19–20 Mrd. USD eingependelt hatten, erfolgte seit 2017 ein deutlicher jährlicher Zuwachs, wobei dieser Trend nur 2021 infolge der Covid 19-Pandemie unterbrochen wurde. Im Zeitraum 2000 bis 2022 stellte die Gesamtheit der Geber für Maßnahmen im – gemäß der Terminologie der OECD-Datenbank – Sektor „Government and Civil Society", die alle Bereiche von Good Governance einschließt, in der Summe 445,47 Mrd. USD zur Verfügung.

© Der/die Herausgeber bzw. der/die Autor(en), exklusiv lizenziert an Springer Fachmedien Wiesbaden GmbH, ein Teil von Springer Nature 2024
J. Dosch und P. Becker, *Die Wirksamkeit von Entwicklungszusammenarbeit*, https://doi.org/10.1007/978-3-658-45474-6_5

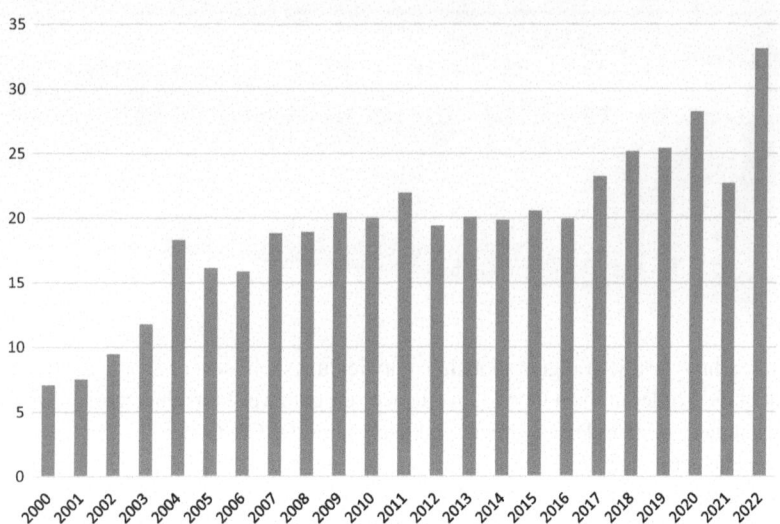

Abb. 5.1   Weltweite ODA aller Geber für „Government and Civil Society"[1] in Milliarden USD (konstante Preise). ODA aller Geber = Offizielle bilaterale Zusagen oder Bruttoauszahlungen von OECD-Gebern, Nicht-OECD Gebern, Multilateralen Organisationen, Privaten Geberorganisationen (z. B. philanthropischen Stiftungen). (Datenquelle: OECD Data Explorer, https://data-explorer.oecd.org/)

Die Zahlen deuten zunächst jedoch nur auf eine wachsende Bedeutung des Good Governance-Fokus in der Entwicklungszusammenarbeit hin, sagen jedoch nichts über die Zielverwirklichung aus. Hier kommt Evaluierung ins Spiel, die gemäß der OECD-Definition eine „systematische und objektive Bewertung eines laufenden oder abgeschlossenen Projekts, Programms oder einer Politik und

---

[1] Die Kategorie „Government and Civil Society" umfasst alle Bereiche von Good Governance. Im Einzelnen sind dies: Public sector policy and administrative management, Public financial management (PFM), Decentralisation and support to subnational government, Public Procurement, Legal and judicial development, Macroeconomic policy, Democratic participation and civil society, Elections, Legislatures and political parties, Media and free flow of information, Human rights, Women's rights organisations and movements, and government institutions, Ending violence against women and girls, Facilitation of orderly, safe, regular and responsible migration and mobility, Security system management and reform, Civilian peace-building, conflict prevention and resolution, Participation in international peacekeeping operations, Reintegration and SALW [Small Arms and Light Weapons] control, Removal of land mines and explosive remnants of war, Child soldiers (prevention and demobilisation). Siehe OECD o. J.

der jeweiligen Konzeption, Durchführung und Ergebnisse" darstellt.[2] Evaluierungen sollen, wie es das BMZ formuliert, dazu „beitragen, die Wirksamkeit und Legitimität durch möglichst objektive und empirisch fundierte Analysen und Bewertungen des Ausmaßes des erzielten Erfolgs von Entwicklungsmaßnahmen zu verbessern".[3] Die EU erkennt gerade vor dem Hintergrund „dass Good Governance für eine nachhaltige Entwicklung unerlässlich ist [und] in der Entwicklungszusammenarbeit mehr Gewicht auf Fragen der Menschenrechte, der Demokratie und der politischen Stabilität" gelegt wird (insbesondere durch einen Schwerpunkt auf Länder in fragilen Situationen), eine wachsende Komplexität der Kooperation und damit steigende Anforderungen an Evaluierung.[4] Vor allem mit Blick auf die Agenda 2030 fand 2019 eine (leichte) Überarbeitung der DAC-Evaluierungskriterien statt, die sich aber schon seit ihrer Einführung in den frühen 1990er Jahren durch „ihre universale Akzeptanz und Verbreitung, ihre konzeptionelle Konsistenz und Umfänglichkeit sowie ihre Einfachheit, Klarheit und Neutralität" ausgezeichnet hatten.[5] Die DAC-Kriterien ermöglichen eine Vergleichbarkeit von Programmen und Projekten und übergreifende Auswertungen. Diese Kriterien sind Relevanz, Kohärenz, Effektivität, Effizienz, Impakt (übergeordnete entwicklungspolitische Wirksamkeit) und Nachhaltigkeit (Abb. 5.2). Das Kriterium der Kohärenz wurde dem Katalog 2019 hinzugefügt. Außerdem wurden die „Definitionen der einzelnen Evaluierungskriterien angepasst und deren Trennschärfe erhöht. So flossen beispielsweise – im Sinne einer transformativen Entwicklungszusammenarbeit [...] – Aspekte der Reaktions- bzw. Anpassungsfähigkeit von Entwicklungsmaßnahmen in den Bewertungskanon ein."[6] Unverändert bestehen die seit mehr als drei Jahrzehnten geltenden Anforderungen an Evaluierung in den Prinzipien Unparteilichkeit und Unabhängigkeit, Glaubwürdigkeit, Partizipation, Nützlichkeit, Transparenz und Verbreitung.[7]

---

[2] OECD 2002.
[3] BMZ 2021.
[4] EU 2014, S. 9.
[5] Noltze & Harten 2021, S. 2.
[6] Noltze & Harten 2021, S. 2.
[7] OECD 1991.

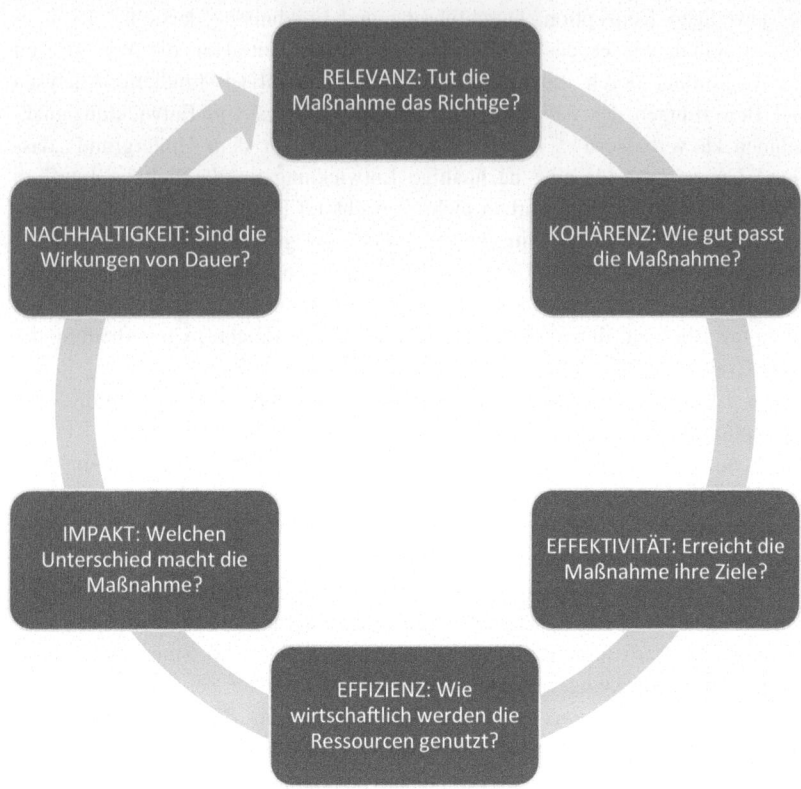

Abb. 5.2 Die sechs Evaluierungskriterien (Quelle: BMZ 2021, S. 9)

Wie stellt sich nun die Evaluierung von Good Governance-Vorhaben in der Praxis dar? Im Folgenden soll dies exemplarisch anhand dreier unabhängiger Evaluierungen von EU-Länderprogrammen aufgezeigt werden: a) „Evaluation of the Commission of the European Union's co-operation with Ethiopia"[8], die sich hauptsächlich auf den Zeitraum 2004 bis 2008 bezieht, aber auch Erkenntnisse für die Kooperationsphase 2007–2013 enthält, b) „Evaluation of the European Commission's support to the Republic of Mozambique"[9], welche die Unterstützung zwischen 2001 und 2007 abbildet, und c) „Evaluation of the European

---

[8] Commission of the European Union 2012.
[9] European Commission 2007.

Union's cooperation with the Islamic Republic of Pakistan" (2007–2014)[10]. Alle drei evaluierten Länderprogramme fallen somit in die Phase der MDGs. Es wurden bewusst Evaluierungen ausgewählt, die bereits einige Jahre zurückliegen, um Aussagen darüber treffen zu können, ob und in welchem Umfang sich Befunde zu den entwicklungspolitischen Effekten und der Nachhaltigkeit der Vorhaben mit Blick auf die heutige Situation als zutreffend erwiesen haben.

EU-Strategieevaluierungen werden von europäischen Consultingfirmen durchgeführt, die auf Entwicklungszusammenarbeit spezialisiert sind, und folgen einem seit etlichen Jahren im Kern unveränderten methodischen Ansatz. Im Gegensatz zu Einzelprogrammen und -projekten wird hierbei die gesamte entwicklungspolitische Unterstützung der EU für ein Partnerland, eine Region oder global für ein Themenfeld (z. B. Menschenrechte, Gender, Stärkung von Handelskapazitäten, Umwelt, Hochschulbildung etc.) in einem Mehrjahreszeitraum begutachtet. Den hauptsächlichen Bezugspunkt bilden – der aktuellen Terminologie folgend – die Multiannual Indicative Papers (MIPs), in denen die EU gemeinsam mit ihren Partnern die Schwerpunktbereiche und Zielsetzungen der jeweiligen länder-, regionen- oder themenspezifischen Entwicklungszusammenarbeit für die Dauer des jeweiligen EU-Haushaltszyklus (2007–2013, 2014–2020, 2021–2027 usw.) festlegt. Für die Periode 2021–2027 existieren 86 Länder-MIPs (46 in Subsahara-Afrika; 23 in Asien und Pazifik; 17 in den Amerikas und der Karibik), eine „Multi-Country MIP" für 13 pazifische Inselstaaten, drei regionale MIPs (Subsahara-Afrika; Asien und Pazifik; Amerikas und Karibik), vier thematische MIPs (Menschenrechte und Demokratie; Zivilgesellschaftliche Organisationen; Frieden, Stabilität und Konfliktvermeidung; Globale Herausforderungen) sowie die MIP für Erasmus+, das Förderprogramm der EU im Hochschulbereich.[11]

Die MIPs und ggf. weitere Strategiedokumente bilden die Grundlage zunächst für die Rekonstruktion der Interventionslogik, d. h. die Darstellung der Wirkungskette, die in Diagrammform aufzeigt, wie die EU gemäß der eigenen Programmatik plante, in einem mehrstufigen Prozess von *Outputs* (Aktivitäten), über *Outcomes* (intendierte Effekte) zu den übergreifenden entwicklungspolitischen Wirkungen zu gelangen. Die Wirkungskette wiederum bildet den Rahmen für die Formulierung von Evaluierungsfragen, die auf die jeweils unterstützten Sektoren und transversale Aspekte der Entwicklungszusammenarbeit zugeschnitten sind. Good Governance kann dabei sowohl ein eigenständiger Förderschwerpunkt als auch ein sektorenübergreifender *(cross-cutting)* Bereich eines Länder- oder

---

[10] European Commission 2016.
[11] Für eine Aufstellung siehe European Commission, International Partnership 2024.

Regionenprogramms sein. Im Fall der Mosambik-Evaluierung lautet die zentrale Frage in diesem Kontext: „In welchem Maße hat die Unterstützung der Europäischen Kommission zur Förderung von Good Governance auf allen Ebenen der Gesellschaft beigetragen?" Die Pakistan-Evaluierung beinhaltet u. a. die Fragen „In welchem Maße hat die EU zur Stärkung des Demokratisierungsprozesses in Pakistan beigetragen?" und „In welchem Maße trug die EU zum Schutz und zur Förderung von Menschenrechten, der Verbesserung des Justizsektors und zu Sicherheit und zur Bekämpfung des Terrorismus bei?" Für Äthiopien stehen mit Blick auf Good Governance zwei Evaluierungsfragen im Vordergrund: „In welchem Maße haben EU-Vorhaben zur Entwicklung der Kapazität für administrative Dezentralisierung beigetragen?" und „In welchem Maße hat die EU [...] zur Ermächtigung der Zivilgesellschaft in Governance-Prozessen auf den dezentralisierten Ebenen beigetragen?" Jede Evaluierungsfrage berücksichtigt dabei mindestens ein DAC-Kriterium, häufig jedoch mehrere.

Die Evidenzbasis einer Strategieevaluierung bilden die Auswertung hunderter Einzeldokumente (vor allem EU-Planungspapiere, Monitoring- und Evaluierungsberichte der einzelnen unter ein Länder- oder Regionenportfolio fallenden Projekte, öffentliche und interne Berichte der EU und ihrer Implementierungspartner sowie der Regierung und anderer Akteur*innen des Partnerlandes oder der -region), Interviews mit Beteiligten auf allen Ebenen der Planung und Umsetzung sowie den Begünstigten der Unterstützung und häufig Umfragen unter den Akteur*innen auf der Geber- und der Empfängerseite. In der Regel vollzieht sich eine Strategieevaluierung vom Zuschlag für die in der Ausschreibung erfolgreiche Consultingfirma bis zur öffentlichen Vorstellung und Veröffentlichung des Berichts[12] über einen Zeitraum von ein bis zwei Jahren. Ein Evaluierungsteam besteht zumeist aus etwa sechs bis zehn Gutachter*innen, darunter obligatorisch auch Expert*innen aus den jeweiligen Partnerländern und -regionen. So sehr sich jedoch diese Art der „komplexen Evaluierungen" mithilfe aufwendiger quantitativer und qualitativer Methoden und der Expertise relativ großer Teams um gesicherte (d. h. triangulierte) Erkenntnisse und darauf aufbauende robuste Empfehlungen bemüht, so sehr bleibt völlige Objektivität letztlich ein unerreichbares Ziel. Ebenso wie trotz des Vorhandenseins entsprechender Indikatoren (SDGs, HDI) die Beurteilung von Entwicklung nicht unwesentlich von der Perspektive des individuellen Betrachters abhängt, so lässt sich auch selbst unter den erfahrensten Evaluator*innen das Element der subjektiven Wahrnehmung nicht völlig eliminieren. Und warum auch? Entwicklungszusammenarbeit vollzieht sich in sozio-politischen Kontexten und folgt damit keinen festen Gesetzmäßigkeiten,

---

[12] Abrufbar von European Commission, International Partnerships 2024.

sodass sich folglich auch Fragen von Erfolg und Misserfolg nicht in klaren Ja-
und Nein-Kategorien beantworten lassen.

An dieser Stelle sei in einem kurzen Exkurs erwähnt, dass auch die meisten
anderen OECD-Geber Evaluierungen beauftragen, die sich über einzelne Projekte
hinaus mit gesamten länderspezifischen und thematischen Portfolios befassen.
Die größten Unterschiede bestehen dabei weniger im methodischen Vorgehen
als in der Wahl der mit den Evaluierungen beauftragten Organisationen. So
werden im Falle der deutschen Entwicklungszusammenarbeit die großen strategischen und thematische Evaluierungen nicht von Consultingfirmen, sondern
standardmäßig vom eigens dafür geschaffenen Deutschen Evaluierungsinstitut der
Entwicklungszusammenarbeit (DEval) umgesetzt.[13] Außerdem existieren unterschiedliche Ansätze hinsichtlich des Verhältnisses zwischen Evalutor*innen und
deren Auftraggebern, also z. B. den für Entwicklungszusammenarbeit zuständi-
gen nationalen Ministerien (wobei es sich hierbei inzwischen häufiger um die
Außen- als um dezidierte Entwicklungsministerien handelt). Dieses Verhältnis ist
idealtypisch entweder dadurch gekennzeichnet, dass sich die beauftragende Organisation rein als Klient sieht, den Evalutor*innen völlige Autonomie zugesteht
und insofern auch keinen noch so geringen Einfluss auf die Evaluierungsergebnisse nimmt. Oder aber die Evaluierungsabteilung eines Ministeriums versteht
sich eher als Partnerin der Evaluator*innen, stellt deren Unabhängigkeit zwar
nicht infrage, geht jedoch davon aus, dass eine gute Evaluierung das Ergebnis
eines kontinuierlichen Austausches zwischen Auftraggeber und Auftragnehmer ist
und betrachtet den Evaluierungsbericht folglich als gemeinsames Produkt. In der
Realität bewegen sich die meisten Evaluierungen auf einem Kontinuum zwischen
beiden Polen. Eine völlige Autonomie, wie sie an dem einen Ende der Skala
anzutreffen wäre, dürfte kaum existieren. Jeder Geber behält sich vor, Berichtsent-
würfe zu kommentieren, Korrekturen und Verbesserungen zu verlangen, zumeist
dann, wenn Evaluierungsergebnisse nicht hinreichend begründet und nachvoll-
ziehbar erscheinen. Freilich kann jeder Evaluator und jede Evaluatorin aber auch

---

[13] Als eigenständiges Institut mit Sitz in Bonn ist DEval „eine gemeinnützige Gesellschaft
mit beschränkter Haftung. Alleinige Gesellschafterin ist die Bundesrepublik Deutschland,
vertreten durch das Bundesministerium für wirtschaftliche Zusammenarbeit und Entwicklung (BMZ)." (DEval 2024b). Neben der Aufgabe, „die Aktivitäten der deutschen Entwicklungszusammenarbeit zu analysieren und zu bewerten – unabhängig, praxisorientiert und
auf der Grundlage wissenschaftlicher Erkenntnisse", bestehen weitere zentrale Aufgaben des
Instituts darin, „Methoden und Standards der Evaluierung weiterzuentwickeln, um die Eva-
luierungspraxis zu verbessern" sowie „die Evaluierungskapazitäten in den Partnerländern der
deutschen Entwicklungszusammenarbeit zu stärken" (DEval 2024a).

von Situationen berichten, in denen versucht wurde, direkten Einfluss auf die Darstellung von Sachverhalten zu nehmen. Ein explizit partnerschaftlicher Ansatz am anderen Ende des Spektrums kann durchaus sinnvoll und gewinnbringend sein und steht der Aussagekraft eines Berichtes, der in weitgehender Isolierung vom Auftraggeber erstellt wurde, nicht zwangsläufig nach. So demonstriert z. B. die Evaluierungsabteilung des finnischen Außenministeriums regelmäßig, dass ein Vorgehen, welches auf dem Verständnis von Zusammenarbeit mit den beauftragten Gutachter*innen beruht, qualitativ hochwertige Berichte hervorbringen kann, die dabei keinesfalls die Entwicklungszusammenarbeit Helsinkis in einem besonders positiven Licht präsentieren.[14]

Wie alle Evaluierungen skizzieren auch die hier ausgewählten Berichte den jeweiligen Länder- und Kooperationskontext zum Zeitpunkt der Untersuchung. Die kurze Darstellung zum damaligen – nicht heutigen – Status Quo ist wichtig, da sich die Entwicklungszusammenarbeit ja in diesem Kontext vollzog:

Äthiopien als zweitbevölkerungsreichste Nation in Afrika und eines der größten Länder in Subsahara-Afrika nahm 2008 einen der untersten Plätze auf dem Human Development Index ein (Position 175 von 182), konnte jedoch im regionalen Vergleich seit 2000 einen überdurchschnittlichen Verbesserungstrend in Bezug auf die Indikatoren menschlicher Entwicklung verzeichnen. Äthiopien ist reich an einzigartigen kulturellen Traditionen und seit der Antike ein unabhängiges Land. 1935 wurde es militärisch von Italien unter dem Regime Mussolinis besetzt, ergab sich jedoch nie und wurde 1943 befreit. 1945 zählte Äthiopien zu den Gründungsmitgliedern der Vereinten Nationen. Aufgrund seiner Bevölkerungsgröße, politischen Stabilität (seit 1991), wirtschaftlichen Stärke, Ressourcenausstattung und seiner Rolle als regionales Dienstleistungszentrum nimmt Äthiopien eine bedeutende wirtschaftliche und geopolitische Position am Horn von Afrika ein, einer der konfliktreichsten und ärmsten Regionen der Welt. Die Wirtschaft des Landes war häufig Schocks ausgesetzt, einschließlich militärischer Konflikte, vor allem der Grenzkrieg mit Eritrea (1998–2000), und Naturkatastrophen. Zum Zeitpunkt der Evaluierung verzeichnete Äthiopien ein Wirtschaftswachstum im zweistelligen Bereich, das damit die Rate des Bevölkerungswachstums übertraf und armutsreduzierend wirkte.[15] Nur am Rande geht der Evaluierungsbericht in seiner Kontextanalyse auf die Föderalisierung des Landes ein. Diese Informationen sollen hier kurz ergänzt werden, da sie für das Verständnis der EU-Unterstützung im Good Governance Bereich wichtig sind. Die 1995 verabschiedete Verfassung etablierte Ethnizität als zentralen Organisationsfaktor

---

[14] Für Beispiele siehe Ministry of Foreign Affairs of Finland 2024.
[15] Commission of the European Union 2012, S. 13.

des Staates. Schon in der Präambel, die mit „Wir, die Nationen, Nationalitäten und Völker" einsetzt, wird die Demokratische Bundesrepublik Äthiopien
als eine Föderation ethnischer Gruppen dargestellt. Folglich ist das Selbstbestimmungsrecht jeder ethnischen Gruppe ein zentrales Element des föderalen
Aufbaus. Dieses Selbstbestimmungsrecht manifestiert sich vorrangig durch das
Recht auf territoriale Selbstverwaltung auf subnationaler (d. h. regionaler und
lokaler) Ebene. Daraus resultierten neun ethnisch bestimmte Regionen – Tigray,
Afar, Amhara, Oromia, Somali, Benishangul-Gumuz, Gambela, Harar und die
südlichen Nationen, Nationalitäten und Völker (SNNP) – sowie die Stadtstaaten
Addis Abeba und Dire Dawa.[16]

Mosambik weist eine der niedrigsten Urbanisierungsraten weltweit auf – trotz
eines stetigen Zuwachses der Migration in die Städte. Ungeachtet eines signifikanten Anstiegs der landwirtschaftlichen Produktion im Zeitraum 1994 und
2004 und Fortschritten im Bereich der menschlichen und sozialen Entwicklung,
rangiert das Land immer noch in den untersten fünf Prozent des Human Development Index. Nach der Unabhängigkeit im Jahr 1975 erlebte Mosambik einen
Bürgerkrieg und politische Unruhen, die bis 1992 andauerten. Seitdem verzeichnete es eine der schnellsten Wachstumsraten in Subsahara-Afrika, blieb aber stark
von ausländischer Hilfe abhängig. Bemühungen um Privatisierung und Reformen von staatseigenen Unternehmen schritten voran, wobei jedoch weiterhin die
Bürokratie eine erhebliche Herausforderung darstellte. Politisch stabilisierte sich
Mosambik seit den ersten Wahlen im Jahr 1994, der weitere Wahlen und ein
Wechsel an der Staatsspitze folgten.[17]

Pakistan zählte zum Zeitpunkt der Evaluierung zu den Ländern mit niedrigem mittlerem Einkommen (BIP pro Kopf 1330 USD im Jahr 2014) und
wies während des Untersuchungszeitraums ein hohes Bevölkerungswachstum von
1,7 % pro Jahr auf. Das Land ist verschiedenen Fragilitätsfaktoren ausgesetzt,
einschließlich Konflikten mit inländischen und subregionalen Wurzeln sowie häufigen Naturkatastrophen. Pakistan ist eine föderale parlamentarische Republik.
Seit 1999 – und gefestigt durch die 18. Verfassungsänderung im Jahr 2010 –
befindet sich das Land in einem Dezentralisierungsprozess, der eine Stärkung der
Autonomie der Provinzen vorsieht. Die Wirtschaft wird von Dienstleistungen und
Landwirtschaft dominiert; der Handel ist durch mangelnde Exportdiversifikation
und regionalen Handel begrenzt. Niedrige Werte der menschlichen Entwicklung gelten als Hürden für eine Steigerung der Arbeitsproduktivität und für das
Wirtschaftswachstum. Frauen, Kinder, Minderheiten und Arme sind besonders

---

[16] Ayele & Günther 2020.
[17] European Commission 2007, S. 2.

anfällig für Menschenrechtsverletzungen. Während des Evaluierungszeitraums veröffentliche die Regierung zwei Strategiepapiere zur Armutsbekämpfung und konzentrierte sich auf breit angelegtes Wirtschaftswachstum, die Verbesserung der Regierungsführung, Investitionen in Humankapital sowie die Unterstützung der Schutzbedürftigen.[18]

Die Evaluierungsberichte beinhalten jeweils Abschnitte zu Good Governance allgemein oder zu Teilbereichen. Sieben Aspekte, die entweder zum Teil oder in Gänze Eingang in die jeweiligen Länderprogramme fanden und entsprechend von den Evaluierungen aufgegriffen werden, sind hierbei von besonderer Bedeutung:

1. Dialog zwischen Geber- und Empfängerland: Der Dialog zwischen Gebern und Empfängern spielt in der Entwicklungszusammenarbeit eine große Rolle. Er ist maßgeblich, wenn es um die Effektivität und die Wirkung der Kooperationen, auch im Bereich Good Governance, geht. In dieser Kategorie soll berücksichtigt werden, inwieweit die Entwicklungszusammenarbeit auf einem Dialog basiert. Dialog und die Möglichkeit ihn zu führen, ist für die Entwicklungszusammenarbeit entscheidend: Das entwicklungsorientierte Verhalten der Elite eines Landes kann nur durch intensiven Dialog ermittelt werden. Nur wenn dieser vorhanden ist, kann Good Governance umgesetzt werden.[19]

2. Zivilgesellschaft: Die Partizipation der Zivilgesellschaft gilt als eine Schlüsseldeterminante von Entwicklung. Eine organisierte Zivilgesellschaft ist in der Lage, demokratische Institutionen zu überwachen und sich für den Schutz von Menschenrechten einzusetzen, sie trägt dementsprechend maßgeblich zu Demokratisierungsprozessen bei. Ohne das Zusammenwirken von Staat und Zivilgesellschaft ist Good Governance nicht möglich.[20]

3. Dezentralisierung: Dezentralisierung fördert den Vorgang einer Verlagerung von Zuständigkeiten des Zentralstaates auf untergeordnete, z. B. kommunale Ebenen. Man unterscheidet zwischen der administrativen Dezentralisierung (Verwaltungsbefugnisse) und politischen Dezentralisierung (Regelungskompetenzen). Dezentralisierungsprozesse helfen dabei, zentralistische und hierarchische Staaten zu föderalen Staatsordnungen zu formieren[21] und sind für die Transformation eines Systems hin zu Good Governance folglich maßgeblich. Diese Kategorie berücksichtigt, inwieweit Dezentralisierungsprozesse von der EU gefördert worden sind.

---

[18] European Commission 2016, S. i.

[19] Schmidt 2013, S. 286 f.

[20] Lauga 2000, S. 841; Mayntz 2004, S. 66.

[21] Thibaut 2010, S. 163.

4. Zugang zur Justiz: Rechtsstaatlichkeit ist eines der Hauptelemente von Good Governance und deren Stärkung somit eines der wesentlichen Ziele. Es gilt, den Zugang zum Justizsystem für die Bevölkerung zu ermöglichen und sie vor Übergriffen des Staates in die individuellen Freiheitsrechte zu schützen. Staatliches Handeln sollte sich im Rahmen eines bestehenden Rechts bewegen. Rechtsstaatlichkeit ist ein wesentlicher Bestandteil bei der Bewertung von Systemen (Good Governance/Bad Governance). Externe Hilfe kann ohne funktionierende Rechts- und Verwaltungsinstitutionen nicht sinnvoll eingesetzt werden.[22]

5. Rechenschaftspflicht: Spätestens seit der „Paris Declaration on Aid Effectiveness" der OECD aus dem Jahre 2005 spielt der Aspekt der Rechenschaftspflicht in der Entwicklungszusammenarbeit eine verstärkte Rolle. Die Verantwortlichkeit der Regierenden gegenüber den Regierten ist ein relevanter Aspekt und stellt ein Charakteristikum des Good Governance-Konzeptes dar. Rechenschaftspflicht soll die Effektivität der Entwicklungszusammenarbeit steigern. Die politischen Akteur*innen sind dazu verpflichtet, über ihr Handeln Rechenschaft abzulegen, wobei diese Rechenschaftspflicht sowohl für die Empfänger- als auch für die Geberländer untereinander und gegenüber dem Empfängerland gilt. Solch eine beidseitige Rechenschaft ermöglicht eine effektivere Entwicklungszusammenarbeit.[23]

6. Transparenz: Die Transparenz einer Entwicklungszusammenarbeit ist eng mit dem Prinzip der Rechenschaftspflicht verbunden und gilt in der Entwicklungszusammenarbeit ebenfalls als ein Kernmerkmal des Good Governance-Konzeptes. Die Regierung eines Landes muss ihre Verwaltungsaufgaben transparent und effizient erfüllen und vor allem bei der Verwendung von sowohl externen als auch internen Finanzressourcen transparent handeln, um z. B. eine unabhängige Rechnungsprüfung zu ermöglichen. Transparenz muss in gleicher Weise für die Geberländer gelten.[24]

7. Anti-Korruptions-Maßnahmen: Ein Ziel von Good Governance ist die Rechtsstaatlichkeit, eine ihrer Konkretisierungen der Aspekt „keine Korruption". Ein hoher Korruptionsgrad gilt oftmals als Metapher für Bad Governance. Korruption ist eines der größten Hemmnisse von Entwicklung, da sie den Aktivitäten die Ressourcen entzieht, die für eine nachhaltige Armutsreduzierung und Wirtschaftsentwicklung maßgeblich sind.[25]

---

[22] Schmidt 2013, S. 287.
[23] OECD 2008, S. 1
[24] Nuscheler 2016, S. 399.
[25] OECD 2008, S. 1

Der Äthiopien-Bericht erwähnt Good Governance expressis verbis ausschließlich in den Empfehlungen und verwendet ansonsten vor allem den Begriff
Democratic Governance. Das Kooperationsprogramm in diesem Bereich basierte
im evaluierten Zeitraum auf zwei Programmen zur Unterstützung des in der
Verfassung festgeschriebenen Föderalismus, die im Dialog mit der Regierung
konzipiert worden waren: „Protection of Basic Services" (PBS) und „Public Sector Capacity-Building Programme". Die Dezentralisierung in Äthiopien
umfasst sowohl eine administrative und finanzpolitische als auch eine politische
Dimension. Bereits vor dem Start der EU-Programme bildete Dezentralisierung
ein zentrales Anliegen der Regierung. Die Evaluator*innen kommen zu dem
Ergebnis, dass die Unterstützung der EU den Dezentralisierungsprozess weiter voranbringen konnte: Die EU-Assistenz „beschleunigte und verstärkte den
Prozess, indem sowohl Unterstützung für den staatlich organisierten Kapazitätsaufbau [für die involvierten Akteur*innen] als auch Finanzmittel bereitgestellt
wurden, die es den lokalen Behörden ermöglichten, über finanzierte Mandate
zu verfügen.[26] Der Versuch der EU, den Aspekt Dezentralisierung zu stärken
und seine Durchführung abzustimmen, zeige Ergebnisse, die jedoch differenziert
zu betrachten seien. Während der Bericht Fortschritte im Bereich der administrativen Dezentralisierung konstatiert, stellt er fest, dass sich Erfolge mit Blick
auf die Prozesse der politischen Dezentralisierung noch nicht eingestellt hätten.
Vor allem die Zusammensetzung und Verteilung der Macht innerhalb der Regierungspartei, der Ethiopian People's Revolutionary Democratic Front (EPRDF),
erweise sich als Hürde für die Umsetzung und Ausweitung der politischen Autonomie auf der lokalen Regierungsebene. Insgesamt folgt daraus die Erkenntnis,
dass politische Macht zwar weiterhin zentralgesteuert sei, gleichzeitig jedoch
aber die Staatsbürger*innen und auch lokale Regierungen durch die administrative Dezentralisierung ein hohes Maß an Einfluss gewännen. Dies gelte jedoch
nicht für NGOs, deren Handlungsspiel von der Regierung eingeschränkt worden
sei, wodurch sich die Möglichkeit für zivilgesellschaftliche Akteur*innen, lokale
Regierungen zur Rechenschaft zu ziehen, reduziert habe. Insofern beschreibt der
Bericht den politischen Spielraum für CSOs als gering.

Zu Beginn des Evaluierungszeitraums standen die Vorzeichen besser. Zunächst
habe der Dialog zwischen der EU und der Regierung dazu beigetragen, wesentliche Governance-Mechanismen in den nationalen Entwicklungsplan („Plan for
Accelerated and Sustained Development to End Poverty"/PASDEP) zu integrieren – „ein bedeutender Meilenstein für die Entwicklung eines fortschrittlichen
demokratischen Governance-Rahmens, indem ein Raum für den Dialog zwischen

---

[26] Commission of the European Union 2012, S. 42.

der Bundesregierung und extern finanzierten CSOs in den Bereichen Demokratie, Justiz und Menschenrechte geschaffen wurde".[27] Durch die Krise nach der Wahl im Jahr 2005[28] erlitt die Zusammenarbeit der EU und der äthiopischen Regierung jedoch einen deutlichen Rückschlag, nicht zuletzt durch das 2009 proklamierte Gesetz über die Arbeit nichtstaatlicher Organisationen („Charities and Societies Proclamation"). Dieses Gesetz habe in einer deutlich rückläufigen Unterstützung der Zivilgesellschaft resultiert. So seien zivilgesellschaftliche Aktivitäten stark eingeschränkt und extern finanzierte CSOs von Governance-bezogenen Bereichen ausgeschlossen worden. Das Gesetz verhindere so in hohem Maße die Leistungs-fähigkeit von Entwicklungsprogrammen. Da die EU in ihrem Country Strategy Paper 2008–2013 die Förderung und Einbindung von CSOs in demokratische Institutionen und Prozesse als wichtigen Bereich der Zusammenarbeit definiert hatte, versuchte die EU trotz der verschlechterten Rahmenbedingungen die Unter-stützung für CSO umfassend in ihre Vereinbarungen mit staatlichen Stellen einzubinden. Hierdurch konnte zumindest eine Stärkung zivilgesellschaftlicher Akteur*innen als Advokaten politischer Rechte erreicht werden, wenngleich es nicht gelungen sei, die frühere Watchdog-Rolle von CSOs wiederherzustellen. Die Kontrollfunktion von CSOs habe nur dort Bedeutung erlangen können, wo lokale Regierungen zu einem Dialog bereit gewesen seien.

Generell spielte die Stärkung von Rechenschaftspflicht und Transparenz für die EU eine wichtige Rolle. So habe das PBS-Programm „einen neuen [...] Mechanismus für die Kanalisierung von Geldern durch die äthiopische Regierung zum Schutz und zur Förderung der Grundversorgung für die Armen einge-führt. Dieses Programm umfasst strenge Maßnahmen zur Gewährleistung von Transparenz und Rechenschaftspflicht".[29] Die Evaluator*innen stellen fest, dass die Regierung Äthiopiens die Rechenschaftspflicht annahm und erkannten im PBS-Programm den entscheidenden Beitrag zu diesem Ergebnis. Es gebe

> Anzeichen dafür, dass die Qualität der internen technischen Verwaltung auf lokaler Ebene robuster wird und dass die Kapazitäten für die Verwaltung von Haushalt, Pla-nung und Einnahmen zunehmen, was wiederum eine wichtige Voraussetzung für eine wirksame Armutsbekämpfung ist. Das PBS hat durch seine starke Konzentration auf die finanzielle Transparenz und Rechenschaftspflicht auf lokaler Ebene zu diesem positiven Ergebnis beigetragen."[30]

---

[27] Commission of the European Union 2012, S. 44.

[28] Zu den Hintergründen siehe Smidt 2006.

[29] Commission of the European Union 2012, S. 25.

[30] Commission of the European Union 2012, S. 43.

Aber auch hier folgt auf die Konstatierung eines Erfolgs die Beschreibung einer Einschränkung. Der nach 2005 reduzierte Raum für Politikdialoge mit der Regierung sei ausschlaggebend dafür gewesen, dass die Stärkung öffentlicher Rechenschaftspflicht nicht im antizipierten Umfang gefördert werden konnte. Insgesamt präsentiert der Bericht hinsichtlich der Förderung von Good Governance somit eine gemischte Bilanz der Entwicklungskooperation zwischen der EU und Äthiopien. Da positive Effekte vor allem im weiteren Kontext des Dezentralisierungsprozesses erkannt werden, stellt sich die Frage, inwieweit sich die EU-Ansätze als nachhaltig erwiesen haben. Einschränkend ist jedoch sofort hinzuzufügen, dass sich eine solche Frage von vornherein nicht eindeutig beantworten lässt, da sich die Aktivitäten eines einzelnen, wenn auch in diesem Fall großen Gebers mit Blick auf ihre Wirkungen nicht von den Beiträgen anderer Geber im selben thematischen Förderbereich isolieren lassen. Zudem sind die Erzielung und Verfehlungen von Wirkungen auch immer von den jeweiligen politischen und ökonomischen Rahmenbedingungen abhängig, die selbstverständlich außerhalb der Kontrolle und des Einflusses von Gebern liegen. Insofern besteht in der Bewertung von Entwicklungszusammenarbeit häufig eine Zuordnungslücke zwischen dem Engagement eines Gebers und den Entwicklungsfortschritten eines Landes. Diese fällt je nach Anzahl und Ausprägung interner und externer Faktoren, die auf Entwicklungsprozesse Einfluss nehmen (z. B. die Anzahl der Geber, der Grad der ODA-Abhängigkeit eines Landers, Regime- und Regierungswechsel, Konflikte und Krisen), unterschiedlich groß aus. Zumeist können lediglich Aussagen über die Beiträge *(contribution)* von EZ-Programmen zu Entwicklungserfolgen getroffen werden. Abgesehen von seltenen Situationen, in denen staatliche Reformprozesse in Politikfeldern (z. B. Gesundheit, Wasserversorgung und Bildung), in denen Verbesserungen durch das Vorhandensein entsprechender Indikatoren gut und leicht messbar sind, über längere Zeiträume von einem einzigen Geber unterstützt werden, ist es kaum möglich, bestimmte Wirkungen individuellen Geberinitiativen zuzuschreiben *(attribution)*.

Äthiopien hat seit Veröffentlichung des Evaluierungsberichtes 2012 wesentliche Veränderungen erfahren, die sich in jüngster Vergangenheit vor allem mit dem Amtsantritt des Ministerpräsidenten Abiy Ahmed 2018 verbinden. Am 10. Dezember 2019 erhielt Abiy den Friedensnobelpreis für seine zentrale Rolle beim Zustandekommen des historischen Friedensschlusses zwischen Äthiopien und Eritrea, seine Bemühungen um den Aufbau der Demokratie in Äthiopien durch die Stärkung der bürgerlichen Freiheiten und den Aufbau von demokratischen Institutionen sowie seinen Beitrag zum Friedens- und Versöhnungsprozess in Ost- und Nordostafrika.[31] Die weitreichende Agenda demokratischer Reformen und wirtschaftlicher Liberalisierung kam 2020 infolge der Corona-Pandemie jedoch zu einem jähen Stillstand. Ebenso schlug Abiys Versöhnungspolitik im multiethnischen Staat im November desselben Jahres in einen militärisch geführten Konflikt zwischen den drei großen Ethnien des Landes (Oromo, Amhara, Tigray) um. Im Verlauf dieses zweijährigen Bürgerkriegs verloren nach internationalen Schätzungen bis zu 600.000 Zivilist*innen ihr Leben.[32] Die Zukunft des Föderalismus ist offen. Die Länderstudie Äthiopien des Bertelsmann Transformationsindex (BTI) 2022 analysiert:

> Nach wie vor ist es das Ziel der Bundesregierung, unterstützt von zivilgesellschaftlichen Organisationen, demokratische Verfassungsreformen durchzuführen. Die grundsätzliche Überzeugung, dass sich Äthiopien als demokratischer, multiethnischer und Mehrparteienstaat entwickeln sollte, wird nicht in Frage gestellt, auch wenn heute unter den herrschenden politischen Eliten die Auffassung vorzuherrschen scheint, dass die äthiopische Demokratie von einem starken gewählten Führer in einer hegemonialen Position gelenkt werden sollte. Abiy behauptet, dass er den Föderalismus unterstützt, aber das politische Gleichgewicht in Äthiopien, sein eigenes Handeln und seine Rhetorik sowie seine eigenen autokratischen Tendenzen drängen ihn zu einem gesamtäthiopischen Zentralismus.[33]

Retrospektiv hat sich die ausgewogene, im Ganzen vorsichtige Einschätzung der Fortschritte im Dezentralisierungsbereich des Evaluierungsteams als zutreffend erwiesen. Verschiedene Studien haben seither einige Erfolge im Bereich der fiskalischen Dezentralisierung[34] und vor allem positive Effekte der Dezentralisierung auf den Bildungssektor und die Gesundheitsversorgung nachgewiesen[35] und damit indirekt bestätigt, dass die seit den frühen 2000er Jahren umgesetzten und dabei auch von der EU z. B. durch das PBS-Programm unterstützten Reformansätze Früchte getragen haben. Ebenso war die Skepsis gegenüber den Förderansätzen zur Stärkung der politischen Dimension der Dezentralisierung gerechtfertigt, da, wie die Ereignisse seit 2020 zeigen, der Föderalismus weiterhin – oder vielleicht mehr denn je seit Inkrafttreten der aktuellen Verfassung – auf instabiler Basis steht.

---

[31] Reiss-Andersen 2019.

[32] Naranjo 2023. Ausführlich zum Bürgerkrieg und zur Politik der EU: Caruso & Akamo 2024.

[33] Bertelsmann Stiftung 2022a, S. 33.

[34] Assefa 2015.

[35] Faguet, Khan & Kanth 2019.

Während sich die auftraggebenden Organisationen üblicherweise eindeutige Aussagen zu den Errungenschaften und Defiziten ihrer Programme erhoffen, gelangen Evaluator*innen häufig zu Bewertungen im Stil von „ja, aber" und „sowohl als auch". Dies liegt, wie weiter oben bereits angedeutet, darin begründet, dass Maßnahmen der Entwicklungszusammenarbeit selten jemals auf ganzer Linie als erfolgreich im Sinne einer vollständigen Zielerreichung und nachweisbarer umfassender Wirksamkeit gelten können, wie ebenso vollständig gescheiterte Vorhaben zu den Ausnahmen zählen. Auch die Evaluierung des Länderprogramms Mosambik spiegelt eine solche balancierte Sichtweise wider, die typischerweise mit den positiven Befunden beginnt. In Mosambik habe der Dialog zwischen Geber- und Empfängerland in Bezug auf die Förderung von Good Governance auf allen Ebenen der Gesellschaft eine wesentliche Rolle gespielt. Die Unterstützung der EU für das Wahlsystem Mosambiks sei ein entscheidender Faktor für die Stabilität des Landes gewesen und habe zur Entwicklung einer demokratischeren Gesellschaft beigetragen. Allerdings wird die Durchführung von Wahlen in Mosambik als komplex beschrieben, und das Land benötige weiterhin Unterstützung in diesem Bereich. Es wird festgestellt, dass während der Evaluierungsphase viele politisch Verantwortliche ernannt statt gewählt worden seien, was teilweise auf den mangelnden Dialog zwischen Geber- und Empfängerland zurückgeführt wird. Der Bericht hebt hervor, dass ein intensivierter politischer Dialog erforderlich sei, um einen Konsens über die Optimierung des Wahlsystems und der Wahlprozesse zu erreichen. Darüber hinaus wird betont, dass Projekte im Justizsektor nur dann erfolgreich sein könnten, wenn ein verstärkter Dialog zwischen der Regierung und den Gebern bestehe. Jedoch habe dieser Dialog im Bereich der Governance bislang keinen zufriedenstellenden Stand erreicht. Es fehle an einem gemeinsamen Verständnis unter den verschiedenen Mitwirkenden im Sektor, und es wird eine bessere Planung und Diskussion mit Partnern gefordert, um alle Institutionen und Stakeholder einzubeziehen.

Die Rolle der Zivilgesellschaft ist nur an einer Stelle explizit erwähnt. Die Europäische Kommission (EK) habe sich um die Schaffung besserer institutioneller Rahmenbedingungen bemüht, um die Organisation der Zivilgesellschaft zu ermöglichen und zu stärken und fördere dabei „Non-State-Actors" (NSAs), die als Instrumente für den Schutz von Menschenrechten und Minderheiten angesehen würden. Trotz dieser Bemühungen bestünden weiterhin erhebliche Defizite, insbesondere in Bezug auf die Rechte von Frauen, Kindern und älteren Menschen. Die Anstrengungen zur Etablierung angemessener Institutionen zum Schutz der Menschenrechte seien deutlich hinter den Zielen der Europäischen Kommission zurückgeblieben. Die Leistungsfähigkeit der NSAs wird weiterhin als gering eingestuft. Zudem sei es der Europäischen Kommission nicht gelungen, darauf hinzuwirken, dass internationale NGOs in Mosambik frei agieren können, um einen besseren Rahmen für eine effektivere Entwicklungszusammenarbeit zu schaffen.

Der Zugang zu einem funktionierenden Justizsystem stellte einen zentralen Aspekt in der Kooperation zwischen der EK und Mosambik dar. Die EK habe den Justizsektor in Mosambik während des Evaluierungszeitraums wesentlich unterstützt, wobei signifikante Erfolge erzielt worden seien: Durch finanzielle Assistenz hätten Koordinations- und Kooperationsmechanismen verbessert werden können, wodurch auch ein wesentlicher Beitrag zur Stärkung der Demokratisierung insgesamt geleistet worden sei. Auch die Einstellung der mosambikanischen Regierung zur Rechtsstaatlichkeit sei positiv beeinflusst worden. Trotz dieser Erfolge bleibe das politische System in Mosambik jedoch stark von Korruption geprägt, und die Europäische Kommission habe keine effektiven Maßnahmen zur Bekämpfung dieses Problems umgesetzt. Der Zugang der Bevölkerung zu einem funktionierenden Rechtssystem wird aus diesem Grund als „*still low*" beschrieben.[36] Es habe sowohl Verzögerungen bei der Durchführung von Projekten als auch Probleme beim Management solcher gegeben. Die Gründe hierfür seien in den unklaren Rollen der einzelnen Institutionen und in der Komplexität des Justizsektor zu suchen. Es konnten beispielsweise mehrere Gerichte etabliert werden, Korruption und der Mangel an qualifiziertem Personal hätten jedoch die Effektivität dieser Institutionen dezimiert. Der Bericht geht davon aus, dass das außergewöhnliche Ausmaß der Komplexität des Rechtssystems den Projektinitiatoren im Vorhinein nicht bekannt gewesen sei. Der Mangel an Zusammenarbeit unter den verschiedenen Institutionen im Justizsektor führe grundsätzlich zu einer geringen Effektivität mit Blick auf die Verbesserung der Rechtsstaatlichkeit. Zusammenfassend gelangt der Bericht zu dem Urteil, dass wesentlich mehr getan werden müsse, um den Zugang der Bevölkerung zur Justiz zu verbessern.

Seit 1997 lege Mosambik in seinen selbstinitiierten Reformen großen Wert auf Rechenschaftspflicht und Transparenz. Dies spiegele sich z. B. im nationalen Strategiepapier für die Verbesserung des Gesundheitswesens (PESS) wider, das „Transparenz und Rechenschaftspflicht" als Grundprinzipien beinhalte.[37] Auch der Fünfjahresplan der Regierung zur Armutsreduzierung verpflichte sich zu diesen Grundsätzen, was auf ein grundlegendes Bewusstsein für die Bedeutung von Rechenschaft und Transparenz hindeute. Der Schwerpunkt der EU-Unterstützung

---

[36] European Commission 2007, S. 43.
[37] European Commission 2007, S. 12.

für Mosambik habe auf makroökonomischer Budgethilfe gelegen. Im Strategiepapier für den Evaluierungszeitraum werde das Ziel formuliert, die finanzielle
Rechenschaftspflicht zu stärken und Reformen im öffentlichen Ausgabenmanage-
ment umzusetzen, um die Wirtschaftsführung zu verbessern und Korruption zu
bekämpfen. Jedoch blieb es für das Evaluierungsteam unklar, in welchem Maße
entsprechende Vorhaben zur Verbesserung der Rechenschaftsplicht tatsächlich
umgesetzt wurden.

Zu positiveren Befunden gelangt der Bericht hinsichtlich der Stärkung von
Transparenz. Der gewährte General Budget Support (GBS) für Mosambik habe
dazu geführt, dass mehr Gebermittel in den Haushalt einbezogen worden seien,
was zur Steigerung der Transparenz beigetragen habe. Insgesamt sei das Finanzmanagement kontinuierlich in Bereichen wie Planung, Haushaltsführung, Buch-
haltung, Prüfung und Berichterstattung verbessert und gestärkt worden. Es wird
jedoch gleichzeitig hervorgehoben, dass Korruption in Mosambik ein ernsthaf-
tes Hindernis für die Entwicklung darstelle und dass dieses Problem sowohl von
mosambikanischen als auch internationalen Beobachter*innen als schwerwiegend
eingestuft werde.[38] Der Bericht beruft sich auf eine Studie aus dem Jahr 2004,
die betont, dass Korruption in sozialen, politischen und ökonomischen Bereichen
eine bedeutende Herausforderung im Kampf gegen Armut darstelle und als das
größte Hindernis im Prozess der Nationenbildung in Mosambik anzusehen sei.
Korruption wird als Hauptgrund für das Scheitern von Governance-Strukturen in
Mosambik identifiziert. Die Unterstützung der Europäischen Kommission, insbesondere im Bereich der Verkehrsinfrastruktur, sei durch Korruption beeinträchtigt
gewesen. Trotz der Etablierung von Anti-Korruptionsinstitutionen bleibe Korruption eine signifikante Herausforderung sowohl für internationale Geber als auch
für die Regierung Mosambiks selbst.[39] Der Evaluierungsbericht Mosambik zeigt
auf, dass die Bekämpfung von Korruption keine ausreichende Berücksichtigung
fand.

Aus heutiger Perspektive betrachtet, konnten die im Bericht von 2007 behan-
delten Anstrengungen zur Stärkung von Good Governance keine strukturbildende
Wirkung erzielen. Dies gilt vor allem für den Justizsektor. Laut der BTI Län-
derstudie Mosambik 2022 wird die Unabhängigkeit der Justiz durch fehlende
Gewaltenteilung und politische Einmischung in Form von Druck, Drohungen
und Störungen beeinträchtigt. Die Mitgliedschaft in der herrschenden Partei
(FRELIMO) ist faktisch eine Voraussetzung für den Zugang zur öffentlichen
Verwaltung und jede Laufbahn im Justizsystem. Formale Kontrollorgane, wie

---

[38] European Commission 2007, S. 38 ff.
[39] European Commission 2007, S. 9

der Inspektor der Justiz, verfügen nicht über die ausreichenden finanziellen und materiellen Ressourcen, um ihren Aufgaben nachzukommen. Straflosigkeit bleibt ein ernstes Problem im Justizsystem, das im Ruf steht, hochgradig korrupt zu sein.[40] Auf der vom BTI verwendeten numerischen Skala von 1 (schlechteste Bewertung) bis 10 (beste Bewertung) hat sich der Wert für den Indikator „Unabhängige Justiz" zwischen 2006 und 2022 von 6 auf 3 verschlechtert. Auch hinsichtlich aller anderen Governance-Kriterien zeigt der Trend deutlich abwärts. Freie und faire Wahlen: 7 auf 3; Meinungsfreiheit: 7 auf 4; Gewaltenteilung: 5 auf 3; Bürgerrechte: 7 auf 3; und Performanz der demokratischen Institutionen: 6 auf 3. Das Beispiel Mosambik veranschaulicht, dass eine Stärkung von Good Governance durch Entwicklungszusammenarbeit zum Scheitern verurteilt ist, wenn keine nennenswerten innerstaatlichen Reformansätze vorhanden sind und damit keine förderlichen strukturellen Rahmenbedingungen existieren. Positive Veränderungen können nicht vornehmlich exogen herbeigeführt werden. Dies ist, wie im zweiten Kapitel zum Entwicklungskonzept ausgeführt, ein seit Jahrzehnten mehrheitlich anerkannter Befund, beinahe schon eine Binsenwahrheit. Mosambik zählt zu den Fällen, die den empirischen Beleg liefern. Um nochmals den BTI zu zitieren:

> Wie viele afrikanische Staaten, die den Weg zur Wahl-Demokratie eingeschlagen haben, aber weiterhin klientilistischen Interessen nachkommen, hat die mosambikanische Regierung eine geographisch ausgewogene und inklusive Entwicklung vernachlässigt und es versäumt, Perspektiven und Beschäftigungsmöglichkeiten für ihre stetig wachsende und überwiegend junge Bevölkerung zu schaffen. Dies bot fruchtbaren Boden für militante Islamisten, die seit 2016 das Staatsmonopol in der nordöstlichen Provinz Cabo Delgado herausfordern. Teilweise heimisch, aber mit zunehmende internationaler Unterstützung vom IS und al-Shabaab, sind die Aufständischen, ähnlich wie in Westafrika, auch mit organisierten kriminellen Netzwerken in der Region verbunden. Die endemische Korruption, die seit Jahrzehnten in Mosambik herrscht, gepaart mit weit verbreiteter Straflosigkeit, hat es organisierter Kriminalität erlaubt, den mosambikanischen Staat zu infiltrieren.[41]

Im Vergleich der drei Evaluierungen gelangt der Pakistan-Bericht zu der positivsten Gesamteinschätzung, indem er die effektive Unterstützung der EU für die Demokratisierung des Landes hervorhebt. Die dabei verfolgte Strategie und daran anschließenden Programme der EU basierten auf fundierten Analysen, die entweder von der EU selbst oder von Partnern mit EU-Finanzierung durchgeführt worden seien. Die zahlreichen Dokumente, auf die sich das Evaluierungsteam

---

[40] Bertelsmann Stiftung 2022b, S. 13.
[41] Bertelsmann Stiftung 2022b, S. 4.

stützte, belegten, dass die EU einen nachhaltigen Dialog mit und zwischen den Akteur*innen in Pakistan ermöglicht und gefördert habe. Besonders erwähnt wird der im Vergleich zu anderen Gebern größere Einfluss der EU auf nationale Reformagenden. Während des evaluierten Kooperationszeitraums sei der Dialog mit der Regierung intensiviert worden, was zu einer stärkeren Einbindung in Entwicklungsprojekte geführt habe. Aufgrund der Wahrnehmung der EU als „Allwetter-Freund" und „Friedensstifter" sei sie besonders geeignet, Demokratisierung und Menschenrechte in Pakistan zu fördern.[42] Die existierende Vertrauensbasis sei ein wesentlicher Faktor für die erzielten Effekte in der Entwicklungszusammenarbeit gewesen. Im Kontext der Demokratisierung hebt der Bericht die Unterstützung für Wahlen als besonders positiv hervor, wobei nicht nur die Wahlen selbst, sondern auch der gesamten Wahlzyklus einschließlich der Wahlreform, durch eine Zusammenarbeit mit der Wahlkommission, der Zivilgesellschaft und dem Parlament gestärkt worden seien. Fortschritte werden auch in Bezug auf politische Rechte und politische Partizipation festgestellt. Der hervorgehobene Status der EU wird zudem als relevant für die Förderung einer organisierten Zivilgesellschaft angesehen, obgleich im Bericht unklar bleibt, welche konkreten Auswirkungen die Sonderstellung der EU in diesem Fall hatte.

In Bezug auf die Unterstützung der Dezentralisierung würdigt der Bericht die Relevanz und Effektivität der von der EU zur Verfügung gestellten Sektor-Budgethilfe auf Provinzebene angesichts der Tatsache, dass im Evaluierungszeitraum die ausschließliche Verantwortung für die wichtigsten Politikbereiche des sozialen Sektors auf die Provinzen übertragen wurde. Einschränkend merkt der Bericht jedoch an, dass der Dezentralisierungsprozess in Pakistan noch unvollständig sei und sich die institutionellen und personellen Kapazitäten in den Provinzen und auf unteren Verwaltungsebenen noch im Aufbau befänden. Mit Blick auf die Förderung der Menschenrechte konstatieren die Evaluator*innen:

> Betrachtet man die Ergebnisse des High Level Policy Dialogs, so scheint dieser nicht sehr effektiv zu sein: Die Menschenrechtslage hat sich im Allgemeinen (abgesehen von der politischen Partizipation, die sich verbessert hat) verschlechtert. Allerdings hat dieser EU-Dialog wahrscheinlich eine weitere Verschlechterung verhindert: Ohne ihn hätte es kaum einen Dialog über Menschenrechte mit anderen Entwicklungspartnern gegeben, d. h. sowohl die Transparenz der Politik und Initiativen der Regierung im Bereich der Menschenrechte als auch die Auseinandersetzung mit Ideen, Mitteln und Wegen zur Förderung und zum Schutz der Menschenrechte wären geringer gewesen.[43]

---

[42] European Commission 2016, S. 43.
[43] European Commission 2016, S. 46.

Die Verknüpfung der Menschenrechte mit a) der Gewährung wirtschaftlicher Vorteile durch die Aufnahme in das General System of Preferences (GSP+), b) der Vorbereitung der MIP 2014–2020 und c) dem „EU-Pakistan Cooperation Agreement" habe sich als vorteilhaft erwiesen. Gleichzeitig habe die EU-Unterstützung nicht dazu geführt, dass der Zugang zur Justiz, das Vertrauen der Öffentlichkeit in die Rechtsstaatlichkeit oder die Widerstandsfähigkeit gegen den Terrorismus verbessert worden seien. Jedoch, und hier argumentiert der Bericht ähnlich wie im Fall der Menschenrechtssituation, sei es plausibel, davon auszugehen, dass die EU eine Verschlechterung der Situation in diesen Bereichen verhindert habe. Bemängelt wird generell eine nur sporadisch vorhandene Verbindung zwischen politischen Instrumenten, wie politischen Dialogen und gemeinsamen Aktionsplänen, einerseits und Kooperationsprojekten anderseits, wodurch Potenziale ungenutzt geblieben seien. „Die EU ist auf mehreren Ebenen und an mehreren Fronten in den Bereichen Demokratisierung, Menschenrechte und Rechtsstaatlichkeit tätig. Dies ermöglicht eine systemische Sichtweise und mehrere Ansatzpunkte, begünstigt aber nicht immer Synergien und die Verknüpfung der Punkte. Es gibt Spielraum für mehr Kohärenz und damit Wirksamkeit."[44] Insgesamt sei Pakistan 2014 demokratischer als 2007 (dem Beginn der Förderung unter der 2007–2012 EU-Länderstrategie), wenn auch nicht friedlicher. Der Bericht sieht es als erwiesen an, dass die EU-Unterstützung konstruktiv zu den verschiedenen Dimensionen der Demokratisierung beigetragen hat, hält es aber nicht für möglich, diesen Beitrag genau zu bemessen.[45]

Betrachtet man Pakistan aus der gegenwärtigen Perspektive so wird deutlich, dass sich die Maßnahmen zur Stärkung des Wahlsystems – ungeachtet der Frage, wie groß hierbei der EU-Anteil gewesen ist – als nachhaltig erwiesen haben. Seit 2008 hat Pakistan regelmäßig Wahlen mit allgemeinem Wahlrecht und in geheimer Abstimmung abgehalten. Die Wahlen von 2018 wurden von Beobachtern als relativ frei, fair und transparent bewertet, wobei jedoch Bedenken über Manipulationen im Vorfeld der Wahlen aufkamen. Der BTI-Wert für den Indikator freie und faire Wahlen stieg zwischen 2006 und 2022 von 4 auf 6.[46] Zudem hat sich das Ausmaß terrorismusbezogener Gewalt in Pakistan seit der Einführung eines nationalen Aktionsplans zum Vorgehen gegen terroristische Organisationen im Jahr 2015 reduziert. In anderen Bereichen, die unter Good Governance fallen, und die bereits der Evaluierungsbericht eher kritisch beurteilt hatte, sind bestenfalls geringe Anstiege der Werte oder Stabilisierungen auf niedrigem Niveau,

---

[44] European Commission 2016, S. 95.
[45] European Commission 2016, S. 41.
[46] Bertelsmann Stiftung 2022c, S. 9.

zum Teil aber auch Verschlechterung, zu beobachten. So wird Pakistans Fähigkeit, öffentliche Dienstleistungen auf lokaler Ebene zu erbringen, nach wie vor
durch eine Reihe von Faktoren, zu denen Klientelismus, Rent-Seeking und Korruption zählen, beeinträchtigt. Pakistans militärisches Establishment übt weiterhin
einen substanziellen Einfluss auf Fragen der Politik und der Staatsführung aus und
spielt eine tragende Rolle bei der Gestaltung der pakistanischen Außenpolitik und
mit Blick auf die innere Sicherheit. Der BTI-Wert für effektive Regierungsgewalt stieg insofern zwischen 2006 und 2022 nur leicht von 2 auf 3. Der gleiche
geringe Anstieg ist für das Kriterium Performanz der demokratischen Institutionen zu verzeichnen. Auch hier ist es das Militär, welches die Entwicklung
demokratischer Institutionen behindert, da weite Teile der öffentlichen Politik an
die Streitkräfte abgetreten wurden. U. a. als Reaktion auf COVID-19 schränkte
die Regierung die Bewegungs- und Versammlungsfreiheit ein. Die BTI-Werte für
Versammlungsfreiheit und Meinungsfreiheit verschlechterten sich von 5 auf 3,
für Bürgerrechte von 4 auf 3 und für Strafverfolgung von Amtsmissbrauch von
5 auf 3. Der Wert für Gewaltenteilung verharrt unverändert bei 4 und jener für
den Indikator unabhängige Justiz bei 3.[47] Auf dem Rule of Law Index nimmt
Pakistan 2023 Position 130 von 142 Ländern ein, zählt also zu den Ländern mit
dem geringsten Niveau an Rechtsstaatlichkeit. Auf einer Skala von 0 bis 1, ist
Pakistans Wert von 0,38 seit 2015, dem ersten Jahr der Erhebung, unverändert.[48]

   Welchen Beitrag kann Entwicklungszusammenarbeit „zur Entwicklung und
Stabilisierung rechtsstaatlicher und demokratischer Strukturen, also zu Good
Governance" leisten?[49] Eine kohärente Antwort auf diese von Franz Nuscheler
gestellte Frage kann die in diesem Kapitel vorgenommene exemplarische Auswertung von drei Evaluierungsberichten alleine noch nicht geben. Was sich jedoch
bereits abzeichnet, ist die Feststellung, dass pauschale Befunde zur Wirksamkeit
oder Nicht-Wirksamkeit – wie sie gerne in entwicklungstheoretischen Diskursen
suggeriert werden – der Simplifizierung einer komplexen empirischen Realität
gleichkommen. Gleichzeitig bedarf es einer hinreichend großen Evidenzbasis, um
differenzierte und aussagekräftige Erkenntnisse zur Effektivität extern geförderter
Good Governance-Reformen formulieren zu können. An dieser Stelle ist bereits
ersichtlich geworden, dass der Rückgriff auf Evaluierungen hierzu einen zielfüh-
renden Ansatz bildet. „Hinreichend" in methodischer Hinsicht bedeutet in diesem
Zusammenhang die Auswahl entsprechender Berichte eines breiten Geberspek-
trums und über einen Mehrjahreszeitraum sowie eine breite Streuung der länder-,

---

[47] Bertelsmann Stiftung 2022c.
[48] World Justice Project 2024.
[49] Nuscheler 2008, S. 12.

regionen- und themenspezifischen Beispiele. Dies wird in den folgenden Kapiteln umgesetzt.

Literatur

Assefa, Deribe (2015). Fiscal Decentralization in Ethiopia: Achievements and Challenges. *Public Policy and Administration Research*, 5(8), S. 27–39.

Ayele, Zemelak & Julia Günther (2020). Ethnischer Föderalismus in Äthiopien. *Aus Politik und Zeitgeschichte*, 18–19/2020, S. 17–23.

Bertelsmann Stiftung (2022a). *BTI 2022 Country Report – Ethiopia*. Gütersloh: Bertelsmann Stiftung. https://www.ecoi.net/en/file/local/2069708/country_report_2022_ETH.pdf.

Bertelsmann Stiftung (2022b). *BTI 2022 Country Report – Mozambique*. Gütersloh: Bertelsmann Stiftung. https://www.ecoi.net/en/file/local/2069788/country_report_2022_MOZ.pdf.

Bertelsmann Stiftung (2022c). *BTI 2022 Country Report – Pakistan*. Gütersloh: Bertelsmann Stiftung. https://www.ecoi.net/en/file/local/2069671/country_report_2022_PAK.pdf.

BMZ (2021). *Evaluierung der Entwicklungszusammenarbeit. Leitlinien des BMZ*. https://www.bmz.de/resource/blob/92884/bmz-leitlinien-evaluierung-2021.pdf.

Caruso, Francesca & Jesutimilehin O. Akamo (2024). EU Policy towards Ethiopia amidst the Tigray War: The Limits of Mitigating Fragmentation. *The International Spectator*, 59(1), S. 120–139. https://doi.org/10.1080/03932729.2024.2302473.

Commission of the European Union (2012). *Evaluation of the Commission of the European Union's co-operation with Ethiopia. Country Level Evaluation*. Final Report, Vol. 1. https://www.oecd.org/derec/ec/Evaluation-of-the-Commission-of-the-European-Union-Cooperation-with-Ethiopia.pdf.

DEval (2024a). Aufgaben und Zielgruppen. https://www.deval.org/de/ueber-uns/das-institut/aufgaben-und-zielgruppen#:~:text=Kernaufgabe%20des%20DEval%20ist%20es,auf%20der%20Grundlage%20wissenschaftlicher%20Erkenntnisse.

DEval (2024b). Gesellschafterin, Struktur und Finanzierung. https://www.deval.org/de/ueber-uns/das-institut/gesellschafterin-struktur-und-finanzierung.

European Commission (2007). *Evaluation of the European Commission's Support to the Republic of Mozambique*. Final Report. https://www.oecd.org/countries/mozambique/40082885.pdf.

European Commission (2016). *Evaluation of the European Union's cooperation with the Islamic Republic of Pakistan (2007–2014)*. Volume I – Main report. https://international-partnerships.ec.europa.eu/system/files/2019-09/ap-final-main-report-pakistan-part-i-main-reportp_en.pdf.

European Commission, Directorate-General for International Cooperation and Development (2014), *Evaluation matters – The evaluation policy for European union development co-operation*. https://doi.org/10.2841/85201.

European Commission, International Partnership (2024). Global Europe – Programming. https://international-partnerships.ec.europa.eu/funding-and-technical-assistance/funding-instruments/global-europe-programming_en.

Faguet, Jean -Paul, Qaiser Khan & Devarakonda Priyanka Kanth (2019). *Decentralization's effects on education and health: Evidence from Ethiopia.* Social Protection & Jobs Discussion Paper No. 1934. Washington D.C.: World Bank Group. https://openknowledge.wor ldbank.org/server/api/core/bitstreams/aebe7efe-cce7-5692-981f-d3e221b97485/content.

Lauga, Martin (2000). Zivilgesellschaft. In Dieter Nohlen (Hrsg.). *Lexikon Dritte Welt. Länder, Organisationen, Theorien, Begriffe, Personen.* Vollständig überarbeitete Neuausgabe. Reinbek bei Hamburg: Rowohlt, S. 841–844.

Mayntz, Renate (2004). Governance im modernen Staat. In Arthur Benz (Hrsg.). *Governance – Regieren in komplexen Regelsystemen. Eine Einführung.* Wiesbaden: VS Verlag für Sozialwissenschaften, S. 65–76.

Ministry of Foreign Affairs of Finland (2024). Development cooperation evaluation reports: Comprehensive evaluations. https://um.fi/development-cooperation-evaluation-reports-comprehensive-evaluations.

Naranjo, José (2023). Ethiopia's forgotten war is the deadliest of the 21st century, with around 600,000 civilian deaths. *El País*, 27 January. https://english.elpais.com/internati onal/2023-01-27/ethiopias-forgotten-war-is-the-deadliest-of-the-21st-century-with-aro und-600000-civilian-deaths.html.

Noltze, Martin & Sven Harten (2021). *Bessere Kriterien für bessere Evaluierungen? Die Reform der internationalen Evaluierungskriterien.* DEval Policy Brief, 1/2021. Bonn: Deutsches Evaluierungsinstitut der Entwicklungszusammenarbeit (DEval). https://nbn-resolving.org/urn:nbn:de:0168-ssoar-77814-6.

Nuscheler, Franz (2008). *Die umstrittene Wirksamkeit der Entwicklungszusammenarbeit.* Universität Duisburg-Essen (INEF-Report 93/2008). https://duepublico2.uni-due.de/ser vlets/MCRFileNodeServlet/duepublico_derivate_00029186/report93.pdf.

Nuscheler, Franz (2016). Politische Strukturgebrechen: Bad Governance – Korruption – Staatszerfall. In Reinhard Stockmann, Ulrich Menzel & Franz Nuscheler. *Entwicklungspolitik. Theorien – Probleme – Strategien.* 2., überarbeitete und erweiterte Auflage. Berlin: De Gruyter Oldenbourg. S. 397–409.

OECD (1991). DAC Principles for Evaluation of Development Assistance Development Assistance Committee. Paris: OECD. https://www.oecd.org/dac/evaluation/2755284.pdf.

OECD (2002). Glossary of Key Terms in Evaluation and Results Based Management. https://www.oecd.org/dac/evaluation/2754804.pdf.

OECD (2008). The Paris Declaration on Aid Effectiveness (2005) and the Accra Agenda for Action (2008). https://www.oecd.org/dac/effectiveness/34428351.pdf.

OECD (o. J.). DAC-CRS-Codes. https://webfs.oecd.org/oda/DataCollection/Resources/ DAC-CRS-CODES.xls.

Reiss-Andersen, Berit (2019). *Award ceremony speech.* Stockholm: The Nobel Foundation. https://www.nobelprize.org/prizes/peace/2019/ceremony-speech/.

Schmidt, Siegmar (2013). Good Governance als Entwicklungsvoraussetzung. In Hartmut Ihne & Jürgen Wilhelm (Hrsg.). *Einführung in die Entwicklungspolitik.* Lizenzausg. der 3. Aufl. Bonn: Bundeszentrale für Politische Bildung, S. 284–290

Smidt, Wolbert G. C. (2006). Ein demokratischer Versuch zuviel: zurück zur bewährten Diktatur? Äthiopien ein Jahr nach den Parlamentswahlen. *Africa Spectrum*, 41(2), S. 273–284.

Thibaut, Bernhard (2010). Dezentralisierung. In Dieter Nohlen und Schultze Rainer-Olaf (Hrsg.). *Lexikon der Politikwissenschaft*. Band 1: A-M. 4. aktualisierte und erweiterte Auflage. München: C.H. Beck, S. 163.

World Justice Project (2024). WJP Rule of Law Index 2023, https://worldjusticeproject.org/rule-of-law-index/global/2023/.

Demokratieförderung 6

Weder die Initiierung noch die Konsolidierung von Demokratie vollziehen sich jemals als ausschließlich endogene Prozesse. Zwar bilden die innerstaatlichen Akteure die Speerspitze im Prozess des Wandels von einem autoritären zu einem demokratischen System und dessen anschließender Konsolidierung, werden dabei aber im Regelfall, wenngleich in unterschiedlichem Maße, von externen Akteuren und Strukturen beeinflusst, unterstützt oder auch blockiert. Diese exogene Einflussnahme muss dabei nicht gezielt erfolgen, sondern kann auch das Ergebnis ungerichteter Dynamiken und diffuser Prozesse sein. In den 1970er Jahren zum Beispiel kam der Kooperation der sozialistischen Parteien Spaniens und Portugals mit anderen westeuropäischen Parteien wichtige Bedeutung im Demokratisierungsprozess der beiden Länder zu.[1] Die Konferenz für Sicherheit und Zusammenarbeit in Europa (KSZE) und vor allem das in der Schlussakte von Helsinki 1975 verankerte Menschenrechtsbekenntnis bildeten die Basis für eine allmähliche Stärkung der Stimmen von Dissident*innen und Oppositionellen in Osteuropa. In den 1980er Jahren resultierte die Abkehr von der Breschnew-Doktrin über die „begrenzte Souveränität sozialistischer Länder" de facto in einem Verzicht der Sowjetunion, Demokratisierungsbestrebungen in ihrem Orbit zu verhindern. Schließlich trug die unterstützende, konstruktive Rolle der damaligen Europäischen Gemeinschaft (ab 1993 Europäische Union) und die Aussicht auf eine EU-Mitgliedschaft zu einer raschen Demokratisierung der osteuropäischen Staaten nach dem Ende des Ost-West-Konfliktes bei. Und, um ein außereuropäisches Beispiel zu nennen: Im Falle der „People Power Revolution" auf den Philippinen, die 1986 zur Absetzung des Diktators Ferdinand Marcos führte und am Beginn der Redemokratisierung stand, waren neben der den Wandel befürwortenden Haltung zentraler Akteure innerhalb des Militärs und

---

[1] Kaiser & Salm 2009, S. 262.

© Der/die Herausgeber bzw. der/die Autor(en), exklusiv lizenziert an Springer Fachmedien Wiesbaden GmbH, ein Teil von Springer Nature 2024
J. Dosch und P. Becker, *Die Wirksamkeit von Entwicklungszusammenarbeit*,
https://doi.org/10.1007/978-3-658-45474-6_6

der katholischen Kirche die Abwendung der USA von ihrem einstigen loyalen
Verbündeten Marcos für den Sturz des autoritären Regimes entscheidend.

Der Ansatz der Demokratieförderung durch Entwicklungszusammenarbeit hat
bisweilen das Ziel verfolgt, aktiv Prozesse des Regimewandels alleine schon
aus normativen Gründen zu unterstützen, eben aus der Überzeugung heraus,
dass Demokratie die beste Regierungsform darstellt. Seit dem ausgeprägten
Optimismus der frühen 1990er Jahre scheiterten explizite Demokratieförde-
rungsprogramme jedoch häufig an dem Versuch, Modelle für demokratische
Institutionen und Prozesse zu exportieren.[2] Demokratie ist nicht als einheitliches
Modell, als passgenaue global anwendbare Schablone denkbar. Ganz im Gegenteil: Wenn Demokratie nicht lokale Kultur, Geschichte und gesellschaftliche
Konditionen einbezieht, kann sie sich nicht entfalten.[3] Inzwischen überwiegt die
Wahrnehmung, dass Demokratieförderung keinen Selbstzweck darstellt, sondern
den Rahmen oder gar die Voraussetzung für Armutsreduzierung und andere Ziele
menschlicher Entwicklung bildet. Dort wo „politische Entscheidungsprozesse
transparent sind und breite Bevölkerungsschichten demokratische Partizipations-
und Kontrollmöglichkeiten haben", werden staatliche Akteure „stärker die Versorgung von öffentlichen Gütern für die breite Masse der Bevölkerung vorantreiben
und in vergleichsweise geringerem Umfang mächtige Interessengruppen mit Pri-
vilegien versorgen", formuliert Jörg Faust in Anlehnung an Mancur Olson. Dieser
Logik entsprechend folgt die Förderung von Demokratie in der Entwicklungszusammenarbeit nicht nur einer bestimmten Wertorientierung, sondern hat „auch
zunehmend instrumentellen Charakter".[4] Diese Erkenntnis setzte sich jedoch erst
nach mehreren Jahrzehnten der entwicklungspolitischen Praxis durch. In dem
Mitte der 1980er Jahre von Martin Kaiser und Nobert Wagner verfassten Band
„Entwicklungspolitik. Grundlagen – Probleme – Aufgaben", einem der damaligen Grundlagenwerke, beispielsweise suchen die Lesenden noch vergeblich
nach einer Erwähnung von Demokratieförderung.[5] Bereits einige Jahre später
sollte sich der Diskurs entscheidend gewandelt haben – auch in der deutschen
Entwicklungszusammenarbeit. Carl-Dieter Spranger (CSU), Bundesminister für
wirtschaftliche Zusammenarbeit und Entwicklung von 1991 bis 1998,[6] galt Freiheit und Demokratie (wie auch Marktwirtschaft) „als notwendiges Fundament für

---

[2] Grundsätzlich: Hobson 2009.

[3] Dosch 2007, S. 193–194.

[4] Faust 2013, S. 169.

[5] Kaiser & Wagner 1986.

[6] Zunächst gemäß der Bezeichnung des Ministeriums „Bundesminister für wirtschaftliche
Zusammenarbeit", der Zusatz „und Entwicklung" kam 1993 hinzu.

eine nachhaltige Entwicklung und als unabdingbare Voraussetzung, unter der Entwicklungspolitik überhaupt erst stattfinden konnte".[7] Die Vergabepraxis erwies sich dann aber als recht flexibel und richtete sich vor allem an den politischen und wirtschaftlichen Interessen des wiedervereinigten Deutschlands in seinen Beziehungen mit den jeweiligen Ländern aus und war nur in wenigen Fällen vom Stand der Demokratie geleitet.

Auch in den folgenden Jahren und Dekaden, und dies gilt bis heute, hat die Idee von Demokratie als Konditionalität für Entwicklungszusammenarbeit in der Praxis der meisten OECD-Geber keine umfassende Bedeutung erlangt. Inzwischen besteht der Ansatz eher darin, die Zusammenarbeit nicht an den politischen Regimetyp zu koppeln. So kündigt das BMZ an: „Auch mit Partnerländern, in denen Demokratie und bürgerliche Menschen- und Freiheitsrechte eingeschränkt sind, wird die deutsche Entwicklungspolitik weiter den Dialog bzw. eine angepasste Kooperation fortführen, sofern entwicklungspolitische Ziele erreicht werden können."[8] Selbst Schweden, das in seiner entwicklungspolitischen Strategie im Vergleich der OECD-Geber eines der stärksten Bekenntnisse zur Etablierung funktionierender demokratisch verfasster Gesellschaften durch Entwicklungszusammenarbeit ablegt, schließt autoritär regierte Staaten in die Kooperation ein, möchte dann aber ausschließlich mit zivilgesellschaftlichen Akteuren zusammenarbeiten.[9] Freilich existiert in der internationalen Praxis kein einheitliches Vorgehen. Als 2006 auf Fidschi die Armee Premierminister Laisenia Qarase aus dem Amt putschte, beendeten die USA umgehend ihre Hilfe für das Land und beriefen sich dabei auf Bedenken hinsichtlich der Demokratie in dem Inselstaat. Als jedoch Ägyptens frei gewählter Präsident Mohammed Morsi 2013 durch einen Staatsstreich des Militärs gestürzt wurde, weigerten sich die Vereinigten Staaten, ihre Entwicklungszusammenarbeit mit Ägypten zu reduzieren.[10] In den meisten Extremfällen, wie z. B. nach dem Militärputsch in Myanmar 2020 und der erneuten Machtübernahme der Taliban in Afghanistan 2021, führten die abrupte Beendigung von Demokratisierungsprozessen und massive Menschenrechtsverletzungen jedoch zu einem Abbruch entwicklungspolitischer Beziehungen oder der Reduzierung des Engagements auf humanitäre Nothilfe.

Gleichzeitig ist die in den frühen 1990er Jahren gereifte grundsätzliche Vorstellung, dass transparente, rechenschaftspflichtige und auf den Prinzipien von

---

[7] Hauptmann 2011, S. 195.
[8] BMZ 2023, S. 9.
[9] Ministry of Foreign Affairs, Sweden 2024.
[10] Bann Seng Tan 2021, S. 1.

Rechtsstaatlichkeit und Partizipation beruhende politische Herrschaft die beste Voraussetzung für nachhaltige menschliche Entwicklung bietet, seither ein fester Bestandteil entwicklungspolitischen Denkens im OECD-Universum. Dies gilt auch dann, wenn heute nur noch wenige Geber – zu diesen Ausnahmen zählt neben dem erwähnten Schweden z. B. auch die EU[11] – expressis verbis „Demokratieförderung" betreiben.

Die Schwierigkeit in der Bewertung der Wirksamkeit von Demokratieförderung besteht zunächst darin, dass über die sich aus dem Wortsinn ergebende Bedeutung als Volksherrschaft hinaus keine universal anerkannte Definition von Demokratie existiert.[12] Bereits mit Blick auf das Minimalkriterium des Regierens auf der Grundlage des Mehrheitswillens, der sich durch freie und faire Wahlen artikuliert, gehen die Ansichten auseinander, ob und ggf. in welchem Maße ein Toleranzgrad anzusetzen ist. Um ein Beispiel zu nennen: Nach den Präsidentschafts- und Parlamentswahlen in Indonesien im Februar 2024, bei denen knapp 205 Mio. Wahlberechtigte aufgerufen waren, ihre Stimme in einem der mehr als 800.000 Wahllokale abzugeben, entstand in der internationalen Analyse kein einheitliches Bild. Konnte der friedliche Verlauf sowohl des Wahlkampfs als auch der Stimmabgabe trotz einiger berichteter Unregelmäßigkeiten als Indikator für eine gefestigte Demokratie gelten oder war angesichts von Bedenken hinsichtlich der Qualität einiger Aspekte des elektoralen Prozesses eher von einer Verschlechterung demokratischer Standards auszugehen?[13]

Ungeachtet definitorischer Differenzen und auch unabhängig davon, ob Demokratieförderung explizit beim Namen genannt wird oder nicht, richtet sich die Entwicklungszusammenarbeit in diesem Feld auf die Assistenz in folgenden Bereichen aus, die im Groben den „fünf Teilregimen" der „eingebetteten Demokratie" entsprechen: Wahlen, politische Partizipation, bürgerliche Freiheitsrechte, Gewaltenkontrolle und „effektive Regierungsgewalt".[14] Ein wichtiges transversales Thema der Demokratieförderung ist die Initiierung oder Stärkung von

---

[11] So beginnt z. B. die Indo-Pazifik Strategie der EU mit der Maßgabe: „This engagement will be based on promoting democracy, the rule of law, human rights, and universally agreed commitments such as the 2030 Agenda and its Sustainable Development Goals, and the Paris Agreement on Climate Change" (European Commission 2021, S. 1). In ähnlicher Weise definiert sich die EU in ihrer Strategie für die Golf-Region als „promoter of multilateralism, democracy and social transformation including human rights and gender equality" (European Commission 2022a, S. 1).

[12] Siehe z. B. Schubert & Weiß, Hrsg. 2016. Speziell für die Herausforderung für Demokratieförderung angesichts diverser Demokratiekonzeptionen: Elliott, 2017.

[13] Siehe z. B. ANFREL 2024.

[14] Merkel 2004.

Dezentralisierung, mit der häufig alle fünf Teilbereiche angesprochen werden sollen. Unter Dezentralisierung werden alle politischen Vorhaben verstanden, „die das Ziel haben, den unteren politischen Ebenen (z. B. in einem Staat oder Staatenbund) mehr Entscheidungsbefugnis und Verantwortung zu übertragen, i. d. R. um den überkommenen zentralistisch-hierarchischen Aufbau der staatlichen Verwaltung zu überwinden und die politischen Entscheidungsprozesse dort anzusiedeln, wo die zu lösenden Probleme auftreten".[15] Schon ein kursorischer Blick auf Geberstrategien und Evaluierungsberichte widerlegt die sich hartnäckig haltende These, wonach Geber in der Demokratieförderung schnelle Lösungen und niedrig hängende Früchte bevorzugten und in diesem Sinne Wahlen unterstützten, nicht jedoch tiefergehende politische Reformen.[16] Tatsächlich wird das gesamte Spektrum der Demokratiedimensionen bedient.

Eine der umfangreichsten quantitativen Studien zeigt, dass sich die Demokratieförderung aller OECD-DAC-Geber zwischen 1980 und 2008 erheblich intensivierte, sowohl in Bezug auf die Gesamtaufwendungen als auch prozentual als Anteil an der gesamten Entwicklungszusammenarbeit. Demnach wuchsen die Beträge der zugesagten Unterstützung von durchschnittlich 775 Mio. USD pro Jahr im Zeitraum zwischen 1980 und 1991 auf 1,8 Mrd. USD jährlich zwischen 1992 und 2001. Die Demokratieförderung nahm in der Zeit nach dem 11. September 2001 (2002–2003) auf 5 Mrd. US-Dollar jährlich weiter zu. Ein weiterer Anstieg erfolgte in der Periode nach dem Irak-Krieg (2004–2008) auf durchschnittlich 10,25 Mrd. USD pro Jahr. Die Aufwendungen für Demokratieförderung stiegen dabei deutlich steiler an als für ODA insgesamt. Die jährlichen Zuwächse für Demokratieförderung betrugen in den einzelnen betrachteten Zeiträumen zwischen 6,6 % (1980–1991) und 11,9 % (1992–2001), während der Anstieg der ODA insgesamt pro Jahr zwischen 0,5 % (2002–2003) und 7,3 % (2004–2008) variierte.[17] Bei diesen Angaben ist jedoch zu beachten, dass es kein einheitliches System der Berichterstattung und Datenerhebung zur Erfassung von Maßnahmen der Demokratieförderung gibt. Insofern kommen verschiedene Analysen zu unterschiedlichen Ergebnissen. So geht eine 2007 erschienene Untersuchung des International Institute for Democracy and Electoral Assistance (International IDEA) und der Swedish International Development Cooperation Agency (SIDA) davon aus, dass damals jährlich zwischen

---

[15] Schubert & Klein 2020.

[16] Z. B. Bann Seng Tan 2021, S. 4.

[17] Barry 2012, S. 311.

drei und vier Milliarden USD für Maßnahmen der Demokratieförderung aufgewendet wurden.[18] Nimmt man in der OECD-Datenbank die ODA-Unterkategorie „Government and civil society", die eine große inhaltliche Deckungsgleichheit mit den Bereichen der Demokratieförderung aufweist, als Grundlage, sind die jährlichen bilateralen ODA-Zusagen aller Geber zwischen 2010 und 2022 von 15,8 Mrd. auf 28,5 Mrd. USD gestiegen. Unter den DAC-Gebern leisteten 2022 die USA (10,1 Mrd. USD), Frankreich (2 Mrd. USD), Deutschland (1,6 Mrd. USD), Schweden (738 Mio. USD) und Großbritannien (596 Mio. USD) die größten Beiträge in dieser Kategorie.[19]

Setzt man nun diese erheblichen Aufwendungen in Relation zur globalen Großwetterlage der Demokratie, stellt sich unweigerlich Ernüchterung ein. Wie Abb. 6.1 zeigt, hat sich – hauptsächlich durch den Systemwandel in den ehemaligen Teilrepubliken der Sowjetunion und in den Ländern Osteuropas – der Anteil der „geschlossenen Autokratien" an allen politischen Regimen zwischen 1990 und 2022 von 36,8 % auf 16,9 % reduziert, während gleichzeitig der Anteil „elektoraler Demokratien" im selben Zeitraum von 19,3 % auf 32,6 % gestiegen ist. Liberale Demokratien machten jedoch 2022 lediglich 18 % aus, ein Wert der sich gegenüber 1990 (17 %) kaum verändert hat. Der globale Trend zeigt in Richtung Autokratisierung, nicht Demokratisierung. Die wohl detaillierteste Bestandsaufnahme, der Bertelsmann Transformationsindex (BTI), bestätigt diese Beobachtung. Die Ergebnisse des BTI 2024 signalisieren erneut einen historischen Tiefstand in allen Analysebereichen, darunter auch Demokratie. Wie in den Vorjahren setzte sich der Abbau der Rechtsstaatlichkeit und der politischen Beteiligungsrechte fort, während mehrere Putsche stattfanden und Autokratien sich verhärteten.[20]

---

[18] Brunell, ed. 2007.

[19] OECD Data Explorer, 8https://data.oecd.org/, Aid (ODA) by sector and donor, Bilateral ODA commitments, Constant prices, Sector: Government and civil society, general.

[20] Bertelsmann Transformation Index 2024.

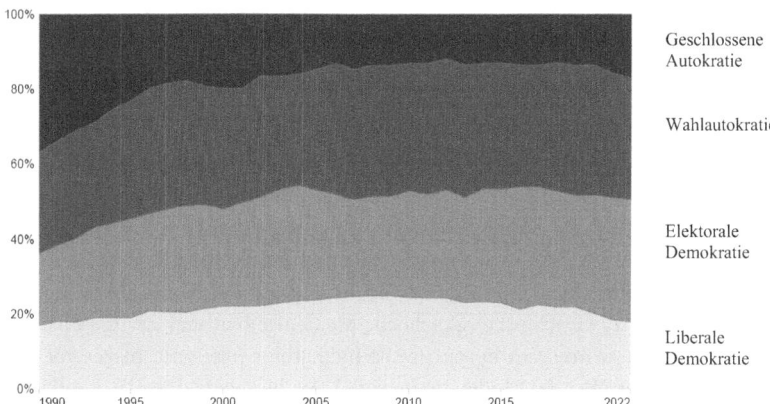

Abb. 6.1 Politische Regimetypen in der Welt. Klassifizierungen: (siehe z. B. Lührmann et al. 2018). *Geschlossene Autokratie*: Die Macht ist den Händen einer Person oder einer kleinen Gruppe konzentriert. Es existiert weder politische Konkurrenz noch Wahlfreiheit. Falls es überhaupt Wahlen gibt, sind diese bedeutungslos und dienen lediglich als Scheinlegitimation für das herrschende Regime, das seine Macht durch Repression und Kontrolle der Gesellschaft aufrechterhält. *Wahlautokratie*: Es finden zwar Mehrparteienwahlen statt, die demokratischen Institutionen und Prozesse sind jedoch stark eingeschränkt und kontrolliert. Der Anschein einer demokratischen Legitimation ist vorhanden, jedoch stellt die herrschende Elite durch verschiedene Mittel (z. B. Wahlmanipulation, Medienkontrolle, Unterdrückung der Opposition) sicher, dass sie an der Macht bleibt. *Wahldemokratie:* Es werden regelmäßig freie und faire Mehrparteienwahlen abgehalten, bei denen die Bürger*innen die Möglichkeit haben, ihre Regierung zu wählen und abzuwählen. Allerdings existieren Einschränkungen hinsichtlich anderer demokratischer Elemente wie Rechtsstaatlichkeit, Gewaltenteilung oder Schutz der Minderheitenrechte. *Liberale Demokratie:* Neben freien und fairen Mehrparteienwahlen sind Rechtsstaatlichkeit, Gewaltenteilung sowie Grund- und Minderheitenrechte garantiert und geschützt. Die Gesellschaft ist pluralistisch. (Quelle: Herre et al. 2024 basierend auf V-Dem 2023, bearbeitet)

Die globale Situation der Demokratie widerlegt den Optimus der frühen 1990er Jahre und die Thesen, wie jene von Francis Fukuyama, der nach dem Ende des Kalten Krieges und dem Zusammenbruch der Sowjetunion „den Endpunkt der ideellen Entwicklung der Menschheit und die Universalisierung der liberalen westlichen Demokratie als das finale Stadium menschlicher Regierungsformen" vermutete.[21] Differenzierte Aussagen über Erfolg und Misserfolg externer Demokratieförderung lassen sich alleine unter Rückgriff auf Makrodaten jedoch nicht

---

[21] Fukuyama 1989, S. 4.

treffen. Hypothetisch wäre es möglich, dass sich die Gesamtlage ohne eine Unterstützung von außen in etlichen Ländern als noch schlechter darstellen würde und dass Maßnahmen in einzelnen Kontexten durchaus effektiv gewesen sein könnten. Eine tiefergehende Betrachtung ist somit erforderlich.

Die obige Abbildung beruht auf Daten des Varieties of Democracy (V-Dem)-Projektes, welches die Konzeptualisierung und Messung von Demokratie ermöglicht. V-Dem stellt einen mehrdimensionalen und disaggregierten Datensatz zur Verfügung, der die Komplexität des Demokratiekonzepts als Herrschaftssystem widerspiegelt. Zu den Komponenten zählen Merkmale wie freie und faire Wahlen, bürgerliche Freiheiten, Unabhängigkeit der Justiz, Beschränkungen der Exekutive, Geschlechtergleichheit, Medienfreiheit und Zivilgesellschaft. Jede Komponente wird dabei in spezifische Indikatoren unterteilt. Insgesamt stellt V-Dem Daten zu über 600 Indikatoren von 1789 bis heute für alle Länder der Welt zur Verfügung.[22] Auf dieser Datengrundlage erstellte ein Forscher*innen-Team der Universität Pittsburgh eine aufwendige quantitative Studie zur Wirkung der US-amerikanischen – von USAID finanzierten – Demokratieförderung in 145 Ländern im Zeitraum von 1992 bis 2014. Generell kommt die Studie zu dem Schluss, dass die USAID-Hilfen zumindest temporär einen signifikanten positiven Einfluss auf Demokratisierung hatten. Gleichzeitig verringerten sich die Wirkungen im Untersuchungszeitraum. 2001 kam es zu einem Bruch, der jedoch nicht näher erklärt wird und nach Einschätzung der Autor*innen partiell auch in Unterschieden der Datenerhebung begründet liegen könnte. Zwischen 1992 und 2000 resultierten jeweils zehn Millionen USD an Demokratiehilfe der USAID in einem Anstieg von etwa sieben Punkten auf der 100-Punkte-Skala des Index der Wahldemokratie *(electoral democracy)*, während von 2001 und 2014 mit demselben Betrag lediglich ein Anstieg von 0,3 Punkten erreicht wurde. Insgesamt hatten USAID-Investitionen einen größeren Effekt auf Demokratisierung, wenn das Niveau früherer Hilfen niedrig war, wenn die Investitionen stabil blieben und wenn sich die Unterstützung auf wenige Programmbereiche konzentrierte. Zudem deuten die Ergebnisse darauf hin, dass USAID größere Demokratisierungseffekte u. a. dann erzielte, wenn das Niveau der US-Militärhilfe im jeweiligen Land niedrig war und das Empfängerland in der Mitte des Regimespektrums lag, also weder als „zu demokratisch" noch „zu autokratisch" charakterisiert werden konnte.[23] Spätestens der abschließende Satz der Studie – USAID-Hilfe „hat einen größeren Effekt auf Demokratisierung, wenn das Empfängerland ethnisch

---

[22] V-Dem 2023b.

[23] Finkel et al. 2018.

homogen und eine ehemalige französische Kolonie ist"[24] – lässt dann aber auch deutliche Zweifel daran aufkommen, ob tatsächlich eine Korrelation zwischen US-Demokratieförderung auf Demokratisierung existiert, ober ob möglicherweise vor allem andere Faktoren für verbesserte V-Dem Indexwerte verantwortlich sind. Evaluierungsberichte zeichnen ein uneinheitliches Bild in der Bewertung demokratiefördernder Ansätze durch Entwicklungszusammenarbeit. Dies gilt selbst für den wohl noch am ehesten der empirischen Analyse zugänglichen Kernbereich der Demokratieförderung, die Wahlhilfe. Zu den vielfältigen Maßnahmen in diesem Bereich zählen

- die Unterstützung von Gesetzgebern bei der Konzeption und der Überarbeitung von Wahlgesetzen und von Wahlbehörden bei der Einstellung und Schulung von Wahlhelfer*innen;
- die Assistenz beim Aufbau und der Verbesserung von Systemen und Prozessen (einschließlich digitaler Technologien) der Wähler*innen-Registrierung, der Stimmabgabe und der Auswertung der Ergebnisse;
- die Stärkung der Kapazitäten der unabhängigen Justiz zur Schlichtung von Wahlstreitigkeiten und zur Verhinderung von Wahlbetrug;
- die Beratung politischer Parteien hinsichtlich der Regeln für die Rekrutierung und Nominierung von Kandidat*innen, der Organisation von Kampagnen und der Regulierung politischer Finanzierung; und
- die Zusammenarbeit mit zivilgesellschaftlichen Organisationen, einschließlich der Aus- und Weiterbildung von Mitarbeiter*innen unabhängiger Medien, der staatsbürgerlichen Bildung für Bürger*innen und der Wahlbeobachtung durch einheimische NGOs.

Als Beispiele für eine wirksame Unterstützung nennt Pippa Norris in einer der umfangreichsten Studien zur Effektivität externer Wahlhilfe u. a. die regelmäßigen Wahlbeobachtungsberichte der Organisation Amerikanischer Staaten (OAS), die entscheidenden Einfluss auf die Reform vieler Wahlgesetze und -verfahren in Lateinamerika ausübten; technische Assistenz, wie die Erstellung von Handbüchern und Durchführung von Workshops, die von UN Women, International IDEA, der OSZE und der Interparlamentarischen Union unterstützt wurden und ein Bewusstsein für Gesetze zur Geschlechterquotierung hervorbrachten, was wiederum zur Stärkung der Vertretung von Frauen in vielen Ländern beitrug; Bildungs- und Berufsausbildungsprogramme für Journalist*innen, die von internationalen Organisationen wie der Open Society Foundation, der BBC Media

---

[24] Finkel et al. 2018, S. 57.

Action und der Markle Foundation unterstützt wurden und zum Wachstum
unabhängiger Medien führten; und Unterstützung durch Organisationen wie
Transparency International, International IDEA und International Foundation for
Electoral Systems (IFES) für Reformen zur Finanzregulierung in der Politik sowie
zur Offenlegung und zum Recht auf Information. Die Autorin geht davon aus,
dass sich in den letzten 25 Jahren das Wissen über gut konzipierte Programme zur
Verbesserung der Qualität von Wahlen vertieft habe, vor allem durch die Reform
von Wahlgesetzen und -verfahren, die Stärkung der Gleichstellung der Geschlechter in gewählten Ämtern, die Förderung unabhängiger Medien, die Erhöhung der
Transparenz der Wahlkampffinanzierung und die Verbesserung der Wählerregistrierung und der Wahlverfahren. Norris weist jedoch auch darauf hin, dass bei
weitem nicht alles funktioniere und gelangt schließlich zu dem wenig überra-
schenden Fazit, dass die Risiken und Möglichkeiten der Wahlunterstützung in
jeder Gesellschaft von den strukturellen sozioökonomischen Bedingungen, dem
Engagement der internationalen Gemeinschaft, den verfassungsmäßigen *checks
and balances* sowie der Kultur und dem Ethos im öffentlichen Sektor geprägt
seien.[25]

Einmal mehr ist es somit erforderlich, konkrete Beispiele zu betrachten.
Zu diesem Zweck werden die Befunde zweier umfassender Evaluierungen der
Wahlhilfen Australiens[26] und Großbritanniens[27] sowie Erkenntnisse zu EU-
Förderprogrammen aus verschiedenen Quellen herangezogen. Die australische
Evaluierung befasst sich mit rund 30 Initiativen zur Unterstützung von 20 natio-
nalen Wahlen in asiatischen und pazifischen Staaten[28] im Zeitraum 2006 bis
2016. Insgesamt wandte Australien hierbei 135 Mio. AUD auf, wobei fast 90 %
der Mittel auf vier Länder entfielen: Afghanistan (33 Mio. AUD), Indonesien
(26 Mio. AUD), Papua-Neuguinea (52 Mio. AUD) und die Salomonen (17 Mio.
AUD). Der Bericht bewertet die Wirksamkeit der Wahlhilfe in den drei Bereichen Stärkung der Wahlverwaltungssysteme, Förderung der Wahlbeteiligung und
Assistenz bei der Durchführung von Wahlen. Einer der entscheidenden Aspekte
des Wahlprozesses ist die Wähler*innen-Registrierung, da sich diese auf die Fairness, Inklusivität und Glaubwürdigkeit von Wahlen auswirkt. Es handelt sich um
einen heiklen für Manipulationen anfälligen Bereich, der ein sensibles Engagement erfordert, um den Vorwurf der Einmischung von außen zu vermeiden. Die

---

[25] Norris 2017, S. 234 ff.

[26] Arghiros et al. 2017.

[27] Independent Commission for Aid Impact (ICAI) 2012.

[28] Afghanistan, Myanmar, Indonesien, Timor-Leste, Papua-Neuguinea, Salomonen, Fidschi
und Tonga.

technische Unterstützung Australiens für die Wähler*innen-Registrierung hat sich laut des Evaluierungsberichtes als wirksam erwiesen. In mehreren Ländern ist vor allem die Genauigkeit der Registrierung erheblich verbessert worden. Die Assistenz umfasste die Einführung biometrischer Technologien auf den Salomonen und den Fidschi-Inseln (dies resultierte in Wählerlisten, die nach Aussage des Berichtes zu den genauesten der Welt zählten) sowie die Verbesserung der Datenbanken in Myanmar und besonders in Indonesien. Trotz seines bescheidenen finanziellen Umfangs hat Australiens langfristiger, integrativer Ansatz zu transformativen Verbesserungen geführt. Ebenso bemühte sich Australien erfolgreich, die Zivilgesellschaft in die Verbesserung der Wählerregistrierung einzubeziehen. Dies ist insbesondere in Indonesien effektiv gewesen, wo entsprechende Initiativen die Integration von marginalisierten Bevölkerungsgruppen, wie Menschen mit Behinderungen, verbesserten. In Kontexten mit komplexer politischer Ökonomie war die Erreichung nachhaltiger Fortschritte mit erheblichen Schwierigkeiten verbunden. Probleme wie aufgeblähte Wählerlisten aufgrund von Bevölkerungsbewegungen oder die Versagung des Wahlrechts für bestimmte Gruppen, wie in Myanmar im Falle der Rohingya, stellten Herausforderungen für die Integrität der Wahlen dar, die über den eigentlichen Registrierungsprozess hinausgingen.

Mit Blick auf den Kapazitätsaufbau bei den Wahlbehörden haben sich Bemühungen, die auf professionellen Austausch, Schulungen und Vernetzung der Mitarbeiter*innen fokussiert waren, als effektiv erwiesen, selbst wenn die Wirksamkeit der Maßnahmen von umfassenderen organisatorischen Herausforderungen und einer hohen Personalfluktuation beeinträchtigt war. In organisatorischer Hinsicht berichtet die Evaluierung von einigen Erfolgen bei der Verbesserung der Wahlplanung, des Finanzmanagements und der IT-Systeme. Strukturelle Veränderungen und Erhöhungen des Personals, einschließlich der Einstellung junger Frauen, wurden in Papua-Neuguinea und den Salomonen festgestellt. Den geringsten Erfolg erzielte Australien beim Aufbau institutioneller Kapazitäten. Schwierigkeiten, das gesetzgebende, finanzielle und politische Umfeld zu navigieren, schränkten die Handlungsspielräume der Wahlbehörden ein. Herausforderungen entstanden auch durch umfassende Einschränkungen bei der Rekrutierung, unzureichende Finanzierung und politische Einmischung. Die operative Unterstützung Australiens bei der Durchführung von Wahlen schließlich bewertet die Evaluierung im Allgemeinen als Beitrag zu besser organisierten, reibungsloseren Wahlen. Die Wirksamkeit dieser Unterstützung variierte jedoch je nach Land und einige Staaten, in denen Australien die Position des vorherrschenden Gebers einnimmt, sind weiterhin von „schlechter Governance" geprägt.

Die Evaluierung der von Großbritannien geleisteten Wahlhilfe bezieht sich auf die zwischen 2001 und 2011 in Partnerschaft mit dem Entwicklungsprogramm der Vereinten Nationen (United Nations Development Programme/UNDP) umgesetzte Unterstützung. In diesem Zeitraum finanzierte Großbritannien 90 Einzelprojekte mit einem Gesamtvolumen von 197 Mio. GBP im Kontext von Wahlen in 26 Ländern. 140 Mio. GBP (71 % der Gesamtsumme) flossen dabei in Programme, die von UNDP implementiert wurden. Prioritär profitierten Länder, die von einem Konflikt betroffen oder bedroht waren. Mehr als 60 % der Gesamtausgaben für Wahlen im Untersuchungszeitraum entfielen auf die Demokratische Republik Kongo (DRK), Afghanistan, Nigeria, Sudan, Sierra Leone und Liberia. Die Förderlogik folgte dabei der Prämisse, dass Wahlen in Post-Konflikt-Staaten geeignet seien, den Kreislauf der Gewalt zu durchbrechen und den Verfassungsprozess wiederherzustellen. Wahlen in diesen Kontexten, so die Studie, erfordern dabei in der Regel einen höheren finanziellen Aufwand als Wahlen in einem stabileren Umfeld, insbesondere wenn die Wählerregistrierung von Grund auf neu durchgeführt werden muss.

Der Bericht kommt zu dem Ergebnis, dass in den für die Fallstudien ausgewählten Ländern – Malawi, Burundi, Bangladesch und Afghanistan – die Qualität der Verwaltung und des Ablaufs der Wahlen ohne die Unterstützung von DFID und UNDP deutlich geringer gewesen wäre. Alle Wahlen wurden trotz einer Reihe praktischer und politischer Herausforderungen erfolgreich durchgeführt. In Burundi waren fünf unterstützte Wahlen auf nationaler und lokaler Ebene zwischen Mai und September 2010 im Vergleich zu früheren Wahlen von weniger Gewalt geprägt. Die Wahlen in Malawi im Jahr 2009 galten als wesentlich glaubwürdiger als die vorangegangenen 2004. In Afghanistan kumulierte die internationale Unterstützung für mehrere Wahlen in den ersten von den afghanischen Behörden selbst geleiteten Wahlen im Jahr 2010. Unter den betrachteten vier Ländern gilt Bangladesch als erfolgreichstes Beispiel. Dort resultierte ein gut geführter Prozess der Wahlreform zu einer Rückkehr zu demokratischen Normen. Aus diesen Befunden lässt sich nach Einschätzung der Evaluator*innen jedoch nicht ableiten, dass die britische Wahlunterstützung eine dauerhafte Verbesserung der Qualität der Demokratie bewirkt hat. In Burundi z. B. weigerte sich die wichtigste Oppositionspartei, das Wahlergebnis anzuerkennen und zog sich aus dem demokratischen Prozess zurück. In Malawi veranlasste die fortschreitende Verschlechterung der politischen Bedingungen DFID dazu, die direkte Budgethilfe für die Regierung einzustellen. In Bangladesch konnte zwar die demokratische Regierung erfolgreich wiederhergestellt werden, die zugrunde liegenden Spannungen im politischen Prozess wurden jedoch nicht gelöst. Der Bericht beinhaltet daher u. a. die Empfehlung, Wahlhilfe in umfassenderen Strategien für politisches Engagement zu verankern.[29]

Als UN-Organisation ist UNDP aufgrund seines globalen Mandats und der damit einhergehenden Legitimität ein beliebter Partner bilateraler Geber im politisch sensiblen Feld der Wahlunterstützung. Dies gilt auch für die EU. Die Europäische Kommission hat als einer der größten Geber im Bereich der Wahlhilfe seit 2007 entsprechende Programme in rund 70 Ländern mit insgesamt mehr als 500 Mio. € gefördert.[30] Ein wichtiges Instrument ist dabei die EC-UNDP Joint Task Force on Electoral Assistance. Gemäß einer Evaluierung der Zusammenarbeit zwischen der EU und den Vereinten Nationen verbesserte sich die Integrität von Wahlen – unter Bezug auf die Daten des Ibrahim Index on African Governance (IIA)[31] – im Zeitraum 2010 bis 2019 in den meisten der 25 afrikanischen Staaten, in denen die Joint Task Force aktiv und der zentrale Akteur in der Unterstützung elektoraler Prozesse war.[32] Dieses pauschal positive Urteil wird jedoch nicht weiter begründet und so lässt sich nicht beurteilen, wie wesentlich der Beitrag der Joint Task Force zu den Verbesserungen tatsächlich gewesen ist.

Differenziertere Aussagen lassen sich z. B. für Nepal treffen. Das südasiatische Land entledigte sich 2008 der Monarchie und ebnete den Weg für den Aufbau einer föderalen demokratischen Republik. Auf der Grundlage von Interviews mit Akteur*innen der Geber- und Partnerseite[33] lässt sich schlussfolgern, dass die EU-Unterstützung zu einer Verbesserung der Kapazitäten der nepalesischen Wahlkommission, der Integrität der Wahlen und der inklusiven demokratischen Beteiligung beitrug. U. a. beabsichtigte das EU-finanzierte „Election Support Project" (ESP), die Wähler*innen-Registrierung insbesondere von Frauen, Minderheiten und marginalisierten Gruppen, die bei den Wahlen 2008 noch sehr niedrig lag, deutlich zu erhöhen. Dieses Ziel wurde bei den nationalen Wahlen 2013 und 2017 erreicht. Zumindest teilweise dank der EU-Assistenz führte Nepal seine Wahlen 2017 weniger störanfällig und mit höherer Transparenz als in früheren Fällen durch. Die von der EU finanzierte Beschaffung von Wählerregistrierungssets spielte eine unverzichtbare Rolle bei der Verbesserung der Qualität der Wähler*innen-Listen. Ein entscheidender Faktor war zudem die Gründung

---

[29] Arghiros et al. 2017.

[30] European Commission, UNDP 2024.

[31] Mo Ibrahim Foundation 2024.

[32] European Commission 2023, S. 28.

[33] Geführt von Jörn Dosch im Juni 2023 im Rahmen der Evaluierung „EU's Cooperation with Nepal (2014–2021)" (European Commission et al. 2024).

der von ESP geförderten Election Education and Information Centres. Haupt-
aufgaben des nationalen und der regionalen Zentren ist die Aktualisierung der
Wählerverzeichnisse und die Vermittlung von Wissen zum Wahlprozess an junge
Wahlberechtigte. ESP wurde 2019 beendet. Die damit einhergehende Terminie-
rung der externen Unterstützung ist zwar nicht durch einen Anstieg der staatlichen
Finanzierung kompensiert worden, doch auch vier Jahre später fungierte vor
allem das nationale Election Education and Information Centre weiterhin als
Drehscheibe für die Fortbildung von Wähler*innen. Bis Mitte 2023 hatte das
nationale Zentrum rund 36.000 Besucher*innen empfangen. Vor allem aufgrund
von Meinungsverschiedenheiten zwischen der EU und der nepalesischen Regierung zum Bericht der EU-Wahlbeobachtungsmission 2017 leistete die EU jedoch
keine Unterstützung für die Wahlen 2022.[34] Trotz ihrer Wirksamkeit stellte die
EU die Wahlunterstützung nach dem Abschluss des ESP generell ein und es
existieren keine Pläne, die Aktivitäten in diesem Bereich wieder aufzunehmen.

Wichtige kritische Fragen zur Wirksamkeit der EU-Wahlunterstützung, die
über den Einzelfall hinausweisen und sicherlich auch für andere Geber von
Relevanz sind, wirft das Beispiel Kirgistans auf.

Die EU-Unterstützung für die Wahlreform in Kirgisistan erzielte gute Ergebnisse bei
den begünstigten Behörden (Staatlicher Registrierungsdienst und Staatliche Wahlkommission) – Kapazitätsaufbau, Einführung der biometrischen Identifizierung usw.
Nachfolgende Wahlen wurden von internationalen Beobachtern als nicht ideal, aber
mit Blick auf Fairness und Transparenz als akzeptabel eingestuft. Doch die Resultate – Gewalt, Annullierung der Ergebnisse, Aufstieg des nationalistischen Popu-
lismus und Rückzug von der demokratischen Regierungsführung – sind wohlbe-
kannt. Die EU-Unterstützung erreichte technische Fortschritte, aber die Spaltungen
in der zugrunde liegenden politischen Kultur blieben bestehen, was die Frage auf-
wirft, ob die EU lediglich einen fehlerhaften Prozess effizienter gemacht hat. Eine
ähnliche Logik könnte auf die Korruptionsbekämpfung angewendet werden, wo die
EU-Unterstützung, insbesondere bei der Digitalisierung, oberflächliche Veränderungen erreicht hat, aber kein Anzeichen dafür besteht, dass eine grundlegend korrupte
justizielle, politische und kommerzielle Kultur verändert wurde.[35]

Eine weitere Säule externer Demokratieförderung bildet die Unterstützung von
Denzentralisierungsprozessen und Stärkung lokaler Governance-Strukturen. Die
diesem Ansatz zugrunde liegende Motivation lässt sich folgendermaßen zusam-
menfassen:

---

[34] Republica Nepal 2018.
[35] European Commission 2022b, S. 42.

Lokale und regionale Regierungen auf der ganzen Welt erbringen Dienstleistungen für das Wohlergehen ihrer Bürgerinnen und Bürger und agieren als Katalysatoren für den Entwicklungsprozess in Partnerschaft mit anderen öffentlichen und privaten Akteuren. Zentrale und subnationale Regierungen sind voneinander abhängig: In dieser ‚Multi-Level-Governance'-Struktur besteht die Herausforderung darin, die Kapazitäten auf allen Ebenen zu stärken und die Koordinierung zwischen öffentlichen Akteuren auf verschiedenen Regierungsebenen zu gewährleisten, um Effizienz und Nachhaltigkeit zu erhöhen. Seit den 1980er Jahren haben Regierungen und Organisationen [weltweit] die Bedeutung lokaler Governance als einer der Grundpfeiler demokratischer Staaten erkannt.[36]

Eine umfassende Studie zum EU-Engagement in diesem Bereich kommt zu dem Resultat, dass die Unterstützung vor allem dann Effektivität erzielte, wenn sie auf die Formulierung von Dezentralisierungspolitiken, die Entwicklung innerstaatlicher Finanztransfersysteme, den Aufbau von Kapazitäten von Mitarbeiter*innen der Kommunalverwaltungen in den Bereichen Planung und öffentlichen Finanzverwaltung sowie auf die Verbesserung des Zugangs zu ausgewählten Dienstleistungen ausgerichtet war. Die EU-Unterstützung war am erfolgreichsten, wenn sie im Rahmen einer umfassenden Reform des öffentlichen Sektors stattfand. Weniger wirksam hingegen erwies sich die EU-Entwicklungszusammenarbeit bei der Verwirklichung tiefgreifender Rechtsreformen (insbesondere hinsichtlich der Harmonisierung sektoraler Rechtsvorschriften), der Dezentralisierung des Personalmanagements sowie dem Aufbau zentraler Kapazitäten zur Steuerung von Reformen und bei dem Versuch, den Autonomiegrad lokaler Regierungen zu erhöhen. Lediglich begrenzten oder keinen Einfluss hatte die Unterstützung auf die Qualität lokaler Dienstleistungen.[37]

Einige dieser Punkte, vor allem der Befund der erfolgreichen generellen Unterstützung von Reformprozessen bei gleichzeitigem Ausbleiben konkreter Effekte für lokale Dienstleistungserbringung, lassen sich am Beispiel der EU-Förderung der Dezentralisierung in Indien illustrieren. Die Beziehungen zwischen der EU und der Republik Indien reichen bis ins Jahr 1963 zurück. Indien war eines der ersten „Entwicklungsländer", das diplomatische Beziehungen mit der EU – damals noch European Economic Community – aufnahm. Seitdem pflegen Indien und die EU eine enge Partnerschaft auf (entwicklungs-)politischer, wirtschaftlicher und kultureller Ebene. Ein Fokus der EU Entwicklungszusammenarbeit lag hierbei zeitweise auf der Dezentralisierung im Gesundheitsbereich. In Indien

---

[36] Bossuyt & Steenberge o. J., S. 7.

[37] Bossuyt & Steenberge o. J., S. 31. Dieselben Erkenntnisse finden sich fast wörtlich im Evaluierungsbericht European Commission 2012, S. ii.

spielen die Panchayati Raj Institutions (PRIs) – lokale Selbstverwaltungsorganisationen – eine essenzielle Rolle. Sie wurden eingeführt, um die Demokratie auf der kommunalen Ebene zu stärken und die Beteiligung der Gemeinden an Entscheidungsprozessen zu fördern. In einer Evaluierung von 2007 wird deutlich, dass die schwache institutionelle Kapazität der PRIs u. a. dafür verantwortlich war, dass grundlegende Gesundheitsdienste nicht für die breite Bevölkerung zugänglich gemacht werden konnten.[38] Die Evaluator*innen bescheinigen der EU einerseits, die Dezentralisierung der Gesundheitsdienste in den Bundesstaaten und Bezirken konstruktiv unterstützt zu haben. Gleichzeitig leistete die EU einen wesentlichen Beitrag zur Politikformulierung, was sich in einer neuen nationalen Gesundheitspolitik widerspiegelte, die nach Ansicht des Berichts über das Potenzial verfügte, die Gesundheit der ärmsten Bevölkerungsschichten zu verbessern. Andererseits konnten die EU-Programme nicht in direkter Weise zu der politischen, administrativen und finanziellen Dezentralisierung und der Übertragung von Befugnissen an die PRIs beitragen und somit auch keinen unmittelbaren Beitrag zu einer besseren Erbringung von Dienstleistungen auf lokaler Ebene leisten.[39]

Die Evaluierung des finnischen „North South Local Government Cooperation Programme" (NSLGCP), das aus zehn Vorhaben zur Unterstützung von Dezentralisierungsreformen in Kenia, Namibia, Südafrika, Swasiland (seit 2018 Eswatini) und Tansania bestand, beginnt mit der schon beinahe selbstverständlichen Feststellung, dass lokale Governance-Reformen, die vornehmlich von der Zentralregierung geplant und umgesetzt werden bzw. kommunale Eigenverantwortung vermissen lassen, nicht die erwarteten Ergebnisse erzielen. Vor diesem Hintergrund fokussierte die finnische Strategie auf eine Überbrückung der Kluft zwischen zentral gesteuerten Reformprozessen und stärker an lokalen Bedarfen orientierten Ansätzen mit subnationaler *Ownership*. Genau dies gelang nach Ansicht der Evaluator*innen jedoch nicht im beabsichtigten Umfang. Der Schwerpunkt der Unterstützung im zehnjährigen Untersuchungszeitraum lag auf dem Aufbau von Kapazitäten auf der lokalen Ebene und weniger auf der parallelen Umsetzung nationaler Reformprogramme, wie der fiskalischen Dezentralisierung. Die Association of Finnish Local and Regional Authorities (AFLRA) als Implementierungsorganisation führte Trainingsworkshops und umfangreiche Schulungen am Arbeitsplatz durch, von denen vor allem lokale Planer*innen, Buchhalter*innen und Revisor*innen profitierten. Dies galt als erfolgreich und insofern waren die sichtbarsten, auf die finnische Unterstützung zurückführbaren

---

[38] European Commission 2007b, S. 98.
[39] European Commission 2007a, S. iii, 41.

Verbesserungen und Fortschritte auf der kommunalen Regierungs- und Verwaltungsebene der einzelnen Länder feststellbar. Der Bericht vermag jedoch keine übergeordneten Wirkungen zu erkennen und kritisiert die fragmentierte Umsetzung des Programms. Zudem standen unverhältnismäßig hohe Transaktions- und Verwaltungskosten zu Buche, ein Umstand, welcher der Zielerreichung ebenfalls nicht zuträglich war. Zwar wuchs das Budget im Laufe der Programmlaufzeit, doch dienten die Zuwächse vor allem dazu, mehr Mitarbeiter*innen des kommunalen Bereichs in die Förderung einzubeziehen, Besuche zwischen den kooperierenden Gemeinden zu ermöglichen und kleine Investitionen in die Ausstattung von Behörden zu tätigen, wobei die Ergebnisse und Wirkungen dieser Maßnahmen nicht erkennbar waren.[40]

Die Evaluierung liegt bereits einige Jahre zurück und in jünger Zeit sind die Programme der finnischen Entwicklungszusammenarbeit, die im Weitesten der Demokratieförderung zuzurechnen sind, deutlich positiver bewertet worden. Gleichzeitig ist der hier zitierte Bericht ein weiterhin typisches Beispiel sowohl für die Ausrichtung vieler Demokratisierungsprogramme – und im weiteren Sinne für Initiativen zur Stärkung von Good Governance generell – als auch für die Schwierigkeit, diese zu evaluieren. Im Zentrum stehen häufig Trainings- und Fortbildungsmaßnahmen, die, so demonstrieren es zahllose Evaluierungsberichte, in der Regel gut konzipiert und kultursensitiv umgesetzt sind. Nachweisen lässt sich auch, dass Projekte in der großen Masse keinen paternalistischen Ansätzen folgen, bei denen „westliche Experten" im Top-Down Verfahren „westliche Modelle" vermitteln. Vielmehr kommen fast immer auch – oft ausschließlich – nationale Expert*innen zum Einsatz. Die Akteur*innen der staatlichen und zivilgesellschaftlichen Sphären, die an Aus-, Fort- und Weiterbildung partizipieren, profitieren auf der individuellen Ebene, werden in die Lage versetzt, bestehende oder neue Aufgaben effizienter und effektiver zu erfüllen und geben oftmals ihre neu gewonnenen Kenntnisse als Multiplikator*innen an andere weiter. All dies lässt sich durch Umfragen, Fokusgruppen, Einzelinterviews und beobachtende Teilnahme fundiert nachweisen und insofern unterscheiden sich Sinn und Zweck von Trainingsmaßnahmen in Ghana, Bolivien oder auf den Philippinen in generischer Hinsicht nicht von solchen in Deutschland, Australien oder den USA. Gutachter*innen beklagen jedoch regelmäßig, dass sich die mittel- und langfristigen Wirkungen von Kapazitätsbildung nur schwer erfassen lassen, da Evaluierungen zumeist in zeitlicher Nähe zur Durchführung entsprechender Workshops erfolgen. Wie aber macht sich das erworbene Wissen über längere Zeiträume von fünf oder zehn Jahren bezahlbar? Haben sich Arbeitsprozesse

---

[40] Ministry for Foreign Affairs of Finland 2012.

in Behörden und Organisationen nachhaltig verbessert, ist also die individuelle Kapazitätssteigerung auf die institutionelle Ebene übergesprungen oder gehen die erworbenen Kenntnisse verloren, wenn die fortgebildeten Mitarbeiter*innen aus dem Dienst ausscheiden? Im Rahmen der Evaluierung von Länder- und Regionalprogrammen oder auch thematischen Evaluierungen, die zumeist längere Zeiträume der Entwicklungszusammenarbeit von zum Teil bis 15 Jahren in den Fokus nehmen, lassen sich diese Fragen noch am ehesten beantworten, sofern aufgrund der Personalfluktuation sowohl auf der Geber- als auch auf der Empfängerseite ein „institutionelles Gedächtnis" vorhanden ist, das mehr als nur zwei oder drei Jahre in die Vergangenheit zurückreicht.

Selbst wenn es gelingt, Wirkungen und Nachhaltigkeit von Kapazitätsbildung nachzuweisen, scheitern weitergehende Versuche, die Effekte der auf der Mikroebene erfolgten Unterstützung für qualitative Veränderungen im landesweiten Kontext zu ermitteln, häufig an der Zuordnungslücke. Im Meer der Entwicklungszusammenarbeit mit oft Dutzenden bilateralen und multilateralen Gebern im selben Land sind Programme, wie das finnische NSLGCP oder die zuvor beschriebenen Projekte der Wahlunterstützung zu klein, um feststellen zu können, welche höher gelagerten Entwicklungsimpulse von solchen Vorhaben ausgegangen sind. Eine Evaluierung der vor 2010 umgesetzten UNDP-Programme im Kommunalbereich hebt zudem einmal mehr die Bedeutung spezifischer Kontextfaktoren hervor: „Die Ergebnisse der UNDP-Unterstützung für lokale Governance fallen unterschiedlich aus. Während einige Initiativen eine bedeutende nationale Wirkung entfalteten, waren andere eher ad hoc und isoliert, nicht systematisch und strategisch."[41]

Einer der am besten dokumentierten Fälle der Entwicklungszusammenarbeit zur Stärkung von Dezentralisierung und subnationaler Governance ist Indonesien. Nach dem Sturz des Regimes der „Neuen Ordnung" unter der autoritären Führung des Langzeitpräsidenten Suharto (1967–1998) im Mai 1998 transformierte sich das politische System Indonesiens durch die unmittelbar eingeleiteten Prozesse der Demokratisierung und Dezentralisierung schnell und nachhaltig. „Die demokratischen Reformen haben das neopatrimoniale System von oben her zerschlagen und Suharto und seine Kumpanen von der Macht entfernt. Die Dezentralisierung hat die Institutionen des zentralisierten Autoritarismus, die während der langen Herrschaft Suhartos geschaffen wurden, weiter ausgehöhlt."[42] Um ein Auseinanderbrechen des Landes zu verhindern und die Demokratie zu fördern, übertrug der Staat wesentliche Teile der politischen Macht sowie weitreichende

---

[41] UNDP Evaluation Office 2010, S. xv.
[42] Bünte 2008, S. 102.

Zuständigkeiten an rund 400 gewählte Distriktregierungen und etablierte ein neues Steuersystem, das es der subnationalen Ebene ermöglichte, öffentliche Dienstleistungen zu erbringen und die lokale Entwicklung voranzutreiben. Der Dezentralisierungsprozess stellte die umfassendste Umgestaltung der Verwaltungsinfrastruktur in der Geschichte des Landes dar. 2,4 Mio. Beamtinnen und Beamte wurden von der zentralen auf die lokale Verwaltungsebene versetzt und mehr als 16.000 öffentliche Einrichtungen den Regionen übergeben. Angesichts der dringenden Notwendigkeit einer Neuordnung der Beziehungen zwischen der zentralen und lokalen politischen Entscheidungsebene nach der Demokratisierung entschied sich Indonesien für eine schnelle Umsetzung, die innerhalb von nur zwei Jahren abgeschlossen sein sollte.[43] Selbst wenn rasch Probleme im Implementierungsprozess auftraten, die 2004 eine erste Überholung des Dezentralisierungsgesetzes und auch seither fortlaufende Anpassungen erfordert haben, noch keine stabile Balance zwischen lokaler Autonomie und dem Bedarf an nationalen Standards und Koordination erreicht ist und die regionalen Unterschiede mit Blick auf die Qualität der Verwaltung und die Bereitstellung von Dienstleistungen groß sind, gilt die Dezentralisierung insgesamt als Erfolg und als Vorzeigebeispiel für das konstruktive und effektive Engagement externer Geber.[44]

Von Anbeginn der Reform unterstützten Deutschland (durch die GTZ/GIZ), die Niederlande, die Weltbank, Japan, Kanada, die USA und UNDP das Innen- und das Finanzministerium als Hauptakteure bei der Entwicklung des rechtlichen Rahmens für Dezentralisierung und demokratische Reformen. Eine der größten Maßnahmen in diesem Bereich war das 2013 abgeschlossene „Provincial Governance Strengthening Programme" (PGSP) der UNDP. Es unterstützte die nationale Regierung bei der Neudefinition und Stärkung der Rollen und Funktionen der subnationalen Regierungen durch partizipative Politikgestaltung, regionale und lokale Entwicklungsplanung und Erbringung öffentlicher Dienstleistungen. Eine Vielzahl weiterer Projekte, die häufig auch – in etlichen Fällen sogar vornehmlich – CSOs einschlossen, förderten erfolgreich den Aufbau lokaler Kapazitäten und der Verwaltungsinfrastruktur und erreichte so eine Verbesserung der Transparenz und Rechenschaftspflicht bei politischen Entscheidungsprozessen und eine bessere an den Grundbedürfnissen (vor allem in Bereichen Gesundheit und Bildung) der Bevölkerung ausgerichtete Entwicklungsplanung. Eine weitere große Intervention, das „Public Sector Management Programme" (PSM) der Asiatischen Entwicklungsbank (ADB) von 2005 bis 2018, stärkte unter anderem

---

[43] Bünte 2008, S. 102; BMZ 2008.

[44] Für eine Bilanz der Dezentralisierung aus indonesischer Perspektive siehe: Rudy et al. 2017.

die wirtschaftliche Governance auf subnationaler Ebene. Die Unterstützung der Dezentralisierung half den subnationalen Regierungen, ihren Anteil an den Einnahmen aus eigenen Quellen zu erhöhen. PSM erreichte auch die Anwendung von Mindeststandards für grundlegende Dienstleistungen in der nationalen und regionalen Regierungsplanung. Insgesamt ist es den Gebern gelungen, wichtige Beiträge zur Gestaltung und Umsetzung des nationalen Dezentralisierungsrahmens zu leisten und die Provinz- und Distriktregierungen in die Lage zu versetzen, für die Erbringung von Dienstleistungen zugunsten der von Armut betroffenen Bevölkerung zu planen und zu budgetieren.[45]

Es besteht weitgehend Einigkeit, dass Indonesien nicht als konsolidierte liberale Demokratie gelten kann, sondern der Kategorie „flawed democracy"[46] oder „elektorale Demokratie" zuzurechnen ist. Gleichzeitig hat Indonesien auf dem Demokratieindex der Economist Intelligence Unit (EUI) zwischen 2006 und 2022 auf einer Skala von 0 bis 10 (am demokratischsten) stabil Werte von über 6 erzielt. Insgesamt ist der Wert in diesem Zeitraum von 6,41 auf 6,71 leicht gestiegen, allerdings mit starken Schwankungen. 2015 wurde mit 7,01 der höchste Stand erreicht, 2020 markierten 6,3 den Tiefpunkt.[47] „Im Gegensatz zu anderen Staaten in der Region hat Indonesien die Grenze zum Wahlautoritarismus noch nicht überschritten, auch wenn die Gefahr besteht, dass dies mittel- bis langfristig geschieht. Formal sind die demokratischen Institutionen jedoch nach wie vor vorhanden und die Wahlen sind weiterhin kompetitiv."[48] Ob Indonesien neben seinen wirtschaftlichen Errungenschaften auch hinsichtlich der politischen Entwicklung (noch immer) als „foreign aid success story"[49] gelten kann, sei dahingestellt. Auf der Grundlage von 27 zwischen 2013 und 2020 veröffentlichten Evaluierungsberichten kommt der „Norad Country Evaluation Brief Indonesia" zumindest

---

[45] Norad. Evaluation Department 2020; Meindertsma et al. 2008.

[46] Gemäß der Einordnung der Economist Intelligence Unit, die vier Kategorien kennt: full democracies, flawed democracies, hybrid regimes, and authoritarian regimes. Andere Analysen charakterisieren Indonesien z. B. als Begriffe „defekte Demokratie" oder „Semi-Demokratie", gelangen aber alle zu ähnlichen Befunden hinsichtlich der bestehen Schwächen. So sind in den vergangenen Jahren bürgerliche Freiheitsgarantien und demokratische Kontrollmechanismen eingeschränkt sowie die Rahmenbedingungen für freie und faire Wahlen geschwächt worden. Siehe z. B. Watch Indonesia 2021.

[47] Statista 2024.

[48] Ziegenhein 2024.

[49] Dugay 2012.

zu dem Ergebnis, dass „insbesondere die Maßnahmen zur Stärkung und Konsolidierung des Dezentralisierungsprozesses und zur Stärkung der subnationalen Entscheidungsebenen wirksam waren".[50]

Im folgenden Kapitel soll am Beispiel Kambodschas im Detail die Wirkung von Programmen zur Demokratieförderung diskutiert werden. Kambodscha gilt als ein umstrittener Fall in Bezug auf demokratische Entwicklung, weshalb sich eine nähere Betrachtung in besonderem Maße lohnt. Zweifellos zählt Kambodscha insofern zu den Entwicklungserfolgen, als das einst von Völkermord, Bürgerkrieg und absoluter Armut geschundene Land inzwischen eine Transformation zu einem friedlichen und stabilen Staat mit (niedrigem) mittlerem Einkommen vollzogen hat. Andererseits ist die Demokratie seit den ersten Wahlen 1993 stets schwach ausgeprägt gewesen, und seit 2018 ist das politische System bestenfalls noch als Wahlautokratie zu beschreiben. Meinungsfreiheit wird umgangen, Korruption ist weit verbreitet, und Menschenrechtsverletzungen sind an der Tagesordnung.

Literatur

ANFREL (2024). *Interim Report of the ANFREL International Expert Election Observation Mission (IEEOM) to the 2024 Indonesia General Elections.* https://anfrel.org/wp-content/uploads/2024/02/ANFREL-IEEOM-Indonesia-2024_Interim-Report.pdf.

Arghiros, Daniel, Horacio Boneo, Simon Henderson, Sonia Palmieri &Therese Pearce Laanela (2017). *Making it Count. Lessons from Australian electoral assistance 2006–16.* Canberra: Australian Government Department of Foreign Affairs and Trade. https://www.dfat.gov.au/sites/default/files/making-it-count-lessons-from-australian-electoral-assistance-2006-16.pdf.

Bann Seng Tan (2021). *International Aid and Democracy Promotion. Liberalization at the Margins.* London: Routledge.

Barry, Jack J. (2012). Democracy promotion and ODA: a comparative analysis, *Contemporary Politics*, 18(3), S. 303–324.

Bertelsmann Transformation Index (2024). *Zusammenfassung – Globale Ergebnisse.* Gütersloh: Bertelsmann Stiftung. https://bti-project.org/fileadmin/api/content/de/downloads/BTI_2024_Ergebnisueberblick.pdf.

BMZ (2023). Deutsche Entwicklungspolitik mit Asien Innovativ – sozial – feministisch. https://www.bmz.de/resource/blob/195426/deutsche-entwicklungspolitik-mit-asien.pdf.

Bossuyt, Jean & Renske Steenberge (o. J.) *Development effectiveness at the local and regional level.* Brussels: Platforma. https://www.ccre.org/docs/Development_effectiveness_at_local_regional_level.EN.pdf.

---

[50] Norad. Evaluation Department 2020, S. 26.

Brunell, Peter (ed.) (2007). *Evaluating Democracy Support Methods and Experiences*. Stockholm: International IDEA & SIDA. https://www.idea.int/sites/default/files/publications/evaluating-democracy-support.pdf.

Bünte, Marco (2008). Indonesia's protracted decentralization: Contested reforms and their unintended consequences. In Marco Bünte & Andreas Ufen (Hrsg.). *Democratization in Post-Suharto Indonesia*. London: Routledge, S. 102–123.

Dosch, Jörn (2007). Externe Einflüsse auf die Demokratisierungsprozesse in Südostasien. In Jörn Dosch, Manfred Mols & Rainer Ölschläger (Hrsg.). *Staat und Demokratie in Asien*. Hamburg and London: Lit, S. 189–2012.

Dugay, Christine (2012). Indonesia's top 10 donors: Responding to the promise of transformation. *Devex*, 13.08. https://www.devex.com/news/indonesia-s-top-10-donors-responding-to-the-promise-of-transformation-78905.

Elliott, Cathy (2017). *Democracy promotion as foreign policy: temporal othering in international relations*. Milton Park & New York, NY: Routledge.

European Commission (2007a). *Evaluation of the European Commission's Support to the Republic of India. Country Level Evaluation*. Final Report. https://www.oecd.org/derec/ec/39602895.pdf.

European Commission (2007b). *Evaluation of the European Commission's Support to the Republic of India. Country Level Evaluation*. Final Report, Volume 2 – Annexes. https://www.oecd.org/derec/ec/39602906.pdf.

European Commission (2012). *Thematic global evaluation of the Commission support to decentralisation processes*. Final Report, Vol. 1. https://www.oecd.org/derec/ec/49840209.pdf.

European Commission (2021). *The EU strategy for cooperation in the Indo-Pacific*. JOIN(2021) 24 final. https://www.eeas.europa.eu/sites/default/files/jointcommunication_2021_24_1_en.pdf.

European Commission (2022a). *A strategic partnership with the Gulf*. JOIN(2022) 13 final. https://www.eeas.europa.eu/sites/default/files/documents/Joint%20Communication%20to%20the%20European%20Parliament%20and%20the%20Council%20-%20A%20S trategic%20Partnership%20with%20the%20Gulf.pdf.

European Commission (2022b). *Evaluation of the European Union support to rule of law and anticorruption in partner countries (2010–2021)*. https://doi.org/10.2841/664918.

European Commission (2023). *Evaluation of the EU cooperation with the United Nations in external action*. Volume 1: Main Report. https://international-partnerships.ec.europa.eu/document/download/a875ec9a-fa57-44b3-9dcc-6e0fe63212b5_en?filename=evaluation-eu-un-cooperation-final-report-vol-1-main-report-provisional_en.pdf&prefLang=sk.

European Commission, UNDP (2024). EC-UNDP Joint Task Force on Electoral Assistance. https://www.ec-undp-electoralassistance.org/en/about-us/.

European Commission, Directorate-General for International Partnerships, Christensen, P., Dosch, J., Laanouni, F. et al. (2024). *Evaluation of the EU's cooperation with Nepal (2014–2021)*. Final Report. https://data.europa.eu/doi/10.2841/08725

Faust, Jörg (2013). Governance und die Entwicklungsorientierung von Außenpolitiken. In Jörg Faust & Katharina Michaelowa (Hrsg.). *Politische Ökonomie der Entwicklungszusammenarbeit*. Baden-Baden: Nomos, S. 169–193.

Finkel, Steven E., Aníbal Pérez-Liñán, Chris Belasco & Michael Neureiter (2018). *DRG Learning, Evaluation, and Research Activity: Effects of U.S. Foreign Assistance on*

Democracy Building. Washington: USAID. https://pdf.usaid.gov/pdf_docs/PA00TB8F.
pdf.

Fukuyama, Francis (1989). The End of History? *The National Interest*, 16, S. 3–18. http://
www.jstor.org/stable/24027184.

Hauptmann, Mark (2011). Carl-Dieter Spranger, 1991–1998. In Wolfgang Gieler (Hrsg.). *50
Jahre deutsche Entwicklungszusammenarbeit. Das BMZ von Walter Scheel bis Dirk Niebel.*
Bonn et al.: Scientia Bonnensis, S. 190–209.

Herre, Bastian et al. (2024). Democracy. *Our World in Data*. http://www.OurWorldInData.
org/democracy.

Hobson, Christopher (2009). The Limits of Liberal-Democracy Promotion. *Alternatives:
Global, Local, Political*, 34(4), S. 383–405.

Independent Commission for Aid Impact (ICAI) (2012). *Evaluation of DFID's Electoral Support through UNDP*. https://icai.independent.gov.uk/wp-content/uploads/UNDP-report-
FINAL.pdf.

Kaiser, Martin & Nobert Wagner (1986). *Entwicklungspolitik. Grundlagen – Probleme – Aufgaben*. Bonn: Bundeszentrale für politische Bildung.

Kaiser, Wolfram & Christian Salm (2009). Transition und Europäisierung in Spanien und
Portugal Sozial- und christdemokratische Netzwerke im Übergang von der Diktatur zur
parlamentarischen Demokratie. *Archiv für Sozialgeschichte*, 49, S. 259–282.

Lührmann, Anna, Marcus Tannnberg & Staffan Lindberg (2018). Regimes of the World
(RoW): Opening New Avenues for the Comparative Study of Political Regimes. *Politics
and Governance*, 6(1), S. 60–77.

Meindertsma, Jan Douwe et al. (2008). *Evaluation of Citizens' Voice & Accountability. Country Case Study: Indonesia*. Evaluation Report. Bonn: Federal Ministry for
Economic Cooperation and Development. https://library.alnap.org/system/files/content/
resource/files/main/200902cva-ccs-indonesia.pdf.

Merkel, Wolfgang (2004). Die „eingebettete" Demokratie Ein analytisches Konzept. *WZB-
Mitteilungen*, Heft 106. https://bibliothek.wzb.eu/artikel/2004/f-12070.pdf.

Ministry for Foreign Affairs of Finland (2012). *Evaluation. Finnish support to development
of local governance*. Evaluation Report 2012:5. Helsinki: MoFA. https://um.fi/docume
nts/384998/385866/evaluation_report_2012_5_finnish_support_to_development_of_
local_governance/4fa6fa13-e229-43cc-cd44-0089adca71cd?t=1528280195274.

Ministry of Foreign Affairs, Sweden (2024). *Development assistance for a new era – free-
dom, empowerment and sustainable growth*. https://www.government.se/contentassets/
b4067f9e566b4e4e8c621087f2225a0b/development-assistance-for-a-new-era--freedom-
empowerment-and-sustainable-growth-accessible.pdf.

Mo Ibrahim Foundation (2024). The Ibrahim Index of African Governance (IIAG). https://
mo.ibrahim.foundation/iiag.

Norad. Evaluation Department (2020). Indonesia. Country Evaluation Brief 11/2020. https://
www.norad.no/contentassets/497184f6186f4229a94a7d5bb3a8761a/11.20_country_eval
uation_brief_indonesia.pdf.

Norris, Pippa (2017). *Strengthening Electoral Integrity*. Cambridge: Cambridge University
Press.

Republica Nepal (2018). EU poll mission's call to drop Khas/Arya quota under flak. *Republica Nepal*, 22 March. https://myrepublica.nagariknetwork.com/news/eu-poll-mission-
call-to-drop-khas-arya-quota-under-flak/.

Rudy, Yusnani Hasyimzum, Heryandi & Siti Khoiriah (2017). 18 Years of Decentralization Experiment in Indonesia: Institutional and Democratic Evaluation. *Journal of Politics and Law*, 10(5), S. 132–139.

Schubert, Klaus & Martina Klein (2020). *Das Politiklexikon*. 7., aktualisierte und erweiterte Auflage. Bonn: Bundeszentrale für politische Bildung. https://www.bpb.de/kurz-knapp/lexika/politiklexikon/17350/dezentralisierung/.

Schubert, Sophia & Alexander Weiß (Hrsg.) (2016). „Demokratie" jenseits des Westens. Theorien, Diskurse. Einstellungen. *PVS Sonderheft 51*. Baden-Baden: Nomos.

Statista (2024). Democracy index score of Indonesia from 2006 to 2022. https://www.statista.com/statistics/1451125/indonesia-democracy-index/.

UNDP Evaluation Office (2010). *Evaluation of UNDP Contribution to Strengthening Local Governance*. https://www.oecd.org/derec/undp/47871446.pdf.

V-Dem (2023a). Democracy and Human rights, OWID based on Varieties of Democracy (v13) and Regimes of the World v13 [original data], https://v-dem.net/data/the-v-dem-dataset/.

V-Dem (2023b). The V-Dem Project, https://v-dem.net/about/v-dem-project/.

Watch Indonesia (2021). *Themenheft Demokratie in Indonesien und Timor-Leste 2021*. https://www.watchindonesia.de/wp-content/uploads/Themenheft-Demokratie-in-Indonesien-und-Timor-Leste-2021.pdf.

Ziegenhein, Patrick (2024). Indonesia Will Pick a New President in a Time of Democratic Erosion. *The Fair Observer*, 06.02. https://www.fairobserver.com/world-news/indonesia-will-pick-a-new-president-in-a-time-of-democratic-erosion/.

Fallstudie Kambodscha: Reformen im Spannungsfeld nationaler und internationaler Dynamiken

„Insbesondere in Ländern mit schwierigen Rahmenbedingungen soll die Förderung von Demokratie und Good Governance einen Beitrag zur Verbesserung eben dieser Rahmenbedingungen leisten."[1] So beginnt der Kambodscha-Bericht der BMZ-Evaluierung „Möglichkeiten und Grenzen der Förderung von Demokratie und Good Governance in Angola, Äthiopien, Guatemala und Kambodscha" von 2003.[2] Trotz weitgehender Einigkeit unter den Gebern hinsichtlich der Notwendigkeit zur prioritären Förderung von Demokratie und Good Governance bestehe jedoch kein Konsens hinsichtlich der spezifischen Ausgestaltung dieser Förderung einerseits und den genauen Zielsetzungen andererseits.[3] Die damaligen Vorzeichen für nachhaltige Veränderungen standen somit nicht gut und deuteten auf einen vornehmlich exogen gesteuerten Prozess hin: „Demokratisierung und Reform sind als Projekte der internationalen Gemeinschaft ohne grundlegende Verankerung in der kambodschanischen Politik und Gesellschaft. Das bedeutet für die Entwicklungszusammenarbeit allgemein, dass sie zum einen mit Partnern zusammenarbeiten muss, deren Reformwillen unter Umständen begrenzt ist, zum anderen, dass sie sich reformbereite Counterparts (vor allem NGOs) erst selbst schafft."[4] In der Tat stellte der Wunsch der Geber nach einer engen Partnerschaft mit zivilgesellschaftlichen Akteuren als *Change Agents* ein Dilemma dar. Wie sollten CSO als Rückgrat der nationalen Entwicklung fungieren, wenn der

---

[1] BMZ 2003, S. 4.

[2] Die Ausführungen in diesem Kapitel beruhen neben den zitierten Publikationen und Dokumenten auf etwa 150 Interviews mit Mitarbeiter*innen von Geber- und Implementierungsorganisationen, Botschaften, Regierungsbehörden und CSOs, die Jörn Dosch in den Jahren 2003, 2010, 2011, 2014 und 2024 in Phnom Penh, Siem Riep und Battambang geführt hat.

[3] BMZ 2003, S. 7.

[4] BMZ 2003, S. 7.

© Der/die Herausgeber bzw. der/die Autor(en), exklusiv lizenziert an Springer Fachmedien Wiesbaden GmbH, ein Teil von Springer Nature 2024
J. Dosch und P. Becker, *Die Wirksamkeit von Entwicklungszusammenarbeit*, https://doi.org/10.1007/978-3-658-45474-6_7

Sektor noch in den Kinderschuhen steckte? Die erste lokale kambodschanische NGO wurde 1991 gegründet, und die meisten der heutigen zivilgesellschaftlichen Organisationen entstanden im selben Jahrzehnt, vor allem durch die Initiative internationaler Akteure, als Reaktion auf die dringenden Bedürfnisse beim Wiederaufbau des kambodschanischen Staates und der Gesellschaft nach Dekaden des Krieges und Bürgerkrieges.

Kambodscha, das als ehemalige französische Kolonie 1953 seine vollständige Souveränität erlangte hatte, wurde nach einer Phase innerstaatlicher Turbulenzen und dem gescheiterten Versuch des Königs Norodom Sihanouk, die Neutralität des Landes in den internationalen Beziehungen zu bewahren, schließlich in den Vietnamkrieg hineingezogen. An dessen Ende, im April 1975, glitt das Land infolge der mörderischen Herrschaft der Roten Khmer unter der Führung von Pol Pot in die Barbarei ab. Die Zahl der Menschen, die bis Ende 1978 durch systematischen Massenmord, Zwangsarbeit und als Folge der katastrophal gescheiterten Agrarpolitik und Zerstörung der öffentlichen Daseinsvorsorge ihr Leben verloren, wird zumeist auf zwischen 1,5 und 2,2 Millionen geschätzt – dies entsprach rund einem Fünftel der Bevölkerung.[5] Die Roten Khmer wurden zum Jahreswechsel 1978/79 durch den Einmarsch vietnamesischer Truppen gestürzt, zogen sich daraufhin in schwer zugängliche Bergregionen zurück und verwickelten Kambodscha in einen jahrelangen Bürgerkrieg. Hanoi installierte derweil eine Klientelregierung im Land, nun umbenannt in Volksrepublik Kampuchea. Erst 1989 zogen die vietnamesischen Streitkräfte wieder ab. Nachdem das Ende des Kalten Krieges ein Fenster zur Lösung der Kambodscha-Frage geöffnet hatte, führten Gespräche zwischen den vier Konfliktparteien unter indonesischer Vermittlung 1991 in Paris zur Unterzeichnung der „Comprehensive Cambodian Peace Agreements". Die Konfliktparteien waren die Regierung der Volksrepublik Kampuchea[6]; die Partei des Demokratischen Kampuchea (PDK), die Organisation der Roten Khmer; die Nationale Front für ein Unabhängiges, Neutrales, Friedliches und Kooperatives Kambodscha (FUNCINPEC), die von Prinz Norodom Sihanouk geführte königstreue Widerstandsbewegung; und die Nationale Befreiungsfront des Khmer-Volkes (KPNLF), eine nicht-kommunistische Widerstandsbewegung, die gegen das von Vietnam unterstützte Regime kämpfte. Die Pariser Friedensverträge bildete die Grundlage für die Entsendung einer UN-Friedensmission, die als United Nations Transitional Authority in Cambodia (UNTAC) das Land von Februar 1992 bis September 1993 übergangsweise verwaltete. Das Mandat der UNCTAC bestand u. a. darin, den Waffenstillstand sowie die Entwaffnung und

---

[5] Für eine kompakte Analyse siehe Kiernan 2002.
[6] Im Mai 1989 umbenannt in Staat Kampuchea.

Demobilisierung der bewaffneten Kräfte der Konfliktparteien zu gewährleisten und freie und faire Wahlen vorzubereiten und zu überwachen.[7] Insgesamt erreichte UNTAC viele ihrer Ziele. Bereits die bloße Anwesenheit der UNTAC erzielte eine bedeutende Wirkung, indem sie das definitive Ende des Bürgerkriegs signalisierte. Es gelang, das Land weitgehend zu stabilisieren und zu befrieden. Die UNTAC-Präsenz stärkte zudem das politische System und ermöglichte den Oppositionsparteien, gegen die im Staat weiterhin dominierende Cambodian Peoples Party (CPP) zu konkurrieren. Die CPP ist die direkte Nachfolgerin der Kampuchean People's Revolutionary Party (PRPK), welche das Land während der vietnamesischen Besatzung regiert hatte. Die Wahlen zur kambodschanischen Nationalversammlung im Jahr 1993 waren nicht nur deshalb bemerkenswert, weil UNTAC deren ordnungsgemäße Durchführung trotz der zerrütteten physischen Infrastruktur im Land ermöglichte; die Wahl war auch die erste, welche die Vereinten Nationen direkt organisierten, von der Planung über die Ausarbeitung eines Wahlgesetzes und Registrierung der Wähler*innen bis zur Durchführung.[8] Die Parlamentswahlen können als UNTACs größter Erfolg gelten. Die Wahlbeteiligung betrug 89,5 % und die Ankündigung der Roten Khmer (die im Übrigen die Wahl boykottierten), den Urnengang stören zu wollen, erwies sich als leere Drohung. Im Ergebnis stand ein unerwarteter Sieg für FUNCIN-PEC mit ihrem Parteipräsidenten Prinz Norodom Ranariddh. FUNCINPEC und die Buddhistische Liberal-Demokratische Partei gewannen zusammen 68 von 120 Sitzen, während die CPP unter der Führung von Hun Sen, der Kambodscha seit 1985 als Premierminister regiert hatte, nur 51 Sitze errang. Als die CPP sich weigerte, das Wahlergebnis anzuerkennen, bildeten FUNCINPEC und die CPP eine große Koalition unter der Führung von Prinz Ranariddh als erstem und Hun Sen als zweitem Premierminister.[9]

Wenige Analyst*innen innerhalb und außerhalb des Landes zweifelten daran, dass die Wahlen die Tür für eine demokratische Zukunft Kambodschas weit aufgestoßen hatten. So kommentierte Frank Forst: „Die Wahlen leiteten eine neue Phase in der kambodschanischen Politik ein. Ein Prozess der politischen Neuordnung zwischen ehemals gegnerischen Parteien bildete die Grundlage für die Bildung einer provisorischen Regierung, die Entwicklung einer Verfassung und die Einsetzung einer neuen Königlichen Regierung. Mit einer international

---

[7] Aus deutscher Sicht waren UNTAC und ihre Vorausmission United Nations Advance Mission in Cambodia (UNAMIC) nicht zuletzt deshalb von Bedeutung, weil sie die ersten UN-Einsätze der Bundeswehr markierten.

[8] Doyle 2023, S. 33.

[9] Croissant & Lorenz 2018, S. 40.

anerkannten und legitimen Regierung konnte Kambodscha nun verstärkt wirtschaftliche Hilfe erhalten."[10] Die neue Verfassung, die ebenfalls im „Erfolgsjahr" 1993 in Kraft trat, definiert Kambodscha als konstitutionelle Monarchie mit liberaler Mehrparteien-Demokratie.[11] Prinz Norodom Sihanouk, der bereits von 1941 bis 1955 königliches Oberhaupt von Kambodscha gewesen und anschließend mehrfach ins Exil getrieben worden war, bestieg 1993 erneut den Thron als König. Dies erwies sich angesichts der Wahrnehmung und Rolle Sihanouks als personifiziertem Symbol der Versöhnung und nationalen Einheit als wichtiger Faktor für die Stabilisierung des Landes.

Drei Dekaden später jedoch, nach den Parlamentswahlen von 2023, gilt etlichen Beobachter*innen der Versuch der UNTAC, die nachhaltige Basis für ein demokratisches politisches System zu schaffen, als endgültig gescheitert. Wie Seth Mydans in der New York Times kommentiert: „Die Geschichte des unglücklichen Versuchs der internationalen Gemeinschaft, in Kambodscha Demokratie einzuführen, sollte für jeden, der künftige friedenserhaltende Maßnahmen der Vereinten Nationen plant, Pflichtlektüre sein."[12] Mehr noch: Die zwei Milliarden Dollar teure Intervention der Vereinten Nationen, mit der Demokratie und Rechtsstaatlichkeit gefördert werden sollten, hätten dem Autoritarismus in Kambodscha erst den Weg geebnet.[13] Bereits zehn Jahren zuvor hatte Sophal Ear die Kritik auf die gesamte externe Good Governance-Unterstützung seit UNTAC ausgeweitet: „Die miserable Qualität der kambodschanischen Regierungsführung" sei fraglos weitgehend das Ergebnis des mangelnden politischen Willens unter den Entscheidungsträgern im Land selbst. Doch trügen auch die Geber eine gewisse Verantwortung für diese Situation, angesichts ihrer engen finanziellen und programmatischen Verbindungen mit den Institutionen des kambodschanischen Regierungssystems. In Bezug auf Rechtsstaatlichkeit und die Kontrolle von Korruption sei das Land möglicherweise weiter von Fortschritten entfernt als zu Beginn der 2000er Jahre. Die Fungibilität von ODA, also eine Verwendung von finanziellen Mitteln für andere Zwecke als die vereinbarten, habe es leicht gemacht, Ressourcen umzuleiten und damit Korruption zu ermöglichen.[14]

---

[10] Frost 1994, S. 79.

[11] Art. 1: „Cambodia is a Kingdom in which the King shall rule according to the Constitution and the principles of liberal multi-party democracy". Cambodia's Constitution of 1993 (rev. 2008), https://www.constituteproject.org/constitution/Cambodia_2008.

[12] Mydans 2023.

[13] Mydans 2023.

[14] Ear 2013, S. 135.

Was war geschehen? Nach den strukturellen Reformansätzen der frühen 1990er Jahre „wurde die fragile Demokratie bereits nach wenigen Jahren von einem kompetitiv-autoritären Regime abgelöst, das institutionelle Elemente von Demokratie mit autoritären Herrschaftspraktiken kombiniert".[15] Schon unmittelbar nach den Wahlen von 1993 artikulierten sich auch skeptische Stimmen, wie jene David Candlers unter der Überschrift „Democratisation in Cambodia: Here Today and Gone Tomorrow?"[16], die noch keine Veranlassung sahen, vom Beginn eines erfolgreichen Demokratisierungsprozesses zu sprechen. Tatsächlich sollte es nur vier Jahre bis zum ersten massiven Rückschlag im politischen Transformationsprozess dauern. 1997 putschte Hun Sen gegen Prinz Ranariddh und etablierte sich damit zum alleinigen Premierminister und die CPP zur alleinigen Regierungspartei. In beiderlei Hinsicht erfolgte fortan eine Konsolidierung der Machtbasis. Die Argumentation von Markus Karbaum von 2008 besitzt weiterhin Gültigkeit: „Obwohl [...] eine formale demokratische Ordnung mit einer modernen Verfassung existiert, sind diese Strukturen von innen mittels informeller Regelsysteme ausgehöhlt, die ihrerseits fundamentale demokratische Prinzipien konterkarieren."[17] Das politische System wird beherrscht von der CPP, die von allen politischen Organisationen die größte Stabilität aufweist und im ganzen Land verankert ist. Der CPP gelang es schnell, sich den gewandelten Strukturen des politischen Systems anzupassen und sich gegenüber der eigenen Bevölkerung und nicht zuletzt auch den Gebern als Garant der Stabilität zu profilieren.

Gleichzeitig verharrten die politischen Parteien in einem erbitterten Konflikt, da sie sich gegenseitig nicht als legitime Konkurrenten um politische Macht anerkennen wollten.[18] Die Parlamentswahlen 2013 signalisieren jedoch, wie es damals schien, einen Wendepunkt in der politischen Landschaft Kambodschas. „Zum ersten Mal seit der Wiedereinführung von Mehrparteienwahlen im Jahr 1993 wurde der stetige Anstieg der Stimmenzahlen für die CPP gebrochen. Hun Sens Strategie des Samkok (teile und herrsche), mit der Absicht, politische Herausforderer zu marginalisieren, provozierte zweifellos eine beeindruckende Gegenreaktion."[19] Die Cambodian National Rescue Party (CNRP) des prominenten Oppositionspolitikers Sam Rainsy errang nach dem offiziellen Endergebnis 55 der 123 Sitze in der Nationalversammlung gegenüber 68 Mandaten der CPP und lag hinsichtlich des Stimmenanteils mit 44,46 % nahe an den 48,83 % der CPP.

---

[15] Croissant 2022, S. 171.
[16] Chandler 1993.
[17] Karbaum 2008, S. 22.
[18] Norén-Nilsson 2016, S. 163.
[19] Norén-Nilsson 2016, S. 182.

Das Machtmonopol der CPP war ins Wanken geraten.[20] „Mit der CNRP war die geeinte Opposition endlich zu einer glaubwürdigen Alternative zur regierenden [CPP] geworden."[21] Das gute Abschneiden der CNRP wiederholte sich bei den Kommunalwahlen 2017 (den vierten seit 2002), bei denen die Partei knapp 44 % der Stimmen auf sich vereinen konnte. Die CPP blieb stärkste Kraft, verlor jedoch 500 der insgesamt 1.632 Kommunen an die Opposition. Die CNRP demonstrierte damit ihre Fähigkeit, die CPP nicht nur in den Städten, sondern auch auf den Land herauszufordern zu können.[22] Angesichts der substanziellen strukturellen Benachteiligung der Opposition und der bestehenden Repressionen fiel es schwer, die Wahlergebnisse von 2013 und 2017 bereits als Vorboten eines tiefgreifenden Wandels in Richtung eines gefestigten Parteienpluralismus zu interpretieren, doch war ein demokratisches Momentum gegeben.

Mit Blick auf die im Folgejahr anstehenden Parlamentswahlen skizzierte die Heinrich-Böll-Stiftung zwei Szenarien: Premierminister Hun Sen „kann nun entweder auf die Opposition zugehen, politische Oppositionelle freilassen und sich mit einer Art Umarmungstaktik als Vater einer friedlichen Nation präsentieren. Oder er kann wie bisher die Opposition unter Druck setzen und mit willkürlichen Anklagen überziehen."[23] Hun Sen entschied sich für die zweite Option. Das genaue Kalkül kann an dieser Stelle nicht ausführlich diskutiert werden,[24] im Ergebnis stand jedoch die Auflösung der CNRP durch ein Urteil des Obersten Gerichtshofs. Bei den Parlamentswahlen im Juli 2018 konnte die CPP somit ohne ernsthafte Konkurrenz antreten und gewann alle 125 Sitze in der Nationalversammlung. Damit endeten zweieinhalb Dekaden des kompetitiven Autoritarismus und eine neue Phase der hegemonialen autoritären Herrschaft, gekennzeichnet durch die Etablierung eines Ein-Parteien-Staats, begann.[25] Der Rat der Europäische Union artikulierte „tiefe Besorgnis über die anhaltende Beeinträchtigung der Demokratie, der Achtung der Menschenrechte und der Rechtsstaatlichkeit wie auch über die sich verschärfende Unterdrückung der Opposition, der Medien und der Zivilgesellschaft in Kambodscha".[26] 2020 setzte die Europäische Kommission daraufhin unter Verweis auf „schwerwiegende und systematische Verstöße

---

[20] Schrey et al. 2013.

[21] Croissant 2022, S. 192.

[22] Für eine umfassende Analyse der Wahl: Committee For Free and Fair Elections in Cambodia (COMFREL) 2017.

[23] Al-Nasani 2017.

[24] Siehe hierzu Contemporary Southeast Asia 2021.

[25] Loughlin & Norén-Nilsson 2021, S. 225.

[26] Rat der Europäischen Union 2020, S. 1.

gegen im *ICCPR* [Internationaler Pakt über bürgerliche und politische Rechte der Vereinten Nationen] niedergelegte Grundsätze" Handelspräferenzen partiell außer Kraft. Betroffen sind hiervon u. a. Textilien, Schuhe und Zucker – Erzeugnisse, die Kambodscha zuvor unter der „Everything but Arms" (EBA)-Regelung zoll- und quotenfrei in die EU exportieren konnte.[27] Ihre intendierte Wirkung konnte diese Maßnahme bisher nicht entfalten. Aus der Parlamentswahl von 2023 ging die CPP mit 120 von 125 gewonnenen Mandaten erneut als deutliche Siegerin hervor. Die Candlelight Party (CP) als Nachfolgerin der CNRP und wichtigste Oppositionspartei, die bei den Kommunalwahlen 2022 mit etwa 22 % der Stimmen und 23 % der Gemeinderäte (2198 von 9376) ein gutes Ergebnis erzielt hatte, war unter dem Vorwand einer kleinen formalen Unzulänglichkeit im Registrierungsprozess nicht zu den Parlamentswahlen zugelassen worden. Die Repressionen gegen regierungskritische Politiker, CSOs und Journalist*innen (seit 2021 wurden rund 20 unabhängigen Medienunternehmen, die meisten davon im Online-Bereich, die Lizenzen entzogen) hatten im Vorfeld des Urnengangs weiter zugenommen. Zahlreiche Aktivist*innen und Kritiker*innen wurden inhaftiert. Die unabhängige Wahlbeobachtungsorganisation Asian Network for Free Elections (ANFREL) mahnte in einer Vorabanalyse, dass die Wahlen abermals nicht frei und fair sein würden. Grundsätze der Fairness, der Rechenschaftspflicht und der Achtung der Menschenrechte seien nicht eingehalten. Der verzerrte und undemokratische Wahlprozess spiegele den Willen und die Bestrebungen des kambodschanischen Volkes nicht wider.[28] In ähnlicher Weise kritisch fielen die offiziellen Stellungnahmen der EU[29] und Deutschlands nach der Wahl aus. Die Erklärung des Auswärtigen Amtes bemängelte das „restriktive politischen Umfeld" und die „übermäßigen Beschränkungen des passiven Wahlrechts für alle Bürgerinnen und Bürger".[30] Die CPP nutze indes die Wahlen als Strategie der „Erbfolgepolitik", um die Nachfolger aus den Familien alternder Regierungsmitglieder zu positionieren.[31] Allen voran Hun Sen: Bereits wenige Tage nach den Parlamentswahlen übergab er sein Amt an seinen Sohn Hun Manet. Im August 2023 ernannte König Norodom Sihamoni Hun Manet zum neuen Premiermister. Das BMZ resümiert: „Kambodscha wird damit auch künftig von wenigen mächtigen Familien regiert; ein politischer Kurswechsel zeichnet

---

[27] Europäische Kommission 2020, S. L127/2.

[28] ANFREL 2023.

[29] EEAS Press Team 2023.

[30] Auswärtiges Amt 2023.

[31] Hunt 2023.

sich bislang nicht ab."[32] Im Land selbst fallen die Bewertungen oft weniger kritisch aus und in Gesprächen – nicht nur mit Kambodschaner*innen, sondern auch mit ausländischen Akteur*innen – wird gerne darauf verwiesen, dass das offizielle Narrativ, wonach in erster Linie Frieden den Rahmen für die Entwicklung Kambodschas darstelle und dass es Hun Sen gelungen sei, diesen Frieden zu wahren, nicht von der Hand zu weisen sei, unabhängig davon, wie man persönlich zum Führungsstil des langjährigen Premierministers und zur Einschränkung der Demokratie stehe.

Wie bereits ausgeführt, definierte die OECD in den frühen 1990er Jahren Demokratie und Good Governance nicht nur als Zielsetzung von, sondern auch als Konditionalität für Entwicklungszusammenarbeit. Der zweite Aspekt geriet jedoch rasch in die Kritik und bereits in den frühen 2000er Jahren konnte der Versuch, Konditionalität als Mittel zur Erreichung politischer Entwicklungsziele einzusetzen, als weitgehend gescheitert gelten.[33] Bereits 1997 demonstrierte eine Studie von 29 Ländern, in denen vier große Geber – Großbritannien, Schweden, die Vereinigten Staaten und die EU – versucht hatten, die Entwicklungszusammenarbeit an die Einhaltung bestimmter Menschenrechts-, Demokratie und Good Governance-Standards zu koppeln, die Unzulänglichkeit des Ansatzes.[34] Generell sei das Instrument politischer Konditionalität und damit verbundener Sanktionen vor allem in den Sub-Sahara Staaten zur Anwendung gekommen, „wo die Regierungen des Nordens wenig zu verlieren [hatten]. Im Vergleich dazu [waren] restriktive Maßnahmen in anderen Regionen, in denen wirtschaftliche und politische Interessen stärker im Vordergrund stehen, weit weniger verbreitet."[35] Dass auch im Fall Kambodschas kein Zusammenhang zwischen dem Status von Demokratie und der Zusage von ODA existiert, offenbaren die Zahlen: Seit 1990 ist der Gesamtbetrag der ODA fast kontinuierlich angestiegen (Abb. 7.1). Insgesamt erhielt Kambodscha von 1990 bis 2022 22,132 Mrd. USD ODA, davon 15,166 Mrd. USD von den OECD-Staaten.

Im Jahr 1991, dem Beginn der Übergangsverwaltung durch UNTAC, erhielt Kambodscha 10 USD per capita an ODA. Bis 1995 hatte sich diese Summe auf 46 USD erhöht, fiel bis 1999 auf 21 USD ab, um dann wieder kontinuierlich anzusteigen. 2021 betrug Kambodschas ODA 82 USD per capita.[36] Damit lag das Land 2021 auf etwa dem gleichen Niveau wie Haiti, Lesotho, der Sudan und

---

[32] BMZ 2024c.
[33] Santiso 2001; Schmitz 2006.
[34] Crawford 1997.
[35] Crawford 1997, S. 70.
[36] World Bank Databank 2024b.

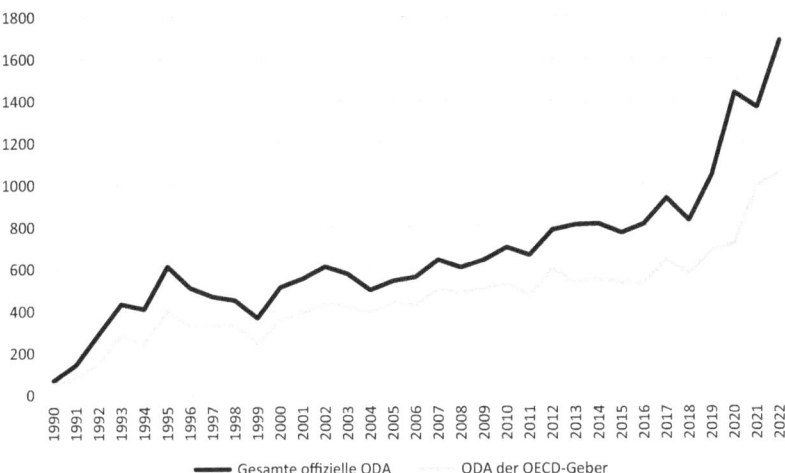

Abb. 7.1 Ausgezahlte ODA (*Disbursements*) in Kambodscha: Gesamt und OECD-Geber für Kambodscha, 1990–2022 in Millionen USD (konstante Preise). (Datenquelle: OECD Data Explorer, Aid (ODA) disbursements to countries and regions, https://data-explorer. oecd.org/)

die Mongolei und weit über dem globalen Durchschnitt von 26 USD. Gleichzeitig reduzierte sich jedoch der Anteil von ODA an den Staatsausgaben von seinem Höchststand von 101,3 % im Jahr 2002 auf 27,3 % 2021, ist dabei aber seit 2018 (22 %) wieder leicht angestiegen.[37] Dieser Trend der insgesamt abnehmenden Bedeutung von ODA ist das Ergebnis der ökonomischen Dynamik der vergangenen Jahrzehnte. Im Zeitraum von 1998 bis zum Ausbruch der Covid 19-Krise 2020 wuchs die Wirtschaft – mit Ausnahme von 2009 bedingt durch die globale Finanzkrise – jährlich konstant um mehr als 6 % und erreichte zeitweise sogar zweistellige Werte.[38] Auf diese Weise konnte eine erhebliche Reduzierung der Armut erreicht werden. Zu den positiven Entwicklungen der letzten Jahre zählen auch die erfolgreiche Umsetzung von finanz- und währungspolitischen Reformen.[39] Insgesamt gilt Kambodscha damit nicht mehr als *aid dependent* – in dem Sinne, „dass die ODA im Verhältnis zum BIP, zu den Exporterlösen und insbesondere zu den Staatseinnahmen [und -ausgaben] so hoch ist,

---

[37] World Bank Databank 2024a.

[38] Statista 2024.

[39] Bertelsmann Stiftung 2022.

dass sie die Wirtschaft und die Reaktion der Regierung auf wirtschaftliche Probleme verzerrt"[40] – ist aber weiterhin auf ODA für die Umsetzung wichtiger Reformprogramme angewiesen.

Auch die finanzielle Unterstützung Deutschlands und – allerdings in geringerem Umfang – der EU hat sich seit 1990 zumindest bis 2021 im Trend vergrößert. Insgesamt leistete die EU von 1990 bis 2022 1,590 Mrd. USD ODA, während Deutschland 1,075 Mrd. USD zur Verfügung stellte. Dies entsprach etwa einem Prozent der von Deutschland in diesem Zeitraum in Asien ausgezahlten ODA (107,104 Mrd. USD). Die gesamte deutsche ODA in dieser Periode belief sich auf 336,707 Mrd. USD.[41] (Abb. 7.2).

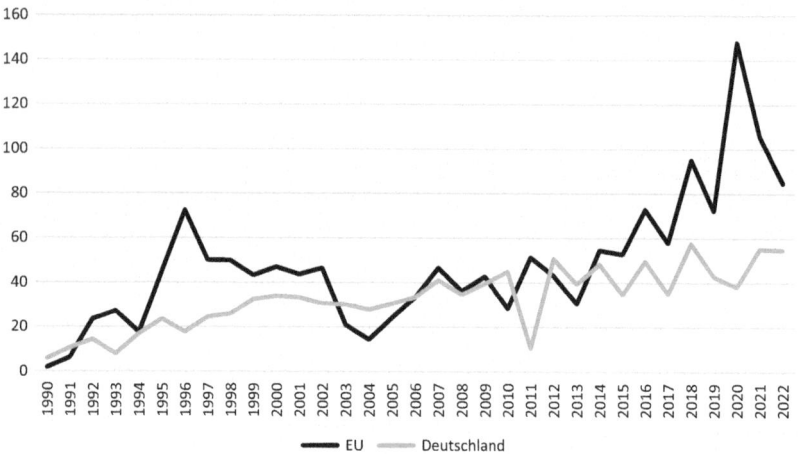

Abb. 7.2 Ausgezahlte ODA *(Disbursements)* der EU und Deutschlands für Kambodscha, 1990–2022 in Millionen USD (konstante Preise). (Datenquelle: OECD Data Explorer, Aid (ODA) disbursements to countries and regions, https://data-explorer.oecd.org/)

---

[40] Godfrey et al. 2002, S. 355.

[41] Alle Angaben gemäß der Daten in OECD Data Explorer.

Die gemeinsame Strategie der „Europäischen Partner" für die Entwicklungszusammenarbeit mit Kambodscha – Belgien, Tschechische Republik, die EU, die
Europäische Investitionsbank, Frankreich (mit Agence Française de Développement), Deutschland (einschließlich GIZ und KFW), Ungarn, Irland, Schweden
und die Schweiz – legt für den Zeitraum 2021–2027 mit Blick auf die Förderung
von Demokratie die folgenden zwei von insgesamt sechs Prioritätsbereiche fest:

1. Stärkung der demokratischen Rechenschaftspflicht, Integrität und Effizienz der
   öffentlichen Institutionen Kambodschas, Systeme und Dienstleistungen auf
   allen Ebenen („Angebotsseite von Governance") mit besonderem Schwerpunkt auf wichtigen Reformprogrammen zur Staatsführung, einschließlich
   Korruptionsbekämpfung.
2. Förderung der demokratischen Teilhabe, der Achtung der Menschenrechte und
   der Gleichstellung der Geschlechter sowie Unterstützung eines begünstigen-
   den Umfelds für die Zivilgesellschaft in Kambodscha („Nachfrageseite von
   Governance").[42]

Diese und die folgenden vier Schwerpunkte (Stärkung der menschlichen Entwicklung, wirtschaftlichen Wettbewerbfähigkeit und nachhaltigen grünen Entwicklung sowie Bewahrung des kulturellen Erbes) stehen laut Strategiepapier
sowohl im Einklang mit der Reform- und Entwicklungsagenda Kambodschas als
auch mit den europäischen Prioritäten und Werten.[43] In der Tat nennt der „National Strategic Development Plan" (NSDP, 2019–2023) mehrfach die Förderung
und Stärkung der Demokratie (an einigen Stellen auch als Multi-Parteien Demokratie bezeichnet), der Menschenrechte und der Rechtsstaatlichkeit unter den
Zielsetzungen der nationalen Entwicklung. Korruptionsbekämpfung bildet einen
Schwerpunkt.[44] Gleichzeitig erwähnt der Strategieplan jedoch auch interne und
externe „political pollution" und die Einmischung „einiger Länder" in die inneren
Angelegenheiten unter dem Deckmantel von Menschenrechten und Demokratie
als Herausforderung für Kambodscha.[45] Letztlich scheinen die Auffassungen von
Demokratieförderung der europäischen Akteure einerseits und der kambodschanischen Regierung andererseits im wertebezogenen Sinne einem impliziten Ansatz
des *agree to disagree* zu folgen.

---

[42] European Partners 2021, S. 4.
[43] European Partners 2021.
[44] Royal Government of Cambodia 2019.
[45] Royal Government of Cambodia 2019, S. 27.

Zudem sind die angesichts der politischen Lage sehr ambitioniert formulierten – wenn nicht gar unrealistischen prioritären Ziele – der Europäischen Partner vor allem im Sinne eines Ausrufezeichens zu verstehen, einer klaren Positionierung für eine Veränderung des politischen Status Quo. Dass der europäische Ansatz tatsächlich zu mehr Demokratie auf der nationalen Ebene führen könnte, erscheint kaum vorstellbar. Auch in der Vergangenheit ist dies nicht gelungen; stattdessen lagen die Erfolge im subnationalen Bereich der Governance. Es ist vor diesem Hintergrund bezeichnend, dass das europäische Strategiepapier weiterführende Auslegungen von Demokratie aufweicht, indem der Ergebnisrahmen *(results framework)*, welcher die erwarteten Resultate der Entwicklungszusammenarbeit festlegt, keine Indikatoren mit einem expliziten, wörtlichen Demokratiebezug enthält und sich stattdessen auf die lokale Ebene bezieht. So lautet ein angestrebtes zentrales Resultat *(outcome)* unter der ersten Priorität („Stärkung der Angebotsseite von Governance"): Subnationale Autoritäten „fördern eine auf die Bürger ausgerichtete Dienstleistungserbringung und lokale Entwicklung und tragen somit zu einem verbesserten Wohlergehen und einer höheren Lebensqualität für die Bürger in ihrem jeweiligen Zuständigkeitsbereich bei".[46] Dies ist insofern folgerichtig, als hinsichtlich der Dezentralisierung politischer Entscheidung- und Verwaltungsstrukturen kein offener Dissens zwischen der Regierung und den Gebern besteht. Von Beginn an wurde der entsprechende Reformprozess substanziell durch Entwicklungszusammenarbeit unterstützt und gilt als eine Hauptsäule der Demokratieförderung.

Trotz allen Unmuts über die politischen Ereignisse in Kambodscha vor allem seit 2018 existiert somit weiterhin die Bereitschaft und Absicht, über Entwicklungszusammenarbeit in weniger sensiblen Bereichen an Zielen der Demokratieförderung festzuhalten. Den unmittelbaren Bezug bildet das „National Programme on Sub-National Democratic Development Phase 2" (NP-2), der Langzeitplan zur Umsetzung der Dezentralisierung und Dekonzentration (D&D) von 2021 bis 2030. Die erste Phase endete 2020. Das Generalziel von NP-2 besteht darin, die öffentliche Leistungserbringung der subnationalen Verwaltungen zu verbessern und den Entwicklungsprozess sozial integrativer und gerechter zu gestalten, um Kambodscha bis 2030 zu einem Land oberen mittleren Einkommens zu machen.[47] Der in der gemeinsamen europäischen Strategie formulierte *Outcome* bezieht sich somit unmittelbar auf NP-2.

---

[46] European Partners 2021, S. 16.
[47] Royal Government of Cambodia 2021.

Auch für die deutsche Entwicklungszusammenarbeit, die im Folgenden näher dargestellt werden soll, bildet die Dezentralisierung seit den frühen 2000er Jahren einen prioritären Förderbereich. 1992 wurde die Entwicklungszusammenarbeit mit Kambodscha wieder aufgenommen, nachdem die Zusammenarbeit 1969 aufgrund des Abbruchs der diplomatischen Beziehungen mit der Bundesrepublik Deutschland suspendiert worden war. Kambodscha zählte zunächst zu den Schwerpunktpartnerländern deutscher Entwicklungskooperation und gehört aktuell der Gruppe der 39 „ausgewählten bilateralen Partnerländern" an, mit denen Deutschland „langfristig gemeinsame Entwicklungsziele" verfolgt.[48] Als Säulen der Entwicklungszusammenarbeit wurden 2001 die Bereiche Demokratieförderung (einschließlich Menschenrechte und Förderung der Frauenrechte), Gesundheit und Förderung der privatwirtschaftlichen Entwicklung vereinbart. Inzwischen zählt Demokratieförderung nicht mehr zu den expliziten Kernthemen. Aktuell sind dies, wie in den Regierungsverhandlungen zwischen Deutschland und Kambodscha 2023 festgelegt, die Bereiche „Gesundheit, soziale Sicherung und Bevölkerungsdynamik", „Nachhaltige Wirtschaftsentwicklung, Ausbildung und Beschäftigung" sowie „Klima und Energie, Just Transition". Zugleich „begleitet [Deutschland] Kambodscha bei seinem Entwicklungs- und Demokratisierungsprozess"[49] und ist auch federführend für die Erreichung des oben genannten *Outcomes* zur Stärkung subnationaler Verwaltungen der gemeinsamen europäischen Strategie (Tab. 7.1).

In Kambodscha war bereits unmittelbar nach den Wahlen von 1993 beabsichtigt worden, als wichtiges Element der Konsolidierung der Demokratie Gemeinderatswahlen durchzuführen, um die im zentralistischen System von der

Tab. 7.1 Projekte der deutschen Entwicklungszusammenarbeit im Bereich „Governance and Administration" seit 2005 (gemäß der staatlichen ODA-Datenbank Kambodschas)

Projekt	Laufzeit	Implementierungsorganisation	Budget in Millionen USD
2008 Population Census of Cambodia	2007–2008	National Institute of Statistics	2,2
Access to Justice for Women I	2010–2013	GIZ Ministry of Women's Affairs	5,9
Access to Justice for Women II	2014–2017	GIZ Ministry of Women's Affairs	4,6

(Fortsetzung)

---

[48] BMZ 2024a.
[49] BMZ 2024b.

Tab. 7.1 (Fortsetzung)

Projekt	Laufzeit	Implementierungsorganisation	Budget in Millionen USD
Administrative Reform and Decentralisation (Co-Finanzierung mit Großbritannien, Schweden, EU)	2008–2013	GIZ Ministry of Interior Council for Administrative Reform	9,4
Administrative Reform and Decentralisation	2005–2008	GIZ Ministry of Interior Office of the Council of Ministers	2,9
Assistance via Church, NGOs, Political Foundations	2008–2012	hauptsächlich Politische Stiftungen	9,0
Civil Peace Service	2014–2017	GIZ	4,4
Civil Peace Service KH – Justice and Reconciliation in the Aftermath of the Khmer Rouge Tribunal	2018–2023	Organisationen des Zivilen Friedensdienstes	3,5
Civil Peace Service/ CPS Southeast Asian University Partnership for Peacebuilding and Conflict Transformation	2019–2023	Organisationen des Zivilen Friedensdienstes	3,8
Contribution to World Bank Multi-donor Trust Fund to Support the Implementation of Social Accountability Framework	2020–2024	KfW National Committee for Sub-National Democratic Development	5,0
Decentralisation and Administrative Reform Programme II	2019–2022	GIZ Ministry of Civil Service National Committee for Sub-National Democratic Development	5,9
Improved Service Delivery for Citizens in Cambodia, ISD	2022–2025	GIZ National Committee for Subnational Democratic Development – Secretariat	11,6

(Fortsetzung)

Tab. 7.1 (Fortsetzung)

Projekt	Laufzeit	Implementierungsorganisation	Budget in Millionen USD
Promoting Women's Rights II (Co-Finanzierung mit Spanien)	2006–2011	GIZ Ministry of Women's Affairs	4,7
Support to ASEAN Supreme Audit Institutions (ASEAN SAI)	2013–2015	GIZ National Audit Authority	2,9
Support to ASEAN Supreme Audit Institutions II (ASEANSAI II)	2015–2018	GIZ National Audit Authority	4,7
Decentralisation and Administrative Reform Project (ARDP) (Co-Finanzierung mit Schweden und EU)	2012–2016	Ministry of Interior Council for Administrative Reform	7,6
Support to the Identification of Poor Households Programme Phase IV (Co-Finanzierung mit Australien)	2016–2022	GIZ Ministry of Planning	19,9
Support to the IDPoor Programme	2012–2019	GIZ Ministry of Planning	5,8
Support to the National Audit Authority I	2005–2008	GIZ National Audit Authority	1,2
Support to the National Audit Authority II	2009–2013	GIZ National Audit Authority	2,6
Support to the National Audit Authority III	2013–2014	GIZ National Audit Authority	1,1
Targeting – Identification of poor households (Co-Finanzierung mit Australien und EU)	2006–2012	GIZ Ministry of Planning	6,9
Gesamt			125,6

Datenquelle: Cambodian Rehabilitation and Development Board (CRDB) of the Council for the Development of Cambodia (CDC): Cambodia ODA Database, http://oda.cdc.gov.kh/ Die tatsächliche deutsche Unterstützung ist jedoch höher anzusetzen, da die offiziellen Angaben z. B. hinsichtlich des Zivilen Friedendienstes und der Politischen Stiftungen unvollständig sind.

nationalen Regierung über die Provinzleitungen eingesetzten Gemeindechefs zu ersetzen. Administrativ gliedert sich Kambodscha gemäß Artikel 145 der Verfassung (in der Fassung von 1999) auf der ersten Ebene in die Hauptstadt Phnom Penh und 24 Provinzen. Auf der zweiten Verwaltungsebene teilt sich die Hauptstadt in Sektionen, während die Provinzen aus Städten und Distrikten bestehen. Auf der dritten Ebene unterteilen sich die Sektionen der Hauptstadt und die Provinzstädte in Stadtviertel *(Sangkat)* und die Distrikte in Kommunen. Darüber hinaus bestehen – von der Verfassung nicht erwähnt – auf der vierten Ebene Dörfer (die mehr als eine Siedlung umfassen können) und auf der fünften und untersten Ebene Blöcke.

Für die konkrete Konzeption der Dezentralisierungspolitik kam dem deutschen Beispiel eine nicht unwesentliche Vorbildfunktion zu. Bei einer von der Konrad-Adenauer-Stiftung (KAS) organisierten Reise zum Studium des deutschen Staatsaufbaus im Jahr 1995 lernte der damalige Innenminister Kambodschas Sar Keng (CPP) das System der kommunalen Selbstverwaltung in Deutschland kennen. Später berichtete er mehrfach, dass die Eindrücke dieser Reise wesentlich dazu beigetragen hätten, auch in Kambodscha eine Politik der Dezentralisierung des Staatsaufbaus und der schrittweisen Einführung kommunaler Selbstverwaltung zu verfolgen.[50] Den konkreten Beginn der Dezentralisierung und Dekonzentration (D&D) markierte 1996 das vom United Nations Development Programme (UNDP) und der kambodschanischen Regierung initiierte und u. a. vom britischen Department for International Development (DFID) und der Swedish International Development Cooperation Agency (SIDA) unterstützte SEILA-Programm.[51] SEILA sollte das Vertrauen der Öffentlichkeit in die lokalen Regierungsinstitutionen wiederherstellen. Insgesamt zielte das Programm auf die Förderung pluralistischer und partizipatorischer Demokratie und Good Governance auf der subnationalen Ebene durch die Wahl autonomer Gemeinderäte in den Kommunen und *Sangkats* ab. Die Erwartung war, dass die demokratisch legitimierte kommunalpolitische Ebene einen bedeutsamen Beitrag zur Armutsreduzierung leisten würde, die sich später auch erfüllen sollte. Zunächst als Pilotprojekt in wenigen *Sangkats* und Kommunen begonnen, wurden SEILA und flankierende Maßnahmen der Regierungsberatung und Kapazitätsbildung zwischen 2002 und 2010 mit massiver Geberunterstützung, darunter auch der GIZ (die damals noch Gesellschaft für Technische Zusammenarbeit/GTZ hieß), landesweit ausgedehnt. Bereits 2001 waren die notwendigen gesetzlichen Grundlagen für die

---

[50] Köppinger 2002, S. 77. Diese Darstellung wurde auch in mehreren Interviews u. a. mit Mitarbeitern der Regierung bestätigt, die Jörn Dosch 2003 und 2011 in Kambodscha führte.
[51] SEILA = Khmer-Begriff für „Fundament".

Durchführung von Gemeinderatswahlen, dem Kernstück der Dezentralisierungspolitik, geschaffen worden. Die ersten Wahlen fanden im Februar 2002 statt. Die Gemeinderäte werden auf 5 Jahre gewählt und haben fünf bis elf Mitglieder. Aus der Mitte des Gemeinderats werden ein *President Commune Council Chief* und zwei Stellvertreter*innen gewählt. Diese drei Positionen werden entsprechend der Mehrheitsverhältnisse im Gemeinderat besetzt.

Die GIZ hat die D&D-Reform seit 2002 kontinuierlich unterstützt. Das erste in mehreren Phasen umgesetzte Programm bestand zwischen 2002 und 2013 in der Beratung der rechtlichen, administrativen, politischen und institutionellen Gestaltung der kambodschanischen Dezentralisierungspolitik. Zum Zeitpunkt der 2003 durchgeführte BMZ-Evaluierung stand die Unterstützung noch am Anfang, der Bericht bescheinigte dem Projekt jedoch bereits, durch die unmittelbare Ausrichtung auf partizipative Entwicklung, Demokratisierung und Good Governance effektiv an den Kernproblemen Kambodschas anzusetzen. Sichtbare Ergebnisse seien z. B. im Bereich der Rechtsberatung, konkret hinsichtlich der Beratung und Formulierung zahlreicher Gesetzesentwürfe u. a. zur Funktion, Aufgaben und Kompetenzen der Gemeinderäte und der Rolle der Provinzgouverneure, erzielt worden.[52] Auch die Evaluierungen späterer Programmphasen kamen zu überwiegend positiven Befunden. So konstatierte die Evaluierung der gemeinsam mit der EU und SIDA finanzierten Programmphase 2012–2016 („Decentralisation and Administrative Reform Project"/ARDP) bedeutende Fortschritte im Prozess der Verbesserung der demokratischen Rechenschaftspflicht, Partizipation und Good Governance auf der subnationalen Ebene. Insbesondere seien Rolle und Funktion der Gemeinderäte mit dem Ziel, die Mechanismen der *Checks and Balances* zugunsten einer bürgernäheren Regierungstätigkeit zu festigen, gestärkt worden.[53] 2019 begann als Teil der jüngsten Etappe der D&D-Reform die Verlagerung umfangreicher Verwaltungsaufgaben auf die kommunale Ebene und die Etablierung einer integrierten lokalen Verwaltungsstruktur, wobei die gewählten Gemeinderäte Prioritäten festlegen und deren Umsetzung überwachen. In diesem Zusammenhang unterstützt die GIZ gemeinsam mit der Schweizer Direktion für Entwicklung und Zusammenarbeit (DEZA) unter dem Projekttitel „Verbesserte Bürgerservices in ausgewählten Sektoren in Kambodscha (2022–2025)" die Schaffung klarer Prozesse und lokaler Strategien für die *Sangkats* und Kommunen. Diese sollen darin gestärkt werden, neue Aufgaben wahrzunehmen und „hochwertige Bürgerservices inklusiv und nachhaltig zu erbringen".[54]

---

[52] BMZ 2003, S. 31.
[53] GIZ Evaluation Unit 2016.
[54] GIZ o. J.

Dies war generell bereits das Ziel dreier EU-finanzierter Projekte (Asia Urbs), welche die KAS zwischen 2001 und 2008 als Pilotvorhaben in den städtischen Sektoren von Siem Reap und Battambang sowie in der Provinz Battambang mit den jeweiligen Verwaltungen umsetzte. Die Vorhaben förderten unmittelbar Good Governance und Demokratie auf der Kreis- bzw. Provinzebene, indem sie – zumindest in Teilbereichen – Elemente der D&D-Reform, die vor dem Beginn der Projekte eher abstrakt diskutiert worden waren, in konkreter und für die Bürger*innen in lebensnaher Form umsetzen konnten und damit in direkter Weise auf eine signifikante Verbesserung der Rahmenbedingungen für Verwaltungshandeln abzielten. Die KAS-Verwaltungsreformprojekte zeichneten sich durch eine starke Vernetzung der relevanten staatlichen Akteure aus und waren nahe an der Zielgruppe angesiedelt, indem sie intermediäre und lokale Entscheidungsträger sowie die Bevölkerung unmittelbar ansprachen und zivilgesellschaftliche Akteure an der Umsetzung beteiligten. Die Projekte wurden in Zusammenarbeit mit dem Rhein-Sieg Kreis und dem Bundesland Thüringen sowie der Kommune Spoleto und der Provinz Umbrien in Italien durchgeführt. Besondere Bedeutung kam hierbei der modellhaften Einrichtung von Bürgerbüros (*One Window Services Offices*/OWSO) und der Schaffung der Institution der Ombudsperson zu. Nach erfolgreichem Abschluss der Asia Urbs-Projekte begann das Innenministerium mit Unterstützung des Weltbank-Projektes „Demand For Good Governance" zwischen 2009 und 2014 die Einrichtung von *District Ombudsman*-Büros und OWSO landesweit auszuweiten. Zu den während des Förderzeitraums etablierten 34 Bürgerbüros sind seit 2017 viele weitere hinzugekommen. Mit Stand Anfang 2023 existierten auf der Distrikt-Ebene 204 OWSO, die jeweils mehr als 200 unterschiedliche Dienstleistungen anboten, und 120 Ombudspersonen-Büros. Die Bilanz fällt überwiegend positiv aus und es kann kein Zweifel daran bestehen, dass sich die Erbringung öffentlicher Dienstleistungen erheblich verbessert hat.[55]

Asia Urbs erzielte somit ebenso Nachhaltigkeit wie auch das große SEILA-Programm. Wichtiger Bestandteil von SEILA war die von Gebern unterstützte Konzeption und Implementierung des *Commune/Sangkat Fund* (CSF), eines Mechanismus zur Finanzierung von lokalen Entwicklungsprojekten. Die Planung und Umsetzung dieser Vorhaben liegt in der rechtlichen Verantwortung der gewählten Gemeinderatsmitglieder, die, abermals finanziert im Rahmen der Entwicklungszusammenarbeit, über mehrere Jahre umfassende Schulungen u. a. in den Bereichen Haushalts- und Projektplanung sowie Beschaffung und Finanzbuchhaltung erhielten. Seit 2010 wird der CSF jedoch vollständig von den

---

[55] BMZ 2003; Korm & Thun 2019; Weiser 2015; David 2021; The Phnom Penh Post 2023; und von Jörn Dosch 2003, 2011 und 2024 geführte Interviews in Kambodscha.

kambodschanischen Regierungsbehörden finanziert und verwaltet. Die nationale Regierung transferiert jährlich etwa drei Prozent des Staatshaushaltes an den CSF, der wiederum nach einer festgelegten Formel die Mittel auf die 1621 Kommunen und *Sangkats* verteilt. Bis 2019 hatten die Gemeinderäte mehr als 40,000 Projekte umgesetzt (die meisten dienten dem Bau und der Modernisierung von ländlichen Straßen, Wasserversorgungssystemen sowie Bewässerungsdämmen und -kanälen), ohne dass daran Geber in direkter Weise beteiligt gewesen wären.[56]

Insgesamt bleibt mit den Autor*innen einer schwedischen Langzeitanalyse der Demokratieförderung in Kambodscha festzuhalten, dass die von der GIZ, SIDA, der EU, der Weltbank und anderen Gebern geförderte Dezentralisierungsprozess deutliche Beiträge zur Demokratisierung geleistet hat: Die Dezentralisierung hat zu Kommunalwahlen geführt, lokale demokratische Institutionen mit vertikaler Trennung der Staatsgewalt durch die Einrichtung von Mehrparteien-Gemeinderäten geschaffen und eine Reform der staatlichen Verwaltung auf lokaler Ebene eingeleitet. Der wahrscheinlich größte Mehrwert der Dezentralisierung liegt in der Stärkung der Partizipation, die zur Mobilisierung an der Basis, zu Bottom-up-Prozessen, zum Aufbau einer lokalen Zivilgesellschaft und zur Festigung des Gemeinwesens beigetragen hat. Die lokale Demokratie, die sich auf diese Weise erstmals seit dem Ende der totalitären Khmer Rouge-Herrschaft herausbilden konnte, hat sich als natürlicher Bestandteil des politischen Systems etabliert, das politische Bewusstsein und die politische Bildung haben zugenommen. Diese Errungenschaften werden wohl auch unter den Vorzeichen des hegemonialen Autoritarismus Bestand haben.[57] Aber: „Die Dezentralisierung könnte auch dazu beigetragen haben, dass die CPP an der Macht blieb. Trotz der Öffnung des lokalen demokratischen Raums erleichterte die Dominanz der CPP in der Politik auf lokaler Ebene die Kontrolle über den Ausgang der nationalen Wahlen durch soziale Kontrolle und Druck vor Ort. Es ist wahrscheinlich, dass das Ausmaß der lokalen Demokratisierung die CPP beunruhigte und ein Faktor für die Entscheidung war, die Opposition aufzulösen."[58] Als Ergebnis steht, dass wichtige Partizipationsstrukturen geschaffen wurden, selbst wenn auf der kommunalen Ebene nicht die blühenden Landschaften der Demokratie entstanden sind, die sich Geber und auch viele Akteur*innen in Kambodscha in den frühen 2000er Jahren erhofft hatten.

---

[56] BenYishay et al., S. 11–12.
[57] Andersen et al. 2022, S. 14–15.
[58] Andersen et al. 2022, S. 15.

Im Laufe der Zeit hat sich der Geber-Fokus von der Demokratisierung der Kommunalpolitik auf die Übertragung von Verwaltungsaufgaben auf die Provinzen und Distrikte im Rahmen von Dekonzentration verlagert. Die Regierung hat diesen Prozess der Dezentralisierung administrativer Dienstleistungen in den vergangenen Jahren mit großem Engagement und der Schaffung bzw. stetigen Weiterentwicklung der entsprechenden gesetzlichen Rahmenbedingungen vorangebracht. Seitens der Geber – dabei vor allem Deutschland, nachdem Schweden die Entscheidung getroffen hat, 2024 die Entwicklungszusammenarbeit mit Kambodscha auslaufen zu lassen – steht inzwischen die Verbesserung staatlicher Dienstleistungen für die Bürger*innen (wobei in diesem Zusammenhang auch das Thema Digitalisierung zunehmend an Bedeutung gewinnt) und nicht mehr deren demokratische Teilhabe im Vordergrund. Hinzu kommt aber auch, dass ein Großteil der Kambodschaner*innen sich eher von lokaler Politik fernhält. Eine Studie des Cambodia Development Resource Institute (CDRI), dem führenden sozialwissenschaftlichen Forschungsinstitut des Landes, offenbart ein geringes Interesse junger Menschen im Alter von 15 bis 30 Jahren an politischer Partizipation im kommunalen Kontext. Diese Erkenntnis ist insofern von Bedeutung, als 67 % der kambodschanischen Bevölkerung unter 30 Jahre alt ist.[59]

Neben der Unterstützung des Dezentralisierungsprozesses hat die deutsche Entwicklungszusammenarbeit wesentliche Beiträge u. a. zur Förderung der Rechtsstaatlichkeit, Ermächtigung der Zivilgesellschaft und Kapazitätsbildung der Parlamentarier und der Verwaltung der Nationalversammlung geleistet. Die vielleicht sichtbarsten Wirkungen wurden jedoch im weiten Kontext der Transitional Justice[60] durch den Einsatz des Zivilen Friedensdienstes (ZFD, in Tab. 7.1 als Projekte des Civil Peace Service aufgeführt) erzielt, mit dem Deutschland über ein Alleinstellungsmerkmal verfügt. Die Frage der Vergangenheitsbearbeitung zählt zu den wichtigsten Themen in sowohl Kambodschas Innenpolitik als auch den internationalen Beziehungen des Staates und ist dabei eng mit

---

[59] Chanmony 2023.

[60] Die Bundeszentrale für Politische Bildung (o. J.) definiert Transitional Justice als „Gesamtheit von Handlungsansätzen, die auf individueller, gesellschaftlicher und politischer Ebene darauf gerichtet sind die Folgen von Gewalt und Leid nachhaltig auf der ideellen und strukturellen Ebene zu überwinden und ein friedliches gesellschaftliches Miteinander neu zu gestalten. Dazu gehören insbesondere die Strafverfolgung von Kriegsverbrechen durch internationale, nationale oder sog. ‚gemischte‘ Strafkammern, die Reform staatlicher Institutionen, insbesondere des Justiz- und Sicherheitssektors, die Reparationen für Opfer von Gewalt, die Amtsenthebung von Funktionsträgern oder ‚Durchleuchten‘ bei Neueinstellungen sowie Wahrheitskommissionen, die Dokumentation- und Erinnerungsarbeit, Bildungs- und Öffentlichkeitsarbeit". Siehe zur Diskussion von Transitional Justice in Kambodscha: Doung & Ear 2009.

dem Themen Governance und Demokratie verbunden. 2004 billigte die kambodschanische Nationalversammlung einstimmig die Einrichtung eines Tribunals, vor dem sich die Führungskader der Roten Khmer für die zwischen 1975 und 1979 begangen Verbrechen verantworten sollten. Das Khmer Rouge Tribunal – offiziell: Außerordentliche Kammern an den Gerichten von Kambodscha (ECCC) – wurde schließlich 2006 durch eine Vereinbarung zwischen den Vereinten Nationen und der Regierung als ein hybrides Gericht eingerichtet. Kurz gefasst handelte es sich nicht um ein Tribunal mit eigener Rechtssubjektivität, sondern um ein kambodschanisches Gericht mit internationaler Beteiligung, das sowohl mit kambodschanischen Richtern als auch internationalen Richter*innen besetzt war.[61] Ab 2009 klagte das Tribunal mehrere hochrangige Führer der Roten Khmer an, wobei es letztlich nur zu drei Verurteilungen kam: Kaing Guek Eav, genannt Duch, Direktor des Foltergefängnisses S-21, Pol Pots Stellvertreter und Chefideologe Nuon Chea („Bruder Nummer Zwei") sowie das ehemalige Staatsoberhaupt Khieu Samphan erhielten jeweils lebenslanger Haftstrafen für Völkermord, Verbrechen gegen die Menschlichkeit und Kriegsverbrechen. In seiner abschließenden Sitzung im September 2022 lehnte das Tribunal einen Einspruch von Khieu Samphan ab und bestätigte die gegen ihn verhängte lebenslange Haftstrafe. Die sechzehnjährige Tätigkeit des Tribunals war regelmäßig durch Korruptionsvorwürfe, politische Einflussnahme und Konflikte um die Prozessführung behindert worden. Kritik bestand vor allen an der geringen Zahl der verhandelten Fälle angesichts der hohen Kosten von insgesamt 337 Mio. USD.

Zu beachten ist jedoch, dass das Tribunal nicht nur eingerichtet wurde, um die Haupttäter der Roten Khmer vor Gericht zu stellen (vergeltende Gerechtigkeit), sondern auch den Rahmen oder zumindest Anknüpfungspunkt für Initiativen zur Versöhnung und Friedenskonsolidierung (wiederherstellende Gerechtigkeit) bilden sollte. Zum einen trugen die Prozesse zur Aufklärung der Verbrechen der Roten Khmer bei und ließen den Opfern und ihren Familien nicht zuletzt durch die – erstmals in der Geschichte der internationalen Strafgerichtsbarkeit bestehende – Möglichkeit der Teilnahme an den Verfahren als Zivilparteien ein gewisses Maß an Gerechtigkeit widerfahren. Zum anderen erzielte das Tribunal eine Friedensdividende, indem es einen Prozess der Reflexion und Aufarbeitung der Vergangenheit auslöste. Hierzu zählten auch erstmalig Initiativen zur Traumata-Bewältigung, die in der Zeit vor dem Tribunal nicht existierten, weil es der Regierung an einem entsprechenden Interesse mangelte. Die Erkenntnis, dass ein tiefes Verständnis der Vergangenheit notwendig ist, um Konflikte in der Zukunft zu verhindern, setzte sich erst im Zuge der ECCC-Prozesse durch.

---

[61] Ausführlich hierzu Mayr-Singer 2008.

Der Großteil der heutigen Bevölkerung Kambodschas hat das Regime der Roten Khmer nicht oder nicht bewusst erlebt. Das Thema wird inzwischen in der Schule behandelt, allerdings nur kursorisch und so fällt es jungen Kambodschaner*innen oftmals schwer, sich das Ausmaß des Genozids vorzustellen und zu verstehen, warum es dazu kommen konnte.

Die Tatsache, dass die Mehrheit der Bevölkerung das Tribunal unterstützte, leistet einen wichtigen Beitrag zum besseren Verständnis des dunkelsten Kapitels in der Geschichte des Landes, dessen Behandlung bis in die 2000er Jahre hinein nicht einmal zu den Unterrichtsinhalten im nationalen Schulsystem zählte. Dies änderte sich erst 2007, als das Bildungsministerium das Lehrbuch „A History of Democratic Kampuchea (1975–1979)" für den Einsatz an kambodschanischen Schulen genehmigte.[62] Es war das erste Buch dieser Art, das von einem Kambodschaner geschrieben wurde. Der Autor, Khamboly Dy, war Mitarbeiter des NGOs Documentation Center of Cambodia (DC-Cam), welches das Buch produzierte und in mehr als einer halben Million Exemplaren veröffentliche. Möglich wurde dies durch Geber-Unterstützung. Während die Arbeit des DC-Cam generell von der SIDA und der US Agency for International Development (USAID) mitfinanziert wurde, stellten das Open Society Institute (OSI) der Soros Foundation and der National Endowment for Democracy (NED), beide in den USA ansässig, die Mittel für das Buchprojekt zur Verfügung.

In diesem konkreten Fall gab es keine deutsche Beteiligung, insgesamt jedoch hat der Zivile Friedensdienst maßgebliche Diskurse und Aktionen zur Versöhnung und Aufarbeitung der Vergangenheit geprägt. 1999 etablierte die Bundesregierung den ZFD als Instrument für Gewaltprävention und Friedensförderung in Krisen- und Konfliktregionen. Finanziert vom BMZ verfolgt der ZFD das Ziel, den gewaltfreien Umgang mit Konflikten und Konfliktpotentialen zu fördern und damit zur Krisenprävention, Gewaltminderung und Konfliktnachbearbeitung beizutragen. Mit Stand Anfang 2024 führen 380 ZFD-Fachkräfte von neun deutschen Friedens- und Entwicklungsorganisationen den ZFD gemeinsam mit lokalen Partnerorganisationen in 45 Ländern durch.[63] In Kambodscha begann der ZFD seine Arbeit 2001. Seither sind Dutzende Projekte vor allem vom Deutschen Entwicklungsdienst (DED) und nach 2011 der GIZ[64], aber auch vom Evangelischen

---

[62] Dosch 2012, S. 1076. Das Buch „A History of Democratic Kampuchea (1975–1979)" ist unter https://www.d.dccam.org/Projects/Genocide/DK_Book/DK_History-EN.pdf verfügbar. Seither sind weitere Bücher geschrieben worden, die auf die Khmer Rouge Zeit eingehen, von denen jedoch nicht alle für den Unterricht zugelassen wurden.

[63] Ziviler Friedensdienst (ZFD) 2024.

[64] DED, GTZ und InWEnt wurden am 1. Januar 2011 in der Deutschen Gesellschaft für Internationale Zusammenarbeit (GIZ) zusammengeführt.

Entwicklungsdienst (EED) und in jüngerer Zeit vom Forum ZFD und Brot für die Welt mit zivilgesellschaftlichen Akteuren umgesetzt worden. Von 2009 bis 2011 ließ das BMZ den ZFD evaluieren.[65] Zu diesem Zweck wurden acht Fallstudienländer ausgewählt, darunter auch Kambodscha. Die nachfolgenden Ausführungen beziehen sich auf den Länderbericht Kambodscha[66] und Interviews.

Bis 2006 folgte der ZFD in Kambodscha einem heterogenen Ansatz und förderte vor allem Maßnahmen in den Bereichen Reduzierung von Kleinwaffen, friedliche Konfliktlösung, Rechtsstaatlichkeit und Demokratie, geschlechtsspezifische Gewalt, sowie der Beteiligung der Zivilgesellschaft an politischen Entscheidungsprozessen. Ab 2007 konzentrierte sich das Programm auf „Gerechtigkeit und Versöhnung in Kambodscha" und war vollständig auf Projekte im Zusammenhang mit dem Khmer Rouge Tribunal ausgerichtet. Der ZFD war der erste und größte externe Akteur, der das Tribunal mit einer breiteren gesellschaftlichen Debatte über die Khmer Rouge-Vergangenheit und den Völkermord sowie über die Notwendigkeit der Unterstützung der Opfer verknüpfte. Das ZFD-Programm basierte auf der Annahme, dass es nur mit der aktiven Beteiligung der überlebenden Opfer und Täter möglich sein wird, die Botschaft von Gerechtigkeit und Versöhnung in der kambodschanischen Gesellschaft zu verbreiten. Beispielsweise sind Maßnahmen zur Erinnerungskultur und zur Opferhilfe nur aufgrund der Involvierung des ZFD durchgeführt worden. Die folgenden Beispiele verdeutlichen einige der Ergebnisse:

- Ohne die Unterstützung des ZFD wäre die Opferabteilung *(Victims Unit)* des Khmer Rouge-Tribunals nicht in der Lage gewesen, seine Arbeit zu leisten – vor allem mit Blick auf die Kontaktaufnahme zu überlebenden Opfern, die Entgegennahme und Bearbeitung von Beschwerden und Anträgen der Zivilparteien, die Koordinierung der rechtlichen Vertretung von Zivilparteien und die Beteiligung an der Gestaltung von Maßnahmen und Strategien im Zusammenhang mit der Partizipation von Opfern.
- Die psychologische Betreuung von Zeug*innen und Zivilparteien vor, während und nach den Verfahren vor dem Tribunal durch die vom ZFD unterstützte Trans-Cultural Psychosocial Organization (TPO) ist einzigartig in Kambodscha. In Umfragen gaben die Betroffenen an, dass die psychosoziale Beratung von TPO ihnen geholfen habe, ihren posttraumatischen Stress zu bewältigen und an den Anhörungen teilzunehmen oder sogar auszusagen. Die Arbeit der TPO ist weiterhin von großer Bedeutung, da es im ganzen Land weniger als

---

[65] Paffenholz et al. 2011.
[66] Dosch, Doung & Sedara 2011.

100 ausgebildete Psycholog*innen mindestens mit einem Master-Abschluss gibt, Bedarfe und Herausforderungen in der Trauma-Bearbeitung aber nach wie vor groß sind. Die Tätigkeit der TPO hat sich inzwischen auf die Unterstützung von Gemeinden beim Umgang mit Traumata verlagert.

• Das ZFD-Projekt am Department of Media and Communication (DMC) der Royal University of Phnom Penh, das zusätzlich auch von der KAS unterstützt wird, leistete einen entscheidenden Beitrag zur Professionalisierung des Journalismus in Kambodscha, insbesondere im Bereich der konfliktsensiblen Berichterstattung und der juristischen Berichterstattung über Fragen im Zusammenhang mit dem Tribunal und allgemein der Vergangenheit.

• Das Projekt zu geschlechtsspezifischer Gewalt (GBV) unter dem Khmer Rouge-Regime, das vom NGO Cambodian Defenders Project (CDP) mit ZFD-Unterstützung durchgeführt wurde, sammelte Beschwerden und Anträge von Opfern und Zeug*innen von GBV und setzte sich für die Einbeziehung von GBV in die Untersuchungen des Tribunals ein. Ohne dieses Projekt wäre GBV vom Tribunal nicht berücksichtigt worden.

Generell hat der ZFD auch in direkter Weise zur Stärkung von NGOs und deren Vernetzung untereinander beigetragen. Dies bildete insofern einen wichtigen Beitrag im Kontext der Demokratisierung, als Kambodscha über keine ausgeprägte Tradition des bürgerlichen Engagements und der Zivilgesellschaft verfügt. Das soziale Gefüge basiert vor allem auf informellen Organisationen wie Wat (Pagoden)-Komitees, und die soziale Interaktion findet innerhalb von Verwandtschafts- und Patronagenetzwerken statt. Eine aktive, partizipative Interaktion mit dem Staat zählt nicht zum historisch gewachsenen Erfahrungsschatz. Der Evaluierungsbericht führt hierzu aus:

> Insgesamt unterstützt der ZFD zivilgesellschaftliche Organisationen […] in der richtigen Weise durch die Einbeziehung der Zivilgesellschaft in einen *'soft-democratic' building process*, der für die Förderung einer demokratischen Kultur im Land geeignet ist. Es ist bekannt, dass die NGOs in den letzten Jahrzehnten immer mehr an Bedeutung gewonnen haben und sich auf verschiedene Aktivitäten zur Förderung der Demokratie, der Menschenrechte, der Rechtsstaatlichkeit und der Regierungsführung für die Bevölkerung konzentrieren. Die konzertierten Bemühungen aller Geber und Akteure haben zu diesen Erfolgen beigetragen, und der ZFD wurde als einer der Hauptakteure bei der Förderung eines solchen Erfolgs in Kambodscha besonders anerkannt.[67]

---

[67] Dosch, Doung & Sedara 2011, S. 51.

Diese Einschätzung gilt im Ganzen auch heute noch. Fragezeichen existierten 2011 jedoch hinsichtlich der Nachhaltigkeit des ZFD-Engagements. Zwar bewiesen einige Partnerorganisationen, dass sie in der Lage waren, ihre Aktivitäten aus eigener Kraft ohne weitere ZFD-Unterstützung fortzusetzen. Dies galt jedoch nur für die größten NGOs und auch nur in Ausnahmefällen. Zum Evaluierungszeitpunkt existierten keine systematischen und institutionalisierten Ansätze, um die Nachhaltigkeit der Maßnahmen zu erreichen oder zu verbessern. Häufig galt: Wenn die Finanzierung ausläuft, gehen die NGOs zum nächsten geberfinanzierten Projekt über. Zudem bestand die folgende Herausforderung: Während der ZFD versuchte zu verhindern, dass lokales Fachwissen durch europäische Expert*innen in den Hintergrund gedrängt oder heruntergespielt wurde, fanden sich die ZFD-Fachkräfte oft unfreiwillig in einer Führungs-, Entscheidungs- oder Managementposition wieder, weil die Partnerorganisationen sie in dieser Rolle haben wollten. Dies stellte eine Hürde im Prozess der Stärkung der lokalen Eigenverantwortung dar. Hier ist jedoch eine deutliche Weiterentwicklung feststellbar. Zwischenzeitlich hat die GIZ den Ansatz integrierter Fachkräfte durch Berater*innen-Pools ersetzt, der Anteil nationaler Expert*innen ist deutlich gestiegen und Partner NGOs haben nach vielen Jahren der Zusammenarbeit eigene Kapazitäten aufgebaut, die eine direkte externe Beratung häufig nicht mehr nötig machen und es ihnen erlauben, Aktivitäten auch nach Auslaufen der Geber-Finanzierung fortzuführen. Zu beobachten ist auch eine Evolution der Ansätze zur Vergangenheitsbewältigung, die weiterhin vor allem in der Jugendarbeit eine wichtige Rolle spielt, und zu generellen Strategien der Konfliktbearbeitung. So steht für das Forum ZFD die Friedensarbeit durch Bildung im Allgemeinen und im Besonderen die Förderung von Dialogprozessen und die Verbreitung von Methoden zur zivilen Konflikttransformation, Konfliktsensitivität und Friedensstiftung in der Post-Konflikt-Gesellschaft im Mittelpunkt des Engagements, das in Zusammenarbeit mit zivilgesellschaftlichen und staatlichen Partnern, Schulen und der Buddhist Universität als langjährigem Partner umgesetzt wird.

In der Zusammenschau zeigt das Beispiel Kambodscha, dass der Anspruch, wie er ja Anfang der 1990er Jahr durchaus bestand, einem Land vornehmlich mittels externer Unterstützung zu einem funktionierenden demokratischen System zu verhelfen, nicht umsetzbar erscheint. Hingegen ist es durchaus möglich, innerhalb gegebener Rahmenbedingungen, selbst wenn diese insgesamt von autoritären Herrschaftsstrukturen geprägt sind, durch Entwicklungszusammenarbeit Wirkungen in Teilsektoren der Good Governance zu erzielen. Oder in den Worten eines 2024 in Kambodscha interviewten Vertreters einer EZ-Organisation: „Die Unterstützung funktioniert nur, wenn man im System arbeitet und nicht dagegen."

Literatur

Al-Nasani, Ali (2017). *Menetekel am Mekong*. Heinrich-Böll-Stiftung, 6. Juni. https://www.boell.de/de/2017/06/06/menetekel-am-mekong.

Andersen, Henny, Karl-Anders Larsson & Joakim Öjendal (2022). *Supporting State-Building for Democratisation? A Study of 20 Years of Swedish Democracy Aid to Cambodia*. Stockholm: EBA. https://eba.se/wp-content/uploads/2019/06/2019-03-Swedish-Democracy-Aid-Cambodia-webb_Tillganp.pdf.

ANFREL (2023). *Pre-election Assessment Mission Report: 2023 Cambodian General Election*. Bangkok: ANFREL Foundation, https://anfrel.org/wp-content/uploads/2023/07/ANFREL-Cambodia-PEAM-2023_5-July-2023.pdf.

Auswärtiges Amt (2023). *Erklärung des Auswärtigen Amts zu den nationalen Wahlen in Kambodscha*, 24. Juli. https://www.auswaertiges-amt.de/de/newsroom/-/2610040.

BenYishay, Ariel et al. (2019). *Building on a Foundation Stone: The Long-Term Impacts of a Local Infrastructure and Governance Program in Cambodia*. EBA Report 2019:04. Stockholm:The Expert Group for Aid Studies (EBA). https://eba.se/wp-content/uploads/2019/06/2019-04-Long-Term-Impacts-Cambodia_Tillganp.pdf.

Bertelsmann Stiftung (2022). *BTI 2022 Country Report – Cambodia*. Gütersloh: Bertelsmann Stiftung. https://bti-project.org/fileadmin/api/content/en/downloads/reports/country_report_2022_KHM.pdf.

BMZ (2003). *Möglichkeiten und Grenzen der Förderung von Demokratie und Good Governance in Angola, Äthiopien, Guatemala und Kambodscha*. Länderstudie Kambodscha. Bonn: BMZ.

BMZ (2024a). Bilaterale Partner. https://www.bmz.de/de/service/lexikon/bilaterale-partner-59942.

BMZ (2024b). Deutsche Entwicklungszusammenarbeit mit Kambodscha. https://www.bmz.de/de/laender/kambodscha#anc=id_16106_16106.

BMZ (2024c). Politische Situation. Erhebliche Mängel in der Regierungsführung. https://www.bmz.de/de/laender/kambodscha/politische-situation-16082.

Bundeszentrale für Politische Bildung (o. J.). Transitional Justice. https://www.bpb.de/themen/kriege-konflikte/dossier-kriege-konflikte/504340/transitional-justice/.

Chandler, David P. (1993) Democratisation in Cambodia: here today and gone tomorrow? *Asian Studies Review*, 17(1), S. 28–32.

Chanmony, Sean (2023). Youth Participation in Local Cambodian Politics. *Cambodia Development Review*, 27(1). https://cdri.org.kh/storage/pdf/CDR%2023-Article1SCM_1681094096.pdf.

Committee For Free and Fair Elections in Cambodia (COMFREL) (2017). *Final Assessment and Report on the 2017 Commune Council Elections*. https://comfrel.org/english/wp-content/uploads/2018/08/275_Final-Assessment-and-Report-on-the-2017-Commune-Council-Elections-in-English-Version.pdf.

Contemporary Southeast Asia (2021). Special Issue: The Cambodian People's Party's Turn to Hegemonic Authoritarianism: Strategies and Envisaged Futures, *Contemporary Southeast Asia*, 43(2). https://www.jstor.org/stable/e27041350.

Crawford, Gordon (1997). Foreign aid and political conditionality: Issues of effectiveness and consistency. *Democratization*, 4(3), S. 69–108, https://doi.org/10.1080/135103497 08403526.

Croissant, Aurel & Philip Lorenz (2018). *Comparative Politics of Southeast Asia. An Introduction to Governments and Political Regimes*. Wiesbaden: Springer.

Croissant, Aurel (2022). Die politischen Systeme Südostasiens. Eine Einführung. 2. Auflage. Wiesbaden: Springer VS.

David, Sen (2021). One Window Service Offices are a success. *Khmer Times*, 30. November. https://www.khmertimeskh.com/50979454/one-window-service-offices-are-a-success/.

Dosch, Jörn (2012). The Role of Civil Society in Cambodia's Peace-building Process. Have Foreign Donors made a Difference? *Asian Survey*, 52(6), S. 1067–1088.

Dosch, Jörn, Doung Virorth & Kim Sedara (2011). *The German Civil Peace Service: Case Study of Cambodia*. Bonn: BMZ.

Doung, Virorth & Sophal Ear (2009). Transitional Justice Dilemma: The Case of Cambodia. *Peace & Conflict Review*, 4(1), S. 1–30.

Doyle, Michael W. (2023). *UN Peacekeeping in Cambodia : UNTAC's Civil Mandate*. Boulder: Lynne Rienner Publishers.

Ear, Sophal (2013). *Aid dependence in Cambodia how foreign assistance undermines democracy*. New York: Columbia University Press.

EEAS Press Team (2023). Cambodia: Statement by the Spokesperson on the general elections, 24 July. https://www.eeas.europa.eu/eeas/cambodia-statement-spokesperson-general-elections_en.

Europäische Kommission (2020). *Delegierte Verordnung (EU) 2020/550 der Kommission vom 12. Februar 2020 zur Änderung der Anhänge II und IV der Verordnung (EU) Nr. 978/2012 des Europäischen Parlaments und des Rates hinsichtlich der vorübergehenden Rücknahme der Regelungen nach Artikel 1 Absatz 2 der Verordnung (EU) Nr. 978/2012 für bestimmte Waren mit Ursprung im Königreich Kambodscha*. https://eur-lex.europa.eu/legal-content/DE/TXT/PDF/?uri=CELEX:32020R0550.

European Partners (2021). *Joint European Strategy for Development Cooperation with Cambodia, 2021–2027*. https://www.eeas.europa.eu/sites/default/files/documents/Joint%20European%20Strategy%20for%20Development%20Cooperation%20with%20Cambodia%202021-2027.pdf.

Frost, Frank (1994). Cambodia: From UNTAC to Royal Government. *Southeast Asian Affairs 1994*, S. 79–101. http://www.jstor.org/stable/27912096.

GIZ (o. J.). Bürgerservices in Kambodscha verbessern. https://www.giz.de/de/weltweit/114 244.html.

GIZ Evaluation Unit (2016). *Project evaluation: summary report Cambodia: Decentralisation and Administrative Reform Project (ARDP)*. https://mia.giz.de/cgi-bin/getfile/ 53616c7465645f5f52982adb606e71c426ca62bc125bf406e03e96a4db8dcdfc94400555 c690ec286faae445bac139a18f36d0fdd8e05cca0bd656bd683b7f8b55a81cffb861bf32/ giz2016-0126en-projectevaluation-ardp-cambodia-pev.pdf.

Godfrey, Martin, Chan Sophal, Toshiyasu Kato, Long Vou Piseth, Pon Dorina, Tep Saravy, Tia Savora & So Sovannarith (2002). Technical Assistance and Capacity Development in an Aid-dependent Economy: The Experience of Cambodia. *World Development*, 30(3), S. 355–373.

Hunt, David (2023). Kambodscha: Wahlen als Erbfolgepolitik. *Deutsche Welle*, 23. Juli. https://www.dw.com/de/kambodscha-wahlen-als-erbfolgepolitik/a-66309434.

Karbaum, Markus (2008). *Kambodscha unter Hun Sen. Informelle Institutionen, Politische Kultur und Herrschaftslegitimität*. Berlin: Lit.

Kiernan, Ben (2002). Introduction. Conflict and change in Cambodia 1945–2002. *Critical Asian Studies*, 34(4), S. 483–606.

Köppinger, Peter (2002). Erste demokratische Gemeinderatswahlen in Kambodscha. *KAS-Auslandsinformationen*, 3/02, S. 72–88.

Korm, Ribaun & Bunthoeun Thun (2019). Effects of One Window Service on Public Service Delivery and Good Governance: Case study of Cambodia OWSO. Power Point Presentation, 13–15 March 2019 Bali, Indonesia. https://era.gov.kh/eraasset/uploads/2019/12/Eff ect-of-OWSO-Bali-13-15-March19pptpaper.pdf.

Loughlin, Neil & Astrid Norén-Nilsson (2021). Introduction to Special Issue: The Cambodian People's Party's Turn to Hegemonic Authoritarianism: Strategies and Envisaged Futures. *Contemporary Southeast Asia*, 43(2), S. 225–240.

Mayr-Singer, Jelka (2008). Hybridgerichte – eine neue Generation internationaler Strafgerichte (II) Das Khmer-Rouge-Tribunal. *Vereinte Nationen*, 6/2008, S. 258–262.

Mydans, Seth (2023). No Opposition. No Choice. Cambodia's Election Paves Way for Dynastic Rule. *New York Times* (Online), 27 July. https://www.nytimes.com/2023/07/22/world/asia/no-opposition-no-choice-cambodias-election-paves-way-for-dynastic-rule.html.

Norén-Nilsson, Astrid (2016). *Cambodia's Second Kingdom: Nation, Imagination, and Democracy*. Ithaca, New York: Cornell University Press.

Paffenholz, Thania et al. (2011). *Der Zivile Friedensdienst: Synthesebericht. Kurzfassung der Evaluierung*. Evaluierungsberichte 054. Bonn: BMZ. https://www.ziviler-friedensdienst. org/de/publikation/der-zivile-friedensdienst-synthesebericht.

Phnom Penh Post (2023). One Window Service units generate over $21M in '21, 14 February. https://www.phnompenhpost.com/national/one-window-service-units-generate-over-21m-214.

Rat der Europäischen Union (2020). Übermittlungsvermerk an Jeppe Tranholm-Mikkelsen, Generalsekretär des Rates der Europäischen Union. https://www.parlament.gv.at/dok ument/XXVII/EU/13350/imfname_10962665.pdf.

Royal Government of Cambodia (2019). *National Strategic Development 2019–2023. For Growth, Employment, Equity and Efficiency to Reach the Status of an Upper-Middle Income Country by 2030*. https://data.opendevelopmentmekong.net/dataset/087e8a03-f09d-4eb2-94f2-00d8d237b342/resource/bb62a621-8616-4728-842f-33ce7e199ef3/dow nload/nsdp-2019-2023_en.pdf.

Royal Government of Cambodia (2021). *National Program on Sub-National Democratic Development Phase 2* (NP-2) https://faolex.fao.org/docs/pdf/cam212739.pdf.

Santiso, Carlo (2001). International Co-operation for Democracy and Good Governance: Moving Towards a Second Generation? *European Journal of Development Research*, 13(1), S. 154–180.

Schmitz, Andrea (2006). *Konditionalität in der Entwicklungspolitik*. Berlin: Stiftung Wissenschaft und Politik. https://www.swp-berlin.org/publications/products/studien/2006_S12_ smz_ks.pdf.

Schrey, Denis, Allan Tran-Sam & Stefanie Hartwig (2013). Die Parlamentswahlen 2013 und die Entwicklung der politischen Parteien in Kambodscha. *KAS Auslandsinformationen*, 11/2013, S. 52–74.

Statista (2024). Kambodscha: Wachstum des realen Bruttoinlandsprodukts (BIP) von 1989 bis 2022 und Prognosen bis 2028, https://de.statista.com/statistik/daten/studie/384 784/umfrage/wachstum-des-bruttoinlandsprodukts-bip-in-kambodscha/#:~:text=Wac hstum%20des%20Bruttoinlandsprodukts%20(BIP)%20in%20Kambodscha%20bis% 202028&text=Im%20Jahr%202022%20hat%20das,rund%205%2C65%20Prozent%20p rognostiziert.

Weiser, Erin (2015). Citizen outreach for citizen service centers: lessons from the one window service office initiative in Cambodia (English). Cambodia Demand For Good Governance. *DFGG Learning Note Series*, no. 19. Washington, D.C.: World Bank Group. https://documents1.worldbank.org/curated/en/819801468017945203/pdf/922080 BRI038530dia0Learning0Note019.pdf.

World Bank Databank (2024a). Net ODA received (% of central government expense) – Cambodia, https://data.worldbank.org/indicator/DT.ODA.ODAT.XP.ZS?end=2021&loc ations=KH&start=1990.

World Bank Databank (2024b). Net ODA received per capita (current US$) – Cambodia, https://data.worldbank.org/indicator/DT.ODA.ODAT.PC.ZS?locations=KH.

Ziviler Friedensdienst (ZFD) (2024). Ziviler Friedensdienst. https://www.ziviler-friedensd ienst.org/de.

Förderung von Menschenrechten und Rechtsstaatlichkeit

8

Der menschenrechtsbasierte Ansatz (*Human Rights-Based Approach,* HRBA) in der Entwicklungszusammenarbeit hat seine Wurzeln in der Allgemeinen Erklärung der Menschenrechte von 1948, die in 30 Artikeln bürgerliche, politische, wirtschaftliche, soziale und kulturelle Rechte definiert,[1] und darauf aufbauenden Übereinkommen. Hierzu zählt u. a. die Europäische Konvention zum Schutz der Menschenrechte und Grundfreiheiten von 1950, die seither mehrfach ergänzt worden ist.[2] Die explizite Berücksichtigung des HRBA in der Entwicklungszusammenarbeit lässt sich bis in die späten 1990er und frühen 2000er Jahre zurückverfolgen, nachdem eine Reihe internationaler Konferenzen und Erklärungen die untrennbare Verbindung zwischen Menschenrechten, nachhaltiger Entwicklung und humanitärer Hilfe hervorgehoben hatten. Der entscheidende Moment für den HRBA kam 2003, als die Entwicklungsgruppe der Vereinten Nationen (UNDG)[3] den Bericht UNDG „Human Rights Based Approach to Development Cooperation: Towards a Common Understanding Among UN Agencies" verabschiedete, der darauf abzielte, die Menschenrechte in alle UN-Programme zu integrieren. Dieses Dokument legt die wichtigsten Grundsätze für einen menschenrechtsbasierten Ansatz dar, darunter Universalität und

---

[1] Vereinte Nationen 1948.

[2] Für die aktuelle Version der Europäische Menschenrechtskonvention einschließlich aller Protokolle und Zusatzprotokolle siehe https://www.echr.coe.int/documents/d/echr/convention_deu.

[3] Die United Nations Development Group (seit 2018 UN Sustainable Development Group) wurde 1997 als ein Konsortium von 36 UN-Agenturen gegründet, um die Effektivität der UN-Entwicklungsarbeit auf Länderebene zu verbessern.

© Der/die Herausgeber bzw. der/die Autor(en), exklusiv lizenziert an Springer Fachmedien Wiesbaden GmbH, ein Teil von Springer Nature 2024
J. Dosch und P. Becker, *Die Wirksamkeit von Entwicklungszusammenarbeit*,
https://doi.org/10.1007/978-3-658-45474-6_8

Unveräußerlichkeit, Unteilbarkeit, Nichtdiskriminierung und Gleichheit, Beteiligung und Einbeziehung, Rechenschaftspflicht und Rechtsstaatlichkeit. Konkret formuliert der Bericht drei zentrale Prämissen:

1. Alle Programme der Entwicklungszusammenarbeit, Politiken und technische Hilfe sollen die Verwirklichung der Menschenrechte, wie sie in der Allgemeinen Erklärung der Menschenrechte und anderen internationalen Menschenrechtsinstrumenten niedergelegt sind, fördern.
2. Die in der Allgemeinen Erklärung der Menschenrechte und anderen internationalen Menschenrechtsübereinkünften enthaltenen Menschenrechtsnormen und die daraus abgeleiteten Grundsätze sind die Richtschnur für die gesamte Entwicklungszusammenarbeit [...] in allen Sektoren und in allen Phasen des Programmierungsprozesses.
3. Die Entwicklungszusammenarbeit trägt zur Entwicklung der Fähigkeiten der „Pflichtenträger*innen" [duty-bearers] bei, ihren Verpflichtungen nachzukommen und der „Rechteinhaber*innen" [rights-holders], ihre Rechte einzufordern.[4]

Während somit über die Zielsetzungen weitgehende Einigkeit besteht, hängen Erfolg und Misserfolg der HRBA-Implementierung stark von den jeweiligen politischen und gesellschaftlichen Dynamiken in den Partnerländern ab. Welchen Anteil die Projekte der Entwicklungszusammenarbeit für positive Veränderungen der Menschenrechtssituation haben, lässt sich in der Regel nicht auf den ersten Blick beurteilen, da viele Einflussfaktoren zusammentreffen. Bei der Förderung von Menschenrechten und Rechtsstaatlichkeit (häufig werden beide Thematiken im Tandem behandelt) wird zudem in direkter Weise die nur langsam und langfristig veränderbare Ebene der Normen, Werte und Einstellungen berührt, was eine zusätzliche Erschwernis für den Nachweis von Wirkungen darstellt. Hinzu kommen oftmals Zielkonflikte auf der Geberseite, wenn einerseits die Menschenrechtssituation in einem autoritär regierten Partnerland verbessert werden soll, sich gleichzeitig aber aufgrund wirtschaftlicher und politischer Interessen an guten Beziehungen mit eben diesem Land eine ausgeprägte Menschenrechtsrhetorik als kontraproduktiv erweisen könnte. Das wahrscheinlich prominenteste, aber bei weitem nicht das einzige Beispiel sind die Beziehungen der meisten OECD-Staaten mit der Volksrepublik China. Eine Evaluierung der Unterstützung der Europäischen Kommission für die Menschenrechte und die Achtung der Grundfreiheiten bringt diese Komplexität anschaulich auf den Punkt. Demnach

---

[4] UNDG 2003.

steht die Europäische Kommission vor erheblichen Herausforderungen, wenn sie bei Menschenrechtsinitiativen wirksame Ergebnisse erzielen will. Zu diesen Herausforderungen zählen in einigen Ländern das Agieren in einem feindseligen oder widerstrebenden Regierungsumfeld mit begrenztem Reformspielraum, generell das Abwägen von Menschenrechtszielen mit anderen außenpolitischen und wirtschaftlichen Prioritäten der EU sowie die begrenzten Einflussmöglichkeiten und Anreize, welche die EU bieten kann. „Schnelle Lösungen sind nicht zu erwarten. Während Regierungen dazu bewegt werden können, die Regeln und rechtlichen Rahmenbedingungen im Zusammenhang mit Menschenrechten anzupassen, hat es sich als weitaus schwieriger erwiesen, auch die Prozesse zu beeinflussen, die die Durchsetzung von Rechten und Freiheiten ermöglichen, und das Verhalten von Machthabern, Beamten und Bürgern zu ändern."[5]

Auch wenn der Bericht schon einige Jahre zurückliegt, kommt dieser generellen Einschätzung weiterhin Bedeutung zu – und dabei nicht nur für die EU, sondern praktisch für alle Geber. Angesichts der Schwierigkeit, konkrete Resultate nachzuweisen, heben die großen thematischen Evaluierungen, die vor allem im Zeitraum von etwa 2002 bis 2012 umgesetzt wurden, vor allem den generellen Wert des Engagements der jeweiligen Geber hervor. Einige Beispiele: Die langfristige Zusammenarbeit und das Engagement Schwedens hätten das Vertrauen der Partnerländer und der Beteiligten gestärkt. Dies sei wichtig, um nachhaltige Ergebnisse in den Bereichen Demokratie und Menschenrechte zu erzielen.[6] Die australische Unterstützung für den Justizsektor werde in der Regel von den Partnern sehr geschätzt. Ein besonderes Merkmal bestünde in den engen Beziehungen, die zu den Partnerländern aufgebaut worden seien – unterstützt durch die Tatsache, dass die Bereitschaft bestanden habe, sich in Bereichen zu engagieren, in denen nur wenige andere Geber tätig sind.[7] Die Direktion für Entwicklung und Zusammenarbeit (DEZA) der Schweiz setze in ihrem Engagement für Menschenrechte und Justizreformen an der richtige Stelle an (DEZA „is generally doing the right things").[8] Aus den Gesprächen mit den Begünstigten verschiedener irischer Projekte gehe hervor, dass die jeweiligen Vorhaben positive Auswirkungen hatten.[9]

Die letztgenannte Aussage ist einer frühen Evaluierung der Entwicklungszusammenarbeit Irlands im Bereich Menschenrechte und Demokratisierung von

---

[5] European Commission 2011b, S. 72.

[6] Swedish Agency for Development Evaluation (SADEV) 2012, S. 1 f.

[7] Australian Government. AusAid 2012, S. 21.

[8] Swiss Agency for Development and Cooperation (SDC) 2015, S. 43.

[9] Sørbø, Skaar & Stokke 2002, S. 10.

2002 entnommen, die fordert, die Belange der Menschenrechtsbildung als Querschnittsthema besser in die Entwicklungszusammenarbeit insgesamt zu integrieren.[10] Diese Empfehlung, die sich auch in einer Reihe anderer Berichte findet, kann zumindest mit Blick auf das Design von Entwicklungsprogrammen inzwischen als umgesetzt gelten, vor allem als Folge der globalen Einigung auf die Nachhaltigen Entwicklungsziele. Die SDGs von 2015, die eine breite Palette von Menschenrechtsgrundsätzen und -standards einbeziehen, einschließlich der wirtschaftlichen, bürgerlichen, kulturellen, politischen und sozialen Rechte und des Rechts auf Entwicklung, haben die Bedeutung des HRBA weiter gestärkt. Die 17 SDGs sind gemäß der Präambel der Agenda 2030 „darauf gerichtet, die Menschenrechte für alle zu verwirklichen".[11] Die überwiegende Mehrheit der 169 Zielvorgaben sind mit zentralen internationalen Menschenrechts- und Arbeitsnormen verknüpft. Die Agenda 2030 und die Menschenrechte sind somit untrennbar miteinander verbunden und verwoben.

Die unter OECD-Gebern heute übliche starke Hervorhebung der Menschenrechtsförderung sowohl als eigenständiges Ziel als auch Querschnittsaufgabe findet sich im Falle Deutschlands in dem 2011 – und damit bereits vor den SDGs – formulierten BMZ-Strategiepapier „Menschenrechte in der deutschen Entwicklungspolitik":

> Menschenrechte sind Leitprinzipien der deutsche Entwicklungspolitik. Sie sind maßgeblich für die Ziele, Programme und Vorgehensweisen der deutschen Entwicklungspolitik in der Zusammenarbeit mit Partnerländern und auf internationaler Ebene. […] Die Strategie des BMZ beruht auf der Förderung sowohl spezifischer Menschenrechtsvorgaben als auch der Querschnittsverankerung des Menschenrechtsansatzes in allen Sektoren und Schwerpunkten der Zusammenarbeit (dualer Ansatz).[12]

Die Umsetzung dieser Strategie ist gemäß einer zehn Jahre später erfolgten umfangreiche Evaluierung „teilweise" bzw. „nicht vollständig" erfolgt. Aus Leser*innenperspektive eröffnet sich somit die Möglichkeit, das Glas als entweder halb voll oder halb leer zu betrachten. In zwei Bereichen war der HRBA gut verankert: Erstens im Kontext der Verfahren und Prozesse sowie im Wissensmanagement und zweitens im Training der Durchführungsorganisationen. Fast alle relevanten Verfahren des BMZ enthielten Aspekte des HRBA. Ebenso existierten bei den Implementierungsagenturen relevante und funktionierende Ansätze, die

---

[10] Sørbø, Skaar & Stokke 2002, S. 15.

[11] UN Generalversammlung 2015.

[12] BMZ 2011.

das Mainstreaming menschenrechtlicher Standards und Prinzipien in den Projekten gewährleisteten. In Bezug auf Wissen und Wissensmanagement setzten die Durchführungsorganisationen den HRBA überdurchschnittlich gut um. Dazu trug auch die umfassende Schulung in fast allen dieser Agenturen bei. Dagegen war die Implementierung des HRBA in drei anderen Handlungsfelder defizitär. Hierzu zählen erstens die menschenrechtliche Kohärenz im Partnerland,[13] die von nur wenigen Projekten aktiv gefördert wurde, zweitens die Fortbildung im BMZ, die den Menschenrechtsfokus kaum integrierte (wobei zum Zeitpunkt der Evaluierung bereits Planungen bestanden, durch neue Trainingsansätze Abhilfe zu schaffen), sowie drittens die Abwesenheit eines systematischen Monitoring des HRBA.[14] Die Evaluierung fokussiert sich insbesondere auf BMZ-finanzierte Projekte aus dem Interventionsbereich „Privatsektor- und Finanzsystementwicklung" und greift damit Aspekte des Themenfeldes „Wirtschaft und Menschenrechte" auf, das in jüngerer Vergangenheit eines der wichtigsten Arbeitsfelder der deutschen Entwicklungspolitik bildete. Etwa die Hälfte der Projekte setzten Maßnahmen um, die darauf abzielten, staatliche oder privatwirtschaftliche Akteure als Pflichtenträger*innen zu stärken, damit sie ihren menschenrechtlichen Verpflichtungen nachkommen können. Insgesamt betrachtet die Evaluierung die Anforderungen an die Wirksamkeit bilateraler Projekte im Bereich der Menschenrechte als teilweise erfüllt. Dem Anspruch, einen Beitrag zur Schaffung und Sicherung von Arbeitsplätzen zu leisten, sind die Projekte der bilateralen Entwicklungszusammenarbeit vollständig gerecht geworden. Hingegen wurde das Ziel, einen Beitrag zur Stärkung von marginalisierten Gruppen und zur Ermächtigung von Pflichtenträger*innen in menschenrechtlicher Hinsicht zu leisten, nur partiell erreicht. Es konnten nur wenige Maßnahmen identifiziert werden, die darauf abzielten, die adressierten Rechteinhaber*innen so zu stärken, dass sie ihre Rechte individuell oder kollektiv kennen und durchsetzen können. Insofern besteht nach Ansicht der Evaluator*innen erheblicher Verbesserungsbedarf in Bezug auf die Schaffung gerechter und günstiger Arbeitsbedingungen und die Ermächtigung der Rechteinhaber*innen.[15]

Zu teilweise ähnlichen Ergebnissen gelangen auch frühere Evaluierungen der Aktivitäten anderer Geber. So mahnen etliche Berichte mangelnde Anstrengungen bei der Überprüfung und Bewertung der Ergebnisse von Programmen und

---

[13] Ziel der deutschen Entwicklungspolitik ist es in diesem Zusammenhang, in den Partnerländern zur Kohärenz der deutschen und internationalen Politik mit menschenrechtlichen Standards beizutragen.
[14] Polak et al. 2021a und b.
[15] Polak et al. 2022, S. 52, 84.

Projekten an. Beispielhaft sei hier auf die australische Entwicklungszusammenarbeit verwiesen. Zwar verfügten die von Australien finanzierten Programme über formale M&E-Vereinbarungen, neigten jedoch dazu, sich auf die Darstellung von Aktivitäten und *Outputs* zu konzentrieren und die Analyse auf der Wirkungsebene zu vernachlässigen. Der Bericht gesteht jedoch zu, dass es generell schwierig sei, kausale Zusammenhänge zwischen dem Aufbau von Kapazitäten, auf den sich viele Programme konzentrierten, und strukturellen Veränderung z. B. mit Blick auf die Verbesserungen der Rechts- und Justizdienste nachzuweisen.[16] Im Falle der Niederlande und speziell des von der Regierung geschaffenen Menschenrechtsfonds (Human Rights Fund/HRF) wird festgestellt, dass der HRF insgesamt ein wertvolles Instrument vor allem für die Menschenrechtsarbeit von NGOs darstellte. Während sich Projekte auf die Förderung von Menschenrechten durch Sensibilisierung und Schulung konzentrierten, ist eine Verbesserung der Achtung, des Schutzes und der Verwirklichung der Menschenrechte jedoch eher vernachlässigt worden.[17] Gleichzeitig lassen sich eine Reihe konkreter Beispiele für effektive und wirksame Vorhaben finden, wobei die nachfolgende Liste keinen Anspruch auf Vollständigkeit erhebt.

• Die australische Entwicklungszusammenarbeit führte zu Effizienzsteigerungen in den unterstützten Justizverwaltungen, einer Verringerung der Menschenrechtsverletzungen innerhalb der Strafrechtssysteme, einigen Verbesserungen beim Zugang zur Justiz für bestimmte Gruppen (z. B. weibliche Haushaltsvorstände in Indonesien) und der Wiederherstellung und Aufrechterhaltung von Recht und Ordnung in konfliktbetroffenen Gesellschaften wie den Salomonen. Australien trug ferner dazu bei, in ausgewählten Ländern die Menschenrechtsstandards in den Gefängnissen zu verbessern. Besonders deutlich wurde dies in Kambodscha, wo Menschenrechtsverletzungen im Gefängnissystem auf eine mangelhafte Infrastruktur, schlecht ausgebildete Gefängniswärter und fehlende Grundversorgung zurückzuführen waren. Eine Mischung aus Kapitalinvestitionen und institutionellen Reformen trugen zu erheblichen und dauerhaften Verbesserungen der Haftbedingungen bei, zunächst in den „Partnergefängnissen" und zunehmend im gesamten System. Die Auswirkungen der australischen Hilfe auf die Korruption, sowohl innerhalb des Rechts- und Justizsystems als auch allgemein in der Regierung, waren demgegenüber begrenzt. In Indonesien erreichten australische Projekte, die Ermittlungskapazitäten der Korruptionsbekämpfungskommission aufzubauen. Dies führte

---

[16] Australian Government. AusAid (2012), S. xi, 39 f.

[17] Ministry of Foreign Affairs (Netherlands) 2014, S. 109–110.

dazu, dass die Behörde bei der Verfolgung von mehr als hundert hochkarä-
tigen Fällen eine Erfolgsquote von 100 % vorweisen konnte. In Kambodscha
wurde jedoch eine Reihe von Aktivitäten zur Korruptionsbekämpfung wegen
mangelnder Unterstützung durch die Partner aufgegeben.[18]

- Von Luxemburg finanzierte Aktivitäten von fünf inländischen NGOs, die im
  Bereich der Menschenrechte in Lateinamerika (Bolivien, Brasilien, Kolumbien und Peru) tätig sind, resultierten nach Aussage der Evaluierung u. a.
  in einer stärkeren und sichtbareren Mobilisierung der Bürger*innen für die
  Wahrnehmung und Verteidigung ihrer individuellen und kollektiven Rechte,
  der Prävention von Gewalt, dem Aufbau nationaler Menschenrechtsprozesse
  und einer Verbesserung der Lebensbedingungen in Bezug auf Gesundheit, Bildung, Zugang zu Wasser usw. Die Evaluierung liefert jedoch keinen Hinweis
  drauf, wie genau es einem relativ kleinen Programm, das lediglich auf der
  nicht-staatlichen Ebene operierte, möglich gewesen sein sollte, die hier aufge-
  listeten substanziellen Verbesserung für die Menschenrechts- und damit auch
  Lebenssituation der Begünstigten zu erzielen.[19]

- Die Entwicklungszusammenarbeit der Schweiz mit Bolivien stärkte zentrale Menschenrechtsinstitutionen, wie das Büro der Ombudsperson und
  nicht-staatliche Agenturen, die sich erfolgreich für einen ausgeprägten Men-
  schenrechtsansatz in der Verfassung des Plurinationalen Staates von Bolivien
  (2009) einsetzten.[20]

- Das norwegische „Gender Based Governance Systems (GBG)" Projekt (2008–
  2012) in Pakistan resultierte in einem offeneren nationalen Diskurs über
  Demokratisierung und Menschenrechte, wobei der Fokus vor allem auf der
  Rolle und den Rechten von Frauen lag. Dem Projekt gelang es, die Thematik
  der Geschlechtergleichstellung auf die nationale politische Agenda zu heben,
  den Anliegen von Aktivistinnen auf der Kabinettsebene Gehör zu verschaffen
  und insgesamt dazu beizutragen, dass Frauen in der politischen Sphäre eine
  prominentere Rolle spielen können.[21]

- Seit 2001 hat die EU Mittel im dreistelligen Millionenbereich bereitgestellt
  (davon alleine 270 Mio. € von 2001 bis 2006), um entwurzelten Bevölkerungsgruppen in Asien Unterstützung zu gewähren („Aid to Uprooted
  People"/AUP). Angesichts häufig vorhandener rechtlicher und bürokratischer

---

[18] Australian Government. AusAid 2012, S. xi, 39–40.

[19] Ministry of Foreign and European Affairs, Development Cooperation Directorate (Luxemburg) 2016.

[20] Swiss Agency for Development and Cooperation (SDC) 2015, S. 43.

[21] Moen & Tahira 2010, S. 25.

Hindernisse, wie fehlenden Arbeitsrechten für Flüchtlinge, erleichterte das Programm die Arbeitsmarktintegration von Geflüchteten, Binnenvertriebenen, Rückkehrer*innen und ehemaligen Kämpfer*innen. AUP spielte in Ländern wie Afghanistan, Myanmar, Sri Lanka und Nepal eine Schlüsselrolle bei der Bereitstellung grundlegender Dienstleistungen mit einem Fokus auf Rechtshilfe, Gesundheit, Bildung, sauberes Wasser und Unterstützung für Frauen und gefährdete Gruppen. In einigen Fällen konnte erreicht werden, dass Regierungen ihren Widerstand gegen die Verbesserung der Lebensbedingungen entwurzelter Menschen aufgaben. Insgesamt förderten die AUP-finanzierten Maßnahmen die Verbindung zwischen Nothilfe, Wiederaufbau und Entwicklung und leisteten wichtige Beiträge zu Friedenskonsolidierung und Versöhnung.[22]

- Ein weiteres Beispiel für einen nachvollziehbaren Wirkungszusammenhang zwischen entwicklungspolitischen Aktivitäten der EU (gekoppelt mit Initiativen auf der politischen und diplomatischen Ebene) und Verbesserungen der Menschenrechtsituation findet sich im Fall der Philippinen. In der ersten Hälfte der 2000er Jahre setzte sich die EU u. a. proaktiv für die Abschaffung der Todesstrafe ein. Die Todesstrafe war bereits 1987 eliminiert, 1993 jedoch wieder eingesetzt worden. Seither hatten sieben Hinrichtungen stattgefunden. 2003 hob Präsidentin Gloria Macapagal-Arroyo, eigentlich eine erklärte Gegnerin der Todesstrafe, auf innenpolitischen Druck und mit Blick auf den bevorstehenden Wahlkampf ein Moratorium für Hinrichtungen, das rund vier Jahre bestanden hatte, wieder auf. Die EU unterstützte parallel drei philippinische NGOs, die auf eine endgültige Ächtung der Todesstrafe hinarbeiteten, sowie die Arbeit der philippinischen Menschenrechtskommission, die das gleiche Ziel verfolgte. Die EU-Delegation in Manila und die Botschaften der im Land vertretenen EU-Mitgliedsstaaten organisierten gemeinsam mit Australien und Kanada jährliche Besuche in den Todeszellen. Die Botschaften wurden von den philippinischen Behörden für diese Besuche kritisiert, aber sie waren ein wichtiges und wirksames Mittel, um Aufmerksamkeit für die Thematik zu schaffen. Die von der EU finanzierten NGOs trugen auch maßgeblich dazu bei, dass im Rahmen des ersten Fakultativprotokolls zum Internationalen Pakt über bürgerliche und politische Rechte (ICCPR) Fälle im Zusammenhang mit der Todesstrafe auf den Philippinen vor den Menschenrechtsausschuss der Vereinten Nationen gebracht wurden. Dieser traft drei Entscheidungen gegen die Philippinen, die ebenfalls dazu beitrugen, Druck auf die Regierung und den Kongress in Manila auszuüben. Die Abschaffung der

---

[22] European Commission 2014, S. 56–62.

Todesstrafe erfolgte schließlich 2006. Zwar war dies auch der Erfolg anderer Akteure, wie vor allem der im Land sehr einflussreichen Katholischen Kirche, doch bestätigten eine Reihe an Interviews[23] die zentrale Rolle der EU, die bis heute Maßnahmen im Bereich Menschenrechte und Rechtsstaatlichkeit im Land finanziert.

Zu den größten Förderern der Menschenrechte zählt Schweden, wobei dem Land Anfang der 2000er Jahre eine Vorreiterrolle zukam. Bereits damals floss ein beträchtlicher Teil der schwedischen ODA in diesen Bereich, wie auch Entwicklungsaktivitäten in anderen Sektoren zunehmend von der Demokratie- und Menschenrechts-Perspektive durchdrungen wurden. Während die Europäische Kommission 2003/2004 zwei Prozent, Frankreich ein Prozent, die Niederlande vier Prozent, USAID neun Prozent und Großbritannien und Dänemark jeweils elf Prozent ihrer ODA für Demokratie und Menschenrechte bereitstellten, wandte Schweden bereits 17 % seiner EZ-Mittel für diese Zwecke auf.[24] Ein gut dokumentierter Fall ist Vietnam. Dort leistete Schweden aufwendige und umfangreiche Unterstützung für die von der Regierung initiierte „Modernisierung" das vietnamesischen Strafgesetzbuches und konnte zu einer größeren Unabhängigkeit der Justiz sowie zur Korruptionsbekämpfung beitragen. Eine Evaluierung der schwedisch-vietnamesischen Entwicklungskooperation weist jedoch auch auf deutliche Herausforderungen hin:

> Der Zugang zur Justiz und zu den Menschenrechten war wohl einer der schwierigsten Bereiche in den schwedisch-vietnamesischen Beziehungen. Der auf Rechten basierende Ansatz Schwedens in der Entwicklungspolitik war für die [vietnamesische] Regierung nicht immer angenehm, wie ein hoher Beamter kommentierte: Während dieser Zeit haben wir uns manchmal nicht verstanden; wir haben die Reaktion der schwedischen Regierung auf die Menschenrechte im Besonderen nicht verstanden. Im Gegensatz zu den ursprünglichen Programmen im Rechtsbereich deckte sich Schwedens Engagement für Menschenrechte und Demokratie nicht in gleicher Weise mit den Prioritäten der vietnamesischen Regierung. Vielmehr kam es zu Konflikten und Spannungen, was sich auf die Nachhaltigkeit auswirkte.[25]

---

[23] Etwa 20 Interviews, die Jörn Dosch 2011 mit in diesem Bereich tätigen oder betroffenen staatlichen und nicht-staatlichen Akteur*innen im Rahmen der „Evaluation of the European Commission's Cooperation with the Philippines" führte. Der hier vorgestellte Fall findet sich in EU 2011, S. 218.

[24] Dawidson & Hulterström 2006, S. 1, 8

[25] McGillivray, Carpenter, & Norup 2013, S. 104.

Neben Schweden förderten Dänemark und die EU in größerem Maße auf Menschenrechte und Justizreformen ausgerichtete Initiativen in Vietnam, darunter auch im Rahmen gemeinsamer Projekte. Großbritannien bildete einen weiteren wichtigen Akteur in diesem Bereich.[26] Zwei große Programme, das „Good Governance and Public Administration Reform Programme" (GOPA, 2008–2013) und das „Justice Partnership Programme" (JPP, 2010–2015) trugen zu weitreichenden Verfassungs- und Gesetzesänderungen bei. Eine wichtige Errungenschaft von JPP war die Gründung und kontinuierliche Unterstützung des vietnamesischen Anwaltsverbands (Vietnam Bar Federation, VBF), der das Ansehen der Anwälte in Vietnam und ihren Status innerhalb des Rechtssystems deutlich verbessert hat. Die sichtbarsten Veränderungen konnten im Bereich der Menschenrechte erzielt werden. Die Unterstützung von Schweden, Dänemark und der EU setzte wesentliche neue und progressive Impulse. Nach Ansicht mehrerer im Jahr 2016 interviewten vietnamesischen Begünstigten von GOPA stärkte das Programm nicht nur allgemein das Bewusstsein für Menschen- und Bürgerrechte unter staatlichen und nicht-staatlichen Akteuren in Vietnam, sondern trug auch zur Verfassungsänderung von 2013 bei, die neue Bestimmungen zu den Menschenrechten normierte. Insgesamt 36 Artikel in der Verfassung sind den Menschenrechten gewidmet. Auch wenn diese Änderungen nicht direkt auf GOPA zurückgeführt werden können, leistete das Programm indirekt zwei entscheidende Beiträge. Erstens öffnete es den Diskurs zu den Menschenrechten in Vietnam. Noch einige Jahre zuvor war eine offene Diskussion über die Menschenrechte aufgrund der Sensibilität des Themas nicht möglich. Zweitens berieten mehrere Expert*innen und Wissenschaftler*innen der von GOPA unterstützten Menschenrechtszentren die Ausarbeitung der Verfassungsänderungen. GOPA war maßgeblich an der Einrichtung von Menschenrechtszentren an den juristischen Fakultäten der Vietnam National University (VNU) in Hanoi und der Ho Chi Minh City Law University (HCMCLU) sowie an der Vietnamese Academy of Social Sciences (VASS) beteiligt. Nachdem die anfängliche Skepsis und der teilweise Widerstand der staatlichen Stellen überwunden waren, erwies sich die Entwicklung mehrerer Fachstudiengänge für Menschenrechte an diesen Hochschuleinrichtungen als sehr erfolgreich und hat bereits mehrere Tausend Absolvent*innen hervorgebracht, die sich in ihren Abschlussarbeiten mit

---

[26] Die nachfolgenden Ausführungen zu Vietnam beruhen auf einer umfangreichen Dokumentenauswertung und rund 40 Interviews, die Jörn Dosch im Rahmen der Evaluierung „Vietnam-Denmark: Transformation of a Partnership" 2016 in Vietnam führte. Die Evaluierung bezog sich auf den Zeitraum 2000 bis 2015. Es handelt sich hier um die Zusammenfassung einiger Evaluierungsergebnisse, die in ausführlicher Form in Danida 2017a, S. 33–34 und Danida 2017b, S. 1–4, verfügbar sind.

Menschenrechtsthematiken beschäftigten. An der juristischen Fakultät der VNU befassten sich um das Jahr 2016 zwischen 20 und 30 % aller Master- und Doktorarbeiten mit menschenrechtsbezogenen Thematiken. Das Teilziel des GOPA, die Integration der Menschenrechtslehre in die Lehrpläne der Universitäten zu stärken, wurde erreicht. Zusätzlich zu mehr als einem Dutzend neuer Lehrbücher über Menschenrechte haben Lehrkräfte der geförderten Hochschulen umfangreiches Material zu menschenrechtsbezogenen Themen in vietnamesischer und englischer Sprache veröffentlicht. So befassten sich im Zeitraum 2011–2016 zwölf Ausgaben der von der HCMCLU herausgegebenen Rechtszeitschrift ausschließlich mit Menschenrechten. Die VASS hat 15 wichtige Veröffentlichungen zu Menschenrechten herausgegeben. Darüber hinaus entwickelten die Menschenrechtszentren Lehrpläne für die Ausbildung von Regierungsbeamt*innen zum Thema Menschenrechte, die die Grundlage für Kurzzeitkurse auf nationaler- und Provinzebene bildeten. GOPA förderte auch Vernetzungsaktivitäten, und die Zentren haben Forschungskooperationen mit Universitäten und Forschungseinrichtungen insbesondere in Dänemark, Schweden, Norwegen, Thailand und Malaysia etabliert.

Insgesamt deutete 2016 vieles darauf hin, dass die entwicklungspolitischen Aktivitäten tatsächlich den Boden für einen Einstellungswandel bereitet hatten, wie auch ein Interviewpartner bestätigte: „Vor der Unterstützung [durch Dänemark, Schweden und die EU] galten die Menschenrechte als ein sehr sensibles Thema, über das es schwierig war, zu sprechen. Jetzt haben wir offenere Diskussionen und die Menschenrechte sind sicherlich kein Tabu mehr." Gleichzeitig waren sich die befragten Akteur*innen einig, dass noch viel Arbeit zu leisten sei. Während das Bewusstsein für die Menschenrechte landesweit gestiegen sei, bleibe die Umsetzung internationaler Menschenrechtsstandards eine Herausforderung. Während Schweden und Dänemark inzwischen ihre Entwicklungszusammenarbeit mit Vietnam aufgrund des Aufstiegs des Landes in die Kategorie mittleren Einkommens beendet haben, setzt die EU ihr Engagement mit unvermindertem Einsatz fort: „Da die EU weltweit eine wichtige Rolle bei der Wahrung der Menschenwürde, der Freiheit, der Demokratie, der Gleichheit, der Transparenz, der Rechenschaftspflicht, der Rechtsstaatlichkeit und der Menschenrechte spielt, wird die EU diese Grundwerte in Vietnam fördern."[27] Herausforderungen durch „unterschiedliche Auffassungen über Menschenrechte, Grundwerte, Rechtsstaatlichkeit und Rechenschaftspflicht" sind dabei in eher seltener Offenheit einkalkuliert.[28]

---

[27] EU 2021c, S. 5.
[28] EU 2021c, S. 4.

Zu den Ergebnissen der Menschenrechtsförderung in jüngerer Zeit liegen keine Evaluierungen vor, doch lassen globale Erhebungen erkennen, dass der 2016 erkennbare Prozess in Richtung eines Einstellungswandels bislang nicht zu einer messbaren Verbesserung der Menschenrechtssituation in Vietnam geführt hat. Auf dem Fragile State Index des in Washington DC ansässigen NGOs The Fund for Peace hat sich Vietnam bezüglich des Indikators „Menschenrechte und Rechtsstaatlichkeit" zwischen 2007 (dem ersten Jahr der Ergebung) und 2022 sogar von 6,9 auf 7,8 verschlechtert. Auf einer Skala von 0 bis 10 ist der Status der Einhaltung der Menschenrechte und der Rechtsstaatlichkeit umso schlechter, je höher der Wert ist.[29] Auch der Länderbericht Vietnam des Bertelsmann Transformations Index (BTI) von 2024 vermag keine Veränderungen zu erkennen: Laut der Verfassung von 2013 werden „die Menschenrechte und die Rechte der Bürger anerkannt, geachtet und geschützt", in der Realität sind Verstöße gegen die Bürgerrechte an der Tagesordnung. Hierzu zählen Schikanen, Folter, grausame Behandlung, willkürliche Festnahmen und Inhaftierungen, die Verweigerung fairer öffentlicher Gerichtsverfahren und die Verletzung der Privatsphäre von Aktivist*innen und Mitgliedern zivilgesellschaftlicher Organisationen. Außerdem ist die Freiheit der Religionsausübung nach wie vor Einschränkungen unterworfen.[30] Gleiche oder sehr ähnliche Werte (7,9 bis 7,6) auf dem Fragile State Index erreichten 2022/23 auch Sri Lanka, Eswatini, Kambodscha, Palästina, die Philippinen, Brasilien, Kamerun, Thailand, Usbekistan und Kolumbien.

---

[29] The Fund for Peace 2024a. „Der Indikator ‚Menschenrechte und Rechtsstaatlichkeit' befasst sich mit dem Verhältnis zwischen dem Staat und seiner Bevölkerung in Bezug auf den Schutz der grundlegenden Menschenrechte und die Einhaltung und Achtung der Freiheitsrechte. Der Indikator untersucht, ob es einen weit verbreiteten Missbrauch rechtlicher, politischer und sozialer Rechte gibt, einschließlich der Rechte von Einzelpersonen, Gruppen und Institutionen (z. B. Schikanierung der Presse, Politisierung der Justiz, interner Einsatz des Militärs für politische Zwecke, Unterdrückung politischer Gegner). Der Indikator berücksichtigt auch Ausbrüche von politisch motivierter (im Gegensatz zu krimineller) Gewalt gegen Zivilisten. Er berücksichtigt auch Faktoren wie die Verweigerung eines ordnungsgemäßen Verfahrens für politische Gefangene oder Dissidenten, das mit internationalen Normen und Praktiken im Einklang steht, sowie die Frage, ob es eine gegenwärtige oder sich abzeichnende autoritäre, diktatorische oder militärische Herrschaft gibt, in der rechtsstaatliche und demokratische Institutionen und Prozesse außer Kraft gesetzt oder manipuliert werden" (The Fund for Peace 2024b).
[30] Bertelsmann Stiftung 2024j, S. 12–13.

Gerade Kolumbien ist als Post-Konflikt-Land ein interessanter Fall, da es zwar als Staat mit höherem mittleren Einkommen nicht zu den Top ODA-Empfängern in Lateinamerika zählt, über viele Jahre jedoch von etlichen Gebern substanzielle Unterstützung im Rahmen der Konfliktbearbeitung, Friedensbildung und -konsolidierung sowie der Förderung der Menschenrechte und Rechtsstaatlichkeit erhalten hat. Es wäre also zu erwarten, dass diese großangelegte Assistenz Früchte getragen hat. Eine Evaluierung des schwedischen Engagements[31] führt Belege dafür an, dass die Anwendung des HRBA zu einer verbesserten Fähigkeit der Zivilgesellschaft und des Staates beigetragen hat, sich mit Menschenrechtsproblemen auseinanderzusetzen und die HRBA-Prinzipien bei den Friedensbemühungen des Landes anzuwenden. Dies umfasste die Stärkung der Kapazitäten der Rechteinhaber*innen, die Verbesserung der politischen Bereitschaft der Pflichtenträger*innen, in Menschenrechte und Frieden zu investieren, sowie die Erleichterung des Dialogs und des Austauschs zwischen Konfliktparteien, Rechteinhaber*innen und Pflichtenträger*innen im Friedensprozess. Zu den konkreten Ergebnissen zählten ein Zuwachs an institutionellen, organisatorischen und technischen Kapazitäten sowohl bei den Organisationen der Zivilgesellschaft als auch bei staatlichen Stellen. Dies betraf sowohl die entstehende Architektur der Übergangsjustiz, als auch die Fähigkeit, den verfassungsrechtlichen Rahmen und die Strategien zur Stärkung der Rechtsstaatlichkeit zu nutzen, um die Verantwortungsträger in Bezug auf eine Reihe von Verfassungsrechten und -grundsätzen zur Rechenschaft zu ziehen. Zu den wichtigen Themenbereichen gehörten u. a. soziale und wirtschaftliche Rechte, LGBTQIA+, Binnenvertriebene, konfliktbedingter sexueller Missbrauch und das Recht auf Wahrheit. Staatliche Behörden wurden in die Lage versetzt, mit den verschiedenen Rechteinhaber*innen bei der Umsetzung des Friedensprozesses und bei institutionellen Reformen im Kontext von Gewalt gegen Frauen und Mädchen zusammenzuarbeiten. Gemäß der Evaluierung trug die schwedische Unterstützung dazu bei, die Fähigkeit der betroffenen Akteursgruppen zur Mitsprache und zur Beteiligung am Friedensprozess zu verbessern. Besonders wichtig war dies im Hinblick auf Frauenorganisationen und Konfliktopfer. Schließlich gelang es, durch Investitionen in Datenbanken und faktengestützte Berichterstattung sowie Forschung zu verschiedenen Menschenrechtsproblemen, das Wissen und die Informationen über die Menschenrechte auszubauen.[32]

In gleicher Weise wird der EU attestiert, in einem schwierigen Konflikt- und Menschenrechtskontext erhebliche politische und technische Unterstützung für

---

[31] SIDA 2020a.
[32] SIDA 2020b, S. 76–77.

die Förderung der Menschenrechte, insbesondere der bürgerlichen und politischen Rechte, sowie für die Unterstützung und Stärkung der Opfer des bewaffneten Konflikts in Kolumbien geleistet zu haben. Mit Blick auf die Rechtsstaatlichkeit in Kolumbien hat die EU einen wesentlichen Beitrag zur Umsetzung des mündlichen Anklagesystems für Straftäter (Penal Oral Accusatory System/POAS) erbracht. Sie hat auch dazu beigetragen, die Kapazitäten der Institutionen zu stärken, die mit der Anwendung des kolumbianischen Rahmens für die Übergangsjustiz, dem Gesetz für Gerechtigkeit und Frieden und dem Schutz der Rechte der Opfer auf Wahrheit, Gerechtigkeit und Wiedergutmachung betraut sind. Durch thematische Interventionen wie das Projekt „Schutz und Förderung der Menschenrechte, der Demokratie und der Rechtsstaatlichkeit in Kolumbien" hat die EU dazu beigetragen, die Fähigkeit der Opfer zu stärken, am Prozess der Übergangsjustiz teilzunehmen und Ansprüche geltend zu machen. Zum Evaluierungszeitpunkt 2012 war es den Gutachter*innen jedoch nicht möglich, trotz aller Anstrengungen der Entwicklungszusammenarbeit insgesamt Verbesserungen der Menschenrechtssituation für die betroffenen Bevölkerungsgruppen festzustellen.[33] 2020 kam die von Norwegen beauftragte Metaevaluierung der Aktivitäten aller Geber in Kolumbien zu dem ähnlich ernüchternden Ergebnis, dass die meisten Programme zwar Relevanz besaßen, die Nachhaltigkeit jedoch häufig in Ermangelung nationaler und lokale Eigenverantwortung gering war.[34] Tatsächlich zeigt ein Blick auf den Fragile States Index, dass der Wert für Menschenrechte und Rechtsstaatlichkeit 2023 mit 7,5 gegenüber 2006 (7,6) praktisch unverändert war, wobei zeitweise leicht bessere Werte erzielt wurden (vor allem 6,5 im Jahr 2020).

Die Aussagekraft des Fragile States Index soll hier nicht überbewertet werden, doch kommt ihm aufgrund der großen Zahl der berücksichtigten Bewertungskriterien zumindest eine indikative Bedeutung zu, indem Trends abgebildet werden. Eine Auswertung aller Länderdaten ergibt, dass sich 13 Länder zwischen 2006/07 und 2022/23 auf der Skala von 10-0 mindestens um zwei volle Punkte verbessert haben. Diese 13 Staaten sind in der Tab. 8.1 zusammen mit einer Kurzanalyse, die Hinweise auf die Gründe für die positiven Veränderungen gibt, aufgeführt. Die Erklärungen beruhen entweder auf dem BTI 2024 oder, in Fällen, in denen keine BTI Länderberichte zur Verfügung stehen, auf den „Country Reports on Human Rights Practices" des US Department of State.

---

[33] European Commission 2012.
[34] Norad, Evaluation Department 2020.

Tab. 8.1 Länder mit der größten Verbesserung im Bereich Menschenrechte und Rechtsstaat-lichkeit, 2006/07 bis 2022/23 auf der Skala von 10-0

Land	2006/07	2022/23	Verände-rung	Kurzanalyse des Status Quo (2022/23)
Cabo Verde	6,4	2,3	4,1	Die Republik Cabo Verde ist eine parlamentarische, repräsentativ-demokratische Republik, die weitgehend dem portugiesischen System nachempfunden ist. Die verfassungsmäßigen Befugnisse sind zwischen dem Staatsoberhaupt (Präsident) und dem Regierungschef (Premierminister) aufgeteilt. Es sind keine Berichte über nennenswerte Menschenrechtsverletzungen bekannt. Die Regierung verfügt über Mechanismen zur Ermittlung und Bestrafung von Beamt*innen, die Menschenrechtsverletzungen begehen oder an Korruption beteiligt sind.[35]
Grenada	5,1	1,5	3,6	Grenada ist eine parlamentarische Demokratie mit einer Zweikammer-Legislative. Die Royal Grenada Police Force ist für die Strafverfolgung zuständig und untersteht dem Ministerium für nationale Sicherheit. Das Land hat keine Streitkräfte, verfügt aber über eine Spezialeinheit der Polizei, die einer militärischen Abteilung ähnelt. Die zivilen Behörden üben eine wirksame Kontrolle über die Sicherheitskräfte aus. Es gab keine Berichte darüber, dass Angehörige der Sicherheitskräfte Misshandlungen begangen haben. Zu den wichtigsten Menschenrechtsproblemen gehörten Gesetze, die einvernehmliche sexuelle Handlungen zwischen Männern unter Strafe stellen, aber das Gesetz wurde nicht durchgesetzt. Die Regierung verfügt über effektive Mechanismen zur Verfolgung von Menschenrechtsverletzungen.[36]
Namibia	5,8	2,2	3,6	Die Wahl von Hage Geingob 2014 war ein entscheidender Moment in der Geschichte des Landes und bildete die Grundlage für einen bedeutenden politischen Wandel unter einer rechtmäßig gewählten Regierung. Seither funktioniert Namibia als Mehrparteiendemokratie, deren Grundwerte in einer liberalen Verfassung verankert sind, welche die grundlegenden Bürger*innenrechte und Freiheiten schützt. Der pluralistische Charakter des politischen Systems Namibias hat es ermöglicht, dass sich lokale Initiativen mit minimaler Einmischung entfalten konnten, was zu einer allmählichen Ausweitung der zivilgesellschaftlichen Aktivitäten in verschiedenen Bereichen beigetragen hat. Nach der Unabhängigkeit erhielt Namibia erhebliche Unterstützung für seine zivilgesellschaftliche Entwicklung. Heute existieren in Namibia diverse NGOs für Menschenrechte und eine LGBTQIA+-Bewegung.[37]

(Fortsetzung)

---

[35] US Department of State 2023a.
[36] US Department of State 2023b.
[37] Bertelsmann Stiftung 2024f.

Tab. 8.1 (Fortsetzung)

Land	2006/07	2022/23	Verände-rung	Kurzanalyse des Status Quo (2022/23)
Bhutan	8,6	5,0	3,6	„Der demokratische Fortschritt Bhutans zeigt sich in bemerkenswerten Weiterentwicklungen des Wettbewerbs zwischen den Parteien, der Rechenschaftspflicht und der Rechtsstaatlichkeit." Die Justiz ist unabhängig und Richter*innen werden vom König auf Empfehlung des Justizrats ernannt. Mit dem Anstieg politischer und rechtlicher Konflikte, insbesondere in Bezug auf Korruption und Machtmissbrauch, wachsen die Anforderungen an die Justiz. Die bürgerlichen Grundrechte sind in der Verfassung verankert, können allerdings im Falle eines Notstands ausgesetzt werden. Der Staat hat zudem die Möglichkeit, gesetzliche Beschränkungen einzuführen, um die Souveränität, Sicherheit, Einheit und Integrität sowie den Frieden, die Stabilität und das nationale Wohlergehen zu schützen. Die Politik gegenüber den Lhotshampas, die nach einer Massenvertreibung im Land verblieben sind, wird als diskriminierend beschrieben. Die Polizei wird gelegentlich der Menschenrechtsverletzungen beschuldigt.[38]
São Tomé und Príncipe	5,3	2,0	2,9	Die Demokratische Republik São Tomé und Príncipe ist eine konstitutionelle Mehrparteiendemokratie. Die Polizei für öffentliche Sicherheit und die Kriminalpolizei sorgen für die innere Sicherheit. Die zivilen Behörden üben eine wirksame Kontrolle über die Sicherheitskräfte aus. Zu den Menschenrechtsproblemen zählen Berichte über rechtswidrige Tötungen, Folter, schwere Korruption innerhalb der Regierung sowie mangelnde Untersuchung und Rechenschaft bei geschlechtsspezifischer Gewalt und Gewalt gegen Kinder. Die Regierung hat Maßnahmen ergriffen, um Beamt*innen, die sich des Missbrauchs schuldig gemacht haben, zu identifizieren, zu untersuchen und zu bestrafen.[39]
Malawi	8,0	4,1	2,9	Malawi ist allen wichtigen internationalen und regionalen Menschenrechtskonventionen beigetreten, die Leistungen sind jedoch uneinheitlich. Malawis Bill of Rights in der Verfassung ist einer der umfassendsten Rechtskataloge in einer Verfassung überhaupt. Die Malawi Human Rights Commission (MHRC) ist die nationale Menschenrechtsinstitution des Landes, überwacht den Schutz der Menschenrechte und untersucht mutmaßliche Menschenrechtsverletzungen. Ein großes Manko bei der Wiedergutmachung von Rechtsverletzungen ist jedoch die Zeit, die die Regierung benötigt, um Entscheidungen zur Entschädigung von Opfern umzusetzen.[40]

(Fortsetzung)

---

[38] Bertelsmann Stiftung 2024a.
[39] US Department of State 2023d.
[40] Bertelsmann Stiftung 2024d.

Tab. 8.1 (Fortsetzung)

Land	2006/07	2022/23	Veränderung	Kurzanalyse des Status Quo (2022/23)
Nepal	9,1	6,3	2,8	Die nepalesische Verfassung von 2015 sieht die Gewaltenteilung vor. Der Grundsatz ist auf der Ebene der institutionellen Gestaltung verankert, von der Schaffung dreier getrennter Regierungszweige bis hin zu umfassenden Mechanismen, die die Einhaltung sicherstellen sollen. Die wirksame Lösung einer Verfassungskrise im Jahr 2021 lässt darauf schließen, dass die Gewaltenteilung funktioniert. In einem immer noch relativ schwachen Staat mit schwacher Justizkapazität verbessern sich die Rechtsstaatlichkeit und der Schutz der Menschenrechte, sind aber weiterhin uneinheitlich. In Nepal existieren mehrere Organisationen auf lokaler und nationaler Ebene, die sich für die Verringerung von Menschenrechtsverletzungen einsetzen, die Wirkung ihrer Arbeit ist jedoch begrenzt.[41]
Mongolei	6,7	4,2	2,5	Trotz gesetzlicher Verankerung der Bürger*innenrechte werden diese nicht immer angemessen beachtet. Es existieren Mängel beim Schutz des Rechts auf Leben und Sicherheit, der Gleichbehandlung vor dem Gesetz, des Zugangs zur Justiz sowie der körperlichen Unversehrtheit. Die Nationale Menschenrechtskommission der Mongolei (NHRCM) dokumentiert in ihren Jahresberichten zahlreiche Menschenrechtsverletzungen, wie Misshandlungen von Gefangenen und schlechte Haftbedingungen. Die mongolische Verfassung verbietet Diskriminierung jeglicher Art, die praktische Umsetzung zeigt jedoch Mängel. Ein positives Zeichen ist das Gesetz über die Menschenrechtskommission von 2020, welches die Unparteilichkeit und Leistungen im Bereich der Menschenrechte stärken soll. Zudem existieren in der Mongolei viele NGOs, die sich in den Bereichen Menschenrechte, Umweltschutz, Frauenrechte, LGBTQ+-Rechte, Bildung und Sozialfürsorge engagieren.[42]

(Fortsetzung)

---

[41] Bertelsmann Stiftung 2024g.
[42] Bertelsmann Stiftung 2024e.

Tab. 8.1 (Fortsetzung)

Land	2006/07	2022/23	Veränderung	Kurzanalyse des Status Quo (2022/23)
Côte d'Ivoire	9,4	6,9	2,4	Die Judikative, obwohl formal unabhängig, ist praktisch der Regierung unterworfen und durch Exekutiveingriffe, Ressourcenmangel und Korruption beeinträchtigt. Teilweise umgesetzte Justizreformen und die geschwächte Unabhängigkeit des Verfassungsgerichts, besonders sichtbar in der Wahlkrise 2010 und bei der Annullierung von Präsidentschaftskandidaturen 2020, bestätigen diese Problematik. Die mangelnde Professionalität im Justizsektor wird von Menschenrechtsorganisationen kritisiert, während sich der Schutz der Bürger*innenrechte seit 2011 verbessert hat. Trotzdem gibt es weiterhin Vorwürfe von Menschenrechtsverletzungen im Sicherheitssektor. Positive Entwicklungen umfassen die Einhaltung internationaler Berichtspflichten, die Abschaffung der Todesstrafe 2015 und die Stärkung der Nationalen Menschenrechtskommission, die seit 2016 international anerkannt ist und 2020 den „A-Status" erhielt.[43]
Ecuador	6,7	4,3	2,4	Anders als etliche andere Länder Lateinamerika hat Ecuador keine Geschichte weit verbreiteter Menschenrechtsverletzungen. Versöhnung, so wie sie in der Transitionsforschung verstanden wird, ist in Ecuador daher kein Thema. Ecuador hat alle UN-Menschenrechtsverträge, einschließlich der Zusatzprotokolle, ratifiziert. Die Verfassung von 2008 garantiert die unmittelbare Anwendung der internationalen Menschenrechtsinstrumente und definiert ein breites Spektrum an Menschenrechten. De jure verfügt Ecuador über ein Präsidialsystem mit wirksamer Gewaltenteilung und gegenseitiger Kontrolle. De facto funktioniert dieses System jedoch aufgrund von Machtkämpfen nicht ohne erhebliche Schwächen. Die größten Probleme im Justizsystems bestehen in Druck und Drohungen, die kriminelle Organisationen auf Richter*innen ausüben, um günstige Urteile zu erwirken. Mehrere Richter*innen wurden ermordet, während andere verletzt wurden oder den Angriffen entkommen konnten. Mehrere Rechtsanwält*innen, die zu den Verteidigungsteams von Personen gehörten, die des Drogenhandels beschuldigt wurden, wurden ebenfalls ermordet.[44] 2024 ist es zu einer massiven Eskalation der Gewalt und der organisierten Kriminalität in ganz Ecuador gekommen. Präsident Daniel Noboa rief einen „bewaffneten Konflikt" gegen die im Land operierenden Banden aus.

(Fortsetzung)

---

[43] Bertelsmann Stiftung 2024b.
[44] Bertelsmann Stiftung 2024c.

Tab. 8.1 (Fortsetzung)

Land	2006/07	2022/23	Veränderung	Kurzanalyse des Status Quo (2022/23)
Timor Leste	6,9	4,5	2,4	Die Wahlen sind frei, fair und friedlich, es herrscht Rechtsstaatlichkeit und es gibt keine systematischen Einschränkungen der Meinungsfreiheit, des Zugangs zu Informationen und anderer zentraler Grundrechte, die in der Verfassung garantiert sind. Öffentliche und private Print-, elektronische, Online- und soziale Medien werden nicht zensiert, auch wenn die investigative Berichterstattung begrenzt ist. Die Antikorruptionskommission und Ombudsperson für Menschenrechte und Justiz untersuchen Vorwürfe über Missstände in der Verwaltung und Korruption, sind aber nicht befugt, Anklage zu erheben. Ihre Verweise an die Staatsanwaltschaft werden nicht veröffentlicht, sodass es schwer zu beurteilen ist, ob die Ermittlungsergebnisse konsequent weiterverfolgt werden. Die Gerichte haben politischem Druck widerstanden und mehrere viel beachtete Prozesse erfolgreich durchgeführt. Die Richterschaft ist unabhängig. Der letzte eindeutige Fall einer Einmischung der Exekutive in das Justizwesen datiert auf das Jahr 2014.[45]
Seychellen	6,7	5,6	2,1	Die Seychellen haben Mechanismen und Gesetze zum Schutz der Menschenrechte, stehen jedoch vor Herausforderungen in Bezug auf Rechenschaftspflicht, gesellschaftliche Missstände und den Schutz aller Einwohner*innen. Der politische Prozess ist transparent und gerecht, ohne Berichte über politische Gefangene. Als Reaktion auf Korruptionsprobleme und fehlende Transparenz wurden Schritte zur Verbesserung unternommen. Bürgerliche Freiheiten werden größtenteils respektiert, mit einigen Einschränkungen aus Gründen der öffentlichen Sicherheit. Probleme betreffen mangelnde Untersuchungen und Rechenschaft bei geschlechtsspezifischer Gewalt und Gewalt gegen Kinder sowie schwerer Formen der Kinderarbeit.[46]

(Fortsetzung)

---

[45] Bertelsmann Stiftung 2024h.
[46] US Department of State 2023c.

Tab. 8.1 (Fortsetzung)

Land	2006/07	2022/23	Verände-rung	Kurzanalyse des Status Quo (2022/23)
Usbekistan	9,3	7,3	2,0	Die „Usbekistan 2.0" Reformen, die 2016 mit der Wahl von Präsident Shavkat Mirziyoyev eingeleitet wurden, markieren eine entscheidende Phase in der Transformation des Landes nach der Unabhängigkeit. Offizielle Einrichtungen, wie das Office of Ombudsmen on Human Rights, das Committee on Democratic Institutions, NGOs und Selbstverwaltungsorgane der Bürger*innen in der Legislativkammer des Parlaments sowie das National Center on Human Rights, haben den Auftrag, die Menschenrechte zu schützen. Die Realität stellt sich jedoch weniger optimistisch dar. Berichte von Menschenrechtsorganisationen dokumentieren verschiedene Fälle von Gewalt gegen Frauen und Verstöße gegen die Grundsätze und Gesetze zur Gleichstellung der Geschlechter. Es bestehen Bedenken hinsichtlich der Unabhängigkeit der Justiz.[47]

Datenquelle: The Fund For Peace (2024). Fragile State Index, Indikator: Human Rights and Rule of Law, Country Dashboard, https://fragilestatesindex.org/country-data/

Schon ein kursorischer Blick auf die jeweiligen Kontextbedingungen legt nahe, dass in allen 13 Fällen innerstaatliche Faktoren, wie Demokratisierung (Transitions- und Konsolidierungsprozesse), Regierungswechsel und Verfassungsreformen, den Rahmen für Fortschritte im Bereich der Menschenrechte und Rechtsstaatlichkeit bildeten. Zwar haben Geber durch die generelle exogene Unterstützung von Good Governance und zum Teil auch explizite (kleinere) Programmen zur Förderung von Menschenrechten und Rechtsstaatlichkeit in einigen der Länder – vor allem Malawi, Mongolei, Timor Leste, Côte d'Ivoire, Nepal und Usbekistan – die jeweiligen Reformprozesse begleitet, doch liegen für die meisten der aufgeführten Staaten keine Hinweise auf direkte Wirkungen vor. In einigen Ländern fand keine direkte Menschenrechtsförderung statt, da die entsprechenden Standards bereits als hoch eingestuft wurden. So bildeten z. B. im Fall von Cabo Verde „die Werte der Demokratie, der Menschenrechte und der Rechtsstaatlichkeit, die in der stabilen Demokratie von Cabo Verde de facto weitgehend geachtet werden [...] die Grundlage für die Gründung der besonderen Partnerschaft zwischen der EU und Cabo Verde".[48] In Ecuador, um ein weiteres Beispiel aufzugreifen, sind die Verbesserung der Indexwerte auf die Verfassung von 2008 und die darauf aufbauende, fast alle staatlichen, wirtschaftlichen und gesellschaftlichen Sektoren umfassendeReformpolitik der Regierung von Rafael Correa

---

[47] Bertelsmann Stiftung 2024h.

[48] EU 2021a, S. 2.

(2007–2017) zurückzuführen, selbst wenn diese heute in Teilen des politischen Establishments und der Gesellschaft in Misskredit steht. Entwicklungszusammenarbeit spielte in diesem Zusammenhang keine entscheidende Rolle, zumal die Correa-Präsidentschaft über weite Strecken von einem kritischen, teils konfliktiven Verhältnis Ecuadors zu bilateralen und multilateralen Gebern geprägt war.

Für Nepal und Malawi hingegen liegen explizite Hinweise auf eine konstruktive Rolle der Entwicklungszusammenarbeit vor. In Nepal[49] haben seit Inkrafttreten der neuen Verfassung im Jahr 2015 zunächst UNDP und später auch die EU u. a. durch die direkte Unterstützung für die National Human Rights Commission (NHRC) Anstrengungen unternommen, um die Regierung für Menschenrechtsfragen zu sensibilisieren und die Zusammenarbeit zwischen der NHRC und Menschenrechts-NGOs zu erleichtern und zu intensivieren. Besonderes Augenmerk galt dabei dem Schutz und der Unterstützung von Menschenrechtsverteidiger*innen. Dieses Engagement hat die Regierung zu einer dezidierteren Menschenrechtspolitik und zu einem partiell verbesserten gesetzlichen Rahmen motiviert, der jedoch insgesamt noch nicht internationalen Standards entspricht. Interviews zufolge liegt die Umsetzungsquote der Regierung für die Empfehlungen der NHRC bei gut 50 %, was die Kommission selbst als Erfolg betrachtet, wenn man die schlechte Menschenrechtsbilanz der Vergangenheit als Referenzpunkt nimmt. Die EU-Unterstützung trug auch zu einer verbesserten interministeriellen Koordinierung im Bereich der Menschenrechte bei. Gleichzeitig stellt sich die Thematik der Übergangsjustiz nach wie vor als dringendes Problem dar, da es die Regierung bislang versäumt hat, ein vertrauenswürdiges und glaubwürdiges System zu schaffen.

Malawi ist in hohem Maße von Entwicklungszusammenarbeit abhängig, die etwa 10 % des BIP ausmacht und 40 % der Staatsausgaben deckt. Zu den wichtigsten Gebern zählen UN-Organisationen, Großbritannien, die USA, die EU, Norwegen, Irland, Japan, der IWF und die Weltbank. Unter häufiger Federführung von UNDP hat die Gebergemeinschaft die malawische Regierung seit 1992 aktiv im Demokratisierungsprozess und bei der Stärkung der Menschenrechte unterstützt. Eines der großen UNDP Programme, das „Democracy Consolidation Programme" (DCP) in Malawi, das in vier Phasen von 1998 bis 2016 implementiert wurde und für das Norwegen 14 Jahre lang (bis 2011) den

---

[49] Die kurzen Ausführungen zu Nepal beruhen auf der Auswertung von Programm- und Projektdokumenten und Interviews, die Jörn Dosch im Juni 2023 im Rahmen der Evaluierung „the EU's Cooperation with Nepal (2014–2021)" durchgeführt hat. Die vollständigen Ergebnisse finden sich in European Commission et al., 2024.

größten finanziellen Beitrag leistete, legte den Schwerpunkt auf die Unterstützung der Zivilgesellschaft. Das DCP zielte darauf ab, auf allen Ebenen der Gesellschaft eine kritische Masse zu schaffen, die von den entsprechenden Verantwortungsträgern eine verantwortungsvolle Staatsführung und die Einhaltung der Menschenrechte – mit besonderem Schwerpunkt auf dem Recht auf Entwicklung – einfordert. Den Begünstigten wurden Kenntnisse und Fähigkeiten vermittelt, die es ihnen auf der lokalen Ebene ermöglichten, ihre Rechte auf gute Regierungsführung, soziale Grundleistungen und Menschenrechte zu verhandeln, ein Ansatz der in den Gemeinden historisch nicht vorhanden war. Die Evaluierung des DCP zitiert einen Begünstigten mit den Worten: „Diese Interventionen haben dazu beigetragen, Bürger und nicht Kunden zu schaffen."[50]

Noch 2010 war eine Zwischenevaluierung des DCP zu dem Urteil gelangt, dass von dem Programm kein direkter, überprüfbarer Einfluss auf die Regierungspolitik ausgegangen sei und auch die Zivilgesellschaft und die Menschenrechtsakteure noch nicht in der Lage versetzt worden wären, die von DCP eingerichteten Kommunikationsstrukturen zur Einflussnahme auf politische Entscheidungsprozesse und Gesetzgebung zu nutzen.[51] Der heutige Status quo stellt sich positiver dar. Die Abschlussevaluierung stellt fest:

> Die Zielsetzung des Programms wurde kontinuierlich erreicht, und die Befähigung der Begünstigten führte zu einer Ausweitung der Dienstleistungen für die lokalen Gemeinschaften (Bau von Schulgebäuden, Gesundheitszentren mit Entbindungsstationen, Fischteichen, Straßen, um nur einige zu nennen) und zur Ausweitung der Rechtsberatung auf besonders gefährdete Gruppen. Auch das Selbstbewusstsein der Mitglieder ländlicher Gemeinschaften ist gestiegen, da sie ihre Rechte ohne Angst vor Repressalien wahrnehmen können. Nach qualitativen Einschätzungen werden die Menschen in Malawi in die Lage versetzt, einerseits die Menschenrechte zu fördern, zu schützen und zu verteidigen und andererseits eine gute Regierungsführung, Demokratie und die Bereitstellung öffentlicher Dienstleistungen zu fordern.[52]

In den letzten Jahren hat Malawi deutliche Fortschritte bei der Stärkung des rechtlichen und politischen Rahmens für die Menschenrechte erzielt. Das Land ist Vertragspartei der meisten zentralen Menschenrechtskonventionen. Durch die Klärung der Definitionen des Begriffs „Kind" und des Heiratsalters in der Verfassung sowie im Gesetz über Ehe, Scheidung und Familienbeziehungen hat die Regierung zuvor widersprüchliche Definitionen angeglichen, um die Kinderehe abzuschaffen. Malawi sieht sich jedoch weiterhin mit einer Vielzahl

---

[50] UNPD 2016, S. 27.
[51] Moberg & Ng'ambi 2010.
[52] UNPD 2016, S. 11.

anderer Menschenrechtsprobleme konfrontiert, darunter Gewalt, Stigmatisierung und Diskriminierung von Frauen, Kindern und Minderheitengruppen wie HIV-Infizierten, LGBTQIA+-Personen und Menschen mit Albinismus. Mangelnder Zugang zur Justiz (vor allem für marginalisierte und gefährdete Gruppen) und die Überbelegung der Gefängnisse sind weitere Probleme. Eine Einschränkung des zivilgesellschaftlichen Raums und unzureichende Investitionen in die Menschenrechtsinfrastruktur und in Mechanismen der Rechenschaftspflicht hindern die Schwächsten weiterhin daran, ihre Menschenrechte wahrzunehmen.[53] Die EU unterstützt daher weiterhin die Stärkung der institutionellen Kapazitäten der Aufsichtsinstitutionen (z. B. de Menschenrechtskommission von Malawi und das Büro der Ombudsperson), der Justiz und der Strafverfolgungsbehörden.[54]

Als möglicherweise erster Geber hat Dänemark die „unabhängige und freie digitale Handlungsfähigkeit der Bürgerinnen und Bürger" zu einem prioritären Entwicklungsziel erklärt, damit diese bei der Wahrnehmung ihrer Menschenrechte und Freiheiten auf digitale Instrumente und Dienste zugreifen können. Gleichzeitig soll sichergestellt werden, dass die Menschenrechte im Prozess des digitalen Fortschritts geachtet und gestärkt werden. Ebenso geht es um die Förderung von Digitalisierung mit Blick auf die Festigung und Verbesserung demokratischer Regierungsführung und den Aufbau einer „digitalen Widerstandsfähigkeit der Zivilgesellschaft."[55] Evaluierungsergebnisse zu konkreten Maßnahmen im Rahmen dieser Strategie liegen jedoch noch nicht vor.

Die in diesem Kapitel vorgestellten Beispiele bestätigen die herausragende Bedeutung des HRBA in der Entwicklungszusammenarbeit. Auch wenn partiell Zielkonflikte existieren, ist das Bekenntnis zu einem menschenrechtsbasierten Ansatz keine leere Formel, sondern inzwischen fester Bestandteil fast jeglicher Aktivitäten in der Kooperation mit den Partnerländern. Wie auch in anderen Bereichen der Good Governance lässt sich in Abwesenheit kontrafaktischer Szenarien jedoch nicht schlüssig ermitteln, ob einzelne Länder heute hinsichtlich der Verbesserung bzw. Einbehaltung der Menschenrechte und mit Blick auf den Status der Rechtsstaatlichkeit ohne Geber-Unterstützung im Gesamten schlechter positioniert wären. Gleichzeitig lassen sich in einzelne Sektoren und insgesamt auf der Mikro-Ebene durchaus Wirkungen nachweisen – im Sinne einer Stärkung sowohl generell des menschenrechtlichen Bewusstseins als auch konkret der Fähigkeiten der „Pflichtenträger*innen", ihren Verpflichtungen nachzukommen, und der „Rechteinhaber*innen" ihre Rechte einzufordern.

---

[53] Government of Malawi and United Nations in Malawi United Nations 2019.

[54] EU 2021b.

[55] Ministry of Foreign Affairs of Denmark 2021.

Literatur

Australian Government. AusAid (2012). *Building on Local Strengths. Evaluation of Australian Law and Justice Assistance.*https://www.oecd.org/derec/australia/australia_lawjustice-building-on-local-strengths.pdf.

Bertelsmann Stiftung (2024a). *BTI 2024 Country Report – Bhutan.* Gütersloh: Bertelsmann Stiftung https://bti-project.org/de/reports/country-report/BTN.

Bertelsmann Stiftung (2024b). *BTI 2024 Country Report – Côte d'Ivoire.* Gütersloh: Bertelsmann Stiftung, https://bti-project.org/fileadmin/api/content/en/downloads/reports/country_report_2024_CIV.pdf.

Bertelsmann Stiftung (2024c). *BTI 2024 Country Report – Ecuador.* Gütersloh: Bertelsmann Stiftung. https://bti-project.org/fileadmin/api/content/en/downloads/reports/country_report_2024_ECU.pdf.

Bertelsmann Stiftung (2024d). *BTI 2024 Country Report – Malawi.* Gütersloh: Bertelsmann Stiftung. https://bti-project.org/en/reports/country-report/MWI.

Bertelsmann Stiftung (2024e). *BTI 2024 Country Report – Mongolia.* Gütersloh: Bertelsmann Stiftung. https://bti-project.org/en/reports/country-report/MNG.

Bertelsmann Stiftung (2024f). *BTI 2024 Country Report – Namibia.* Gütersloh: Bertelsmann Stiftung, https://bti-project.org/fileadmin/api/content/en/downloads/reports/country_report_2024_NAM.pdf.

Bertelsmann Stiftung (2024g). *BTI 2024 Country Report – Nepal.* Gütersloh: Bertelsmann Stiftung. https://bti-project.org/fileadmin/api/content/en/downloads/reports/country_report_2024_NPL.pdf.

Bertelsmann Stiftung (2024h). *BTI 2024 Country Report – Timor-Leste.* Gütersloh: Bertelsmann Stiftung, https://bti-project.org/fileadmin/api/content/en/downloads/reports/country_report_2024_TLS.pdf.

Bertelsmann Stiftung (2024i). *BTI 2024 Country Report – Uzbekistan.* Gütersloh: Bertelsmann Stiftung. https://bti-project.org/fileadmin/api/content/en/downloads/reports/country_report_2024_UZB.pdf.

Bertelsmann Stiftung (2024j) *BTI 2024 Country Report – Vietnam.* Gütersloh: Bertelsmann Stiftung. https://bti-project.org/fileadmin/api/content/en/downloads/reports/country_report_2024_VNM.pdf.

BMZ (2011). *Menschenrechte in der deutschen Entwicklungspolitik.* BMZ-Strategiepapier 4/2011. https://www.bmz.de/resource/blob/23480/f8b949cbdbecf314a89125b1841bdbce/strategiepapier303-04-2011-data.pdf.

Danida (2017a). *Evaluation: Vietnam-Denmark: Transformation of a Partnership.* Synthesis Report. https://um.dk/en/-/media/websites/umen/danida/results/evaluation-of-development-assistance/evaluation-programmes/2017vietnamreport.ashx.

Danida (2017b). *Evaluation: Vietnam-Denmark: Transformation of a Partnership.* Synthesis Report. Annex C: Case studies, https://um.dk/en/-/media/websites/umen/danida/results/evaluation-of-development-assistance/evaluation-programmes/2017vietnamannexc.ashx.

Dawidson, Karin & Karolina Hulterström (2006). *Improving democracy and human rights support Recommendations for the use of indicators based on the case of Mozambique.* Västerås, Sweden: SADEV. https://www.oecd.org/derec/sweden/dem.pdf.

EU (2021a). *Republic of Cabo Verde. Multi-Annual Indicative Programme 2021–2027.* https://international-partnerships.ec.europa.eu/document/download/326443e9-7c7c-402e-bc4b-25c4c7c38147_en.

EU (2021b). *Republic of Malawi. Multi-Annual Indicative Programme 2021–2027.* https://international-partnerships.ec.europa.eu/document/download/cdc7710c-93ae-4678-b143-49f9e93a5f35_en.

EU (2021c). *Socialist Republic of Vietnam.Multi-annual Indicative Programme 2021–2027.* https://international-partnerships.ec.europa.eu/document/download/7abfd6d8-e451-4f23-ac29-951158be075b_en.

European Commission (2011a). *Evaluation of the European Commission's Cooperation with the Philippines.* Final Report, Vol. 2. https://www.oecd.org/derec/ec/Evaluation-of-the-European-Commission-Cooperation-with-the-Philippines-Annexes.pdf.

European Commission (2011b). *Thematic evaluation of the European Commission support to respect of Human Rights and Fundamental Freedoms (including solidarity with victims of repression).* Final Report. Vol. 1. https://ecdpm.org/download_file/742/1722.

European Commission (2012). *Evaluation of the Commission of the European Union's co-operation with Colombia.* Final Report. https://www.oecd.org/derec/ec/Evaluation-of-the-Commission-of-the-European-Union-Cooperation-with-Colombia-Volume1.pdf.

European Commission (2014). *Evaluation of the European Union's regional co-operation with Asia.* Final Report. Volume 1. https://www.oecd.org/derec/ec/Evaluation_of_the_European_Union_regional_co-operation_with_Asia_Vol1.pdf.

European Commission, Directorate-General for International Partnerships, Christensen, P., Dosch, J., Laanouni, F. et al. (2024). Evaluation of the EU's cooperation with Nepal (2014-2021). https://data.europa.eu/doi/10.2841/08725

Government of Malawi and United Nations in Malawi (2019). *The United Nations Development Assistance Framework (UNDAF) 2019–2023.* https://www.ilo.org/wcmsp5/groups/public/-africa/-ro-abidjan/-ilo-lusaka/documents/genericdocument/wcms_241311.pdf.

McGillivray, Mark, David Carpenter & Stewart Norup (2013). *Evaluation Study of Long-Term Development Co-operation between Vietnam and Sweden.* Stockholm: SIDA. https://www.oecd.org/derec/sweden/vietnam.pdf.

Ministry of Foreign Affairs (Netherlands) (2014). *Navigating a sea of interests. Policy evaluation of Dutch foreign human rights policy 2008–2013.* https://www.government.nl/binaries/government/documenten/reports/2014/12/01/iob-navigating-a-sea-of-interests-policy-evaluation-of-dutch-foreign-human-rights-policy-2008-2013/navigating-a-sea-of-interests-policy-evaluation-of-dutch-foreign-human-rights-policy-2008-2013.pdf.

Ministry of Foreign Affairs of Denmark (2021). *Study on Digital Development & Human Rights – How to Strengthen Responsible Technological Development and Digital Resilience to enhance Democratic Governance?* https://um.dk/en/-/media/websites/umen/danida/results/evaluation-of-development-assistance/evaluation-programmes/2021studydigitaldevhumanrights.ashx.

Ministry of Foreign and European Affairs, Development Cooperation Directorate (Luxembourg) (2016). *Evaluation of the activities of 5 Luxembourg NGOs in the field of human rights.* Synthesis of the final report. https://www.oecd.org/derec/luxembourg/MAEE%20Lux_Evaluation%20de%205%20ONG_Projet%20de%20Synth%C3%A8se_EN_VF.pdf.

Moberg, Liv & Francis Emmanuel Ng'ambi (2010). *Democracy Support through the United Nations*. Report 10/2010 – Evaluation. Malawi Case Report. https://www.oecd.org/derec/norway/48086752.pdf.

Moen, Hanne Lotte & Bilquis Tahira (2010). *Democracy Support through the United Nations*. Report 10/2010 – Evaluation. Pakistan Case Report. https://www.oecd.org/derec/norway/48086681.pdf.

Norad, Evaluation Department (2020). *Country Evaluation Brief Colombia*. https://www.norad.no/en/toolspublications/publications/2020/country-evaluation-brief---colombia/.

Polak, Jan Tobias, Angela Heucher, Lea Smidt & Lena Taube (2022). *Human Rights in German Development Cooperation. Part 2: Implementation and effectiveness of the human rights-based approach in the area of intervention 'Private sector and financial system development'*. Bonn: German Institute for Development Evaluation (DEval). https://www.deval.org/fileadmin/Redaktion/PDF/05-Publikationen/Berichte/2022_Menschenrechte_Teil_2/2022_DEval_Report_HumanRights2_EN.pdf.

Polak, Jan Tobias, Lea Smidt & Lena Taube (2021a). *Human Rights in German Development Cooperation*. DEval Policy Brief 7/2021. Bonn: German Institute for Development Evaluation (DEval). https://www.deval.org/fileadmin/Redaktion/PDF/05-Publikationen/Policy_Briefs/2021_Menschenrechte/DEval_Policy_Brief_7_barrierefrei.pdf.

Polak, Jan Tobias, Lea Smidt & Lena Taube (2021b). *Human Rights in German Development Cooperation. Part 1: The Human Rights Strategy and its Implementation*. Bonn: German Institute for Development Evaluation (DEval). https://www.deval.org/fileadmin/Redaktion/PDF/05-Publikationen/Berichte/2021_Menschenrechte/Report_DEval_2021_Human_Rights_web.pdf.

SIDA (2020a). *Evaluation of the application and effects of a Human Rights Based Approach (HRBA): Lessons learnt from Swedish development cooperation, what works well, less well & and why?* Volume I: Final evaluation report.https://cdn.sida.se/publications/files/sida62333en-evaluation-of-the-application-and-effects-of-a-human-rights-based-approach-to-development-lessons-learnt-from-swedish-development-cooperation-what-works-well-less-well-and-why.pdf.

SIDA (2020b). *Evaluation of the application and effects of a Human Rights Based Approach (HRBA): Lessons learnt from Swedish development cooperation, what works well, less well & and why?* Volume II: Final case study reports – Albania, Cambodia, Colombia, Kenya, 76–77. https://cdn.sida.se/publications/files/sida62334en-evaluation-of-the-application-and-effects-of-a-human-rights-based-approach-hrba-lessons-learnt-from-swedish-development-cooperation-what-works-well-less-well-why.pdf.

Sørbø, Gunnar M., Elin Skaar & Hugo Stokke (2002). *A Review of Ireland Aid's Human Rights and Democratisation Scheme*. Bergen: Chr. Michelsen Institute. https://www.cmi.no/publications/file/841-a-review-of-ireland-aids-human-rights-and.pdf.

Swedish Agency for Development Evaluation (SADEV) (2012). *Democratic development and increased respect for human rights Guatemala, Kenya and Serbia*. SADEV Evaluation Brief 2012:1. https://www.oecd.org/countries/cambodia/SADEV%202012_1eDemocratic%20development%20and%20increased%20respect%20for%20human%20rights%20Vietnam%20Cambodia.pdf.

Swiss Agency for Development and Cooperation (SDC) (2015). *Evaluation of SDC's Performance in Governance Programming and Mainstreaming*. https://www.shareweb.ch/site/Development-Policy/Documents/Evaluation%20of%20SDC%E2%80%99s%20Performance%20in%20Governance%20Programming%20and%20Mainstreaming.pdf.

The Fund for Peace (2024a). Fragile States Index. Country Dashboard Vietnam, https://fra gilestatesindex.org/country-data/.

The Fund for Peace (2024b). Fragile States Index. P3: Human Rights and Rule of Law. https://fragilestatesindex.org/indicators/p3/.

UN Generalversammlung (2015). *Transformation unserer Welt: die Agenda 2030 für nachhaltige Entwicklung.* Resolution der Generalversammlung, verabschiedet am 25. September 2015. https://www.un.org/depts/german/gv-70/band1/ar70001.pdf.

UNDG (2003). *The Human Rights Based Approach to Development Cooperation Towards a Common Understanding Among UN Agencies.* https://unsdg.un.org/sites/default/files/ 6959-The_Human_Rights_Based_Approach_to_Development_Cooperation_Towards_ a_Common_Understanding_among_UN.pdf.

UNPD (2016). *End of Term Evaluation of the Democracy Consolidation Program IV.* Final Report. https://erc.undp.org/evaluation/documents/download/9966.

US Department of State (2023a). *2022 Country Reports on Human Rights Practices: Cabo Verde.* https://www.state.gov/wp-content/uploads/2023/02/415610_CABO-VERDE-2022-HUMAN-RIGHTS-REPORT.pdf.

US Department of State (2023b). *2022 Country Reports on Human Rights Practices: Grenada.* https://www.state.gov/reports/2022-country-reports-on-human-rights-practices/gre nada/.

US Department of State (2023c). *2022 Country Reports on Human Rights Practices: Seychelles.* https://www.state.gov/reports/2022-country-reports-on-human-rights-practices/seychelles.

US Department of State (2023d). *2022 Country Reports on Human Rights Practices: Sao Tome and Principe.* https://www.state.gov/reports/2022-country-reports-on-human-rights-practices/sao-tome-and-principe/.

Vereinte Nationen (1948). Resolution der Generalversammlung 217 A (III). Allgemeine Erklärung der Menschenrechte. https://www.un.org/depts/german/menschenrechte/aemr. pdf.

Gleichstellung der Geschlechter und Empowerment von Frauen

9

Die prominente Berücksichtigung von Geschlechterfragen und explizite Projekte zur Förderung von Frauen und Mädchen zählen heute zum Kernbestand der Entwicklungszusammenarbeit und sind dabei untrennbar mit dem Good Governance-Diskurs verbunden.[1] Die Anfänge reichen in die 1970er Jahre zurück. 1975 riefen die Vereinten Nationen das Internationale Jahr der Frau aus (gefolgt von der UN-Dekade der Frau 1976–1985) und in Mexiko-Stadt suchte die erste UN-Weltfrauenkonferenz nach einer gemeinsamen Linie und der Herstellung internationaler Solidarität im Kampf für Frauenrechte und gegen Ausbeutung, Gewalt und Diskriminierung. Auch wenn unter vielen der 6000 Teilnehmer*innen aus aller Welt schon bald die Euphorie einer gewissen Ernüchterung wich („die bolivianischen Minen-Arbeiterinnen [waren] nur schwer mit den deutschen Feministinnen unter einen Hut zu bringen"[2]), war der Kongress doch richtungsweisend. Am Ende der mehrtägigen Diskussionen standen eine gemeinsame Deklaration, ein Weltaktionsplan und 34 Entschließungen.[3] Außerdem ebnete die Konferenz den Weg für die „UN Konvention zur Beseitigung jeder Form von

---

[1] Einige wenige Geber haben in jüngster Zeit damit begonnen. auch Initiativen im Bereich LGBTQIA+ unter Gender-Programme zu fassen. In den meisten Fällen existiert jedoch eine Trennung zwischen „traditionellen" Gleichstellungsansätzen (Empowerment von Frauen und Mädchen) und LGBTQIA + Programmen mit eigenem strategischen Rahmen, z. B. im Fall der EU die „LGBTIQ Equality Strategy 2020–2025" und für Deutschland der Aktionsplan „Queer Leben", der vorsieht, „die Menschenrechte von LSBTIQ* in der Außenpolitik und Entwicklungszusammenarbeit konsequent" zu berücksichtigen (Die Bundesregierung 2022, S. 20). Bisher liegen jedoch keine öffentlich zugänglichen Evaluierungen vor.

[2] WDR 2020.

[3] United Nations 1976.

© Der/die Herausgeber bzw. der/die Autor(en), exklusiv lizenziert an Springer Fachmedien Wiesbaden GmbH, ein Teil von Springer Nature 2024
J. Dosch und P. Becker, *Die Wirksamkeit von Entwicklungszusammenarbeit*,
https://doi.org/10.1007/978-3-658-45474-6_9

Diskriminierung der Frau" (CEDAW) von 1979, die in der Folge von 189 Staaten ratifiziert wurde, darunter von der Bundesrepublik Deutschland im Jahr 1985, nicht jedoch z. B. von den USA.

Die dritte Weltfrauenkonferenz 1985 führte zur Verabschiedung der „Nairobi Forward-looking Strategies for the Advancement of Women", die Geschlechtergleichheit in die breitere Entwicklungspolitik einbettete. Zudem legte der Kongress den Grundstein für das Konzept des *Gender Mainstreaming,* das ein Jahrzehnt später von der vierten Weltfrauenkonferenz 1995 in Peking als formales Ziel definiert wurde. Die Pekinger Erklärung und Aktionsplattform legten eine klare Agenda für die Verwirklichung von Frauenrechten und Geschlechtergleichheit fest. Der Fokus verlagerte sich dabei von isolierten Projekten auf die Berücksichtigung von Geschlechterfragen in allen Dimensionen der Entwicklungszusammenarbeit.[4] Als übergreifendes Konzept bedeutet *Gender Mainstreaming,* dass Geschlechtergleichheit nicht als ein separates Thema behandelt wird, sondern eine Geschlechterperspektive in jede Phase aller entwicklungspolitischer Vorhaben – Entwurf, Umsetzung, Überwachung und Evaluierung – Eingang findet. Die Millenniums-Entwicklungsziele (MDGs) von 2000, insbesondere Ziel 3, etablierten die Förderung der Geschlechtergleichheit und die Ermächtigung von Frauen als eine globale Priorität. Die Geschlechtergleichheit erlangte hierdurch umfassende Aufmerksamkeit, jedoch war das Ziel eng definiert. Es maß den Fortschritt nur anhand von drei Indikatoren: Erstens die Beseitigung von Geschlechterunterschieden in Grund- und weiterführenden Schulen und im Hochschulbereich; zweitens der Anteil der Frauen an den unselbstständig Erwerbstätigen im nichtlandwirtschaftlichen Sektor; und drittens der Anteil von Frauen in nationalen Parlamenten. In Bezug auf die Bildung wurde das Ziel nahezu erreicht, allerdings ist einschränkend hinzuzufügen, dass Einschulungsraten als nicht sehr aussagekräftig gelten. Hinsichtlich der Beschäftigung von Frauen außerhalb des oft informell organisierten landwirtschaftlichen Sektors lag der weltweite Frauenanteil 2015 – dem Endpunkt der Umsetzung der MDGs – weiterhin lediglich bei 40 %, und betrug in einigen Regionen, wie Nordafrika und Südasien, sogar nur etwa 20 %. Politisch wurden kaum Fortschritte erzielt, insbesondere wenn Indikatoren wie Frauenquoten berücksichtigt werden.[5]

Die nachhaltigen Entwicklungsziele (SDGs) von 2015 schließlich haben die Geschlechtergleichheit (Ziel Nr. 5) im Vergleich zu den MDGs deutlich erweitert und erkennen die Bedeutung der Geschlechtergleichheit für die gesamte

---

[4] UN Women 2015.
[5] Köhler 2015, S. 242–248; Kabeer 2005.

Agenda der nachhaltigen Entwicklung an. Bis 2030 sollen alle Formen der Diskriminierung von Frauen und Mädchen, alle Formen von Gewalt gegen Frauen und Mädchen und deren Ausbeutung, sowie Kinderheirat, Früh- und Zwangsverheiratung und weibliche Genitalverstümmlung abgeschafft und beendet sein. Gleichzeitig sollen unbezahlte Pflege- und Hausarbeit anerkannt sein und Frauen gleichberechtigt am politischen, wirtschaftlichen und öffentlichen Leben teilhaben können. Zudem sollen Frauen und Mädchen ungehinderten Zugang zu sexueller und reproduktiver Gesundheit und entsprechenden Rechten haben sowie die gleichen Rechte auf – und Zugang zu – Land, Eigentum und finanziellen Dienstleistungen erhalten. Die Nutzung von Informations- und Kommunikationstechnologien soll gefördert werden, um Frauen in ihrer Selbstbestimmung zu unterstützen. Insgesamt sollen Politiken und Rechtsvorschriften verabschiedet werden, die die Gleichberechtigung der Geschlechter fördern.[6]

Trotz der inzwischen ausgeprägten Bemühungen um Förderung und Durchsetzung von Geschlechtergleichheit mit Mitteln der Entwicklungszusammenarbeit bestehen nach wie vor zahlreiche Herausforderungen. Hierzu zählen unter anderem gesellschaftliche und kulturelle Barrieren, die die Gleichberechtigung von Frauen untergraben. Darüber hinaus sind Frauen oft überproportional von Armut, Krankheiten und Umweltkatastrophen betroffen, was ihre Verwundbarkeit erhöht und ihre Möglichkeiten zur Teilhabe einschränkt. Zudem werden geschlechtsspezifische Belange häufig nicht ausreichend in politischen, rechtlichen und sozioökonomischen Kontexten berücksichtigt, was zu einer mangelnden Wirksamkeit von Maßnahmen führt. Im globalen Durchschnitt genießen Frauen nur 77 % der Rechte, über die Männer verfügen; und fast 2,4 Mrd. Frauen im erwerbsfähigen Alter leben in Staaten, die ihnen nicht dieselben Rechte wie Männern gewähren.[7] Die tiefgreifenden sozioökonomischen Unterschiede und Ungleichheiten, die oft auf der Basis des Geschlechts bestehen, führen dazu, dass Frauen auf der ganzen Welt unterschiedlich und oft härter von diesen Bedrohungen betroffen sind. Während sich zwischen 1990 und 2015 der Anteil der an extremer Armut leidenden Weltbevölkerung insgesamt erheblich reduziert hat, sind nach wie vor Frauen überproportional von Armut betroffen. Global sind Frauen im Alter von 25 bis 34 Jahren einem 25 % höheren Risiko ausgesetzt, in extremer Armut zu leben, als Männer. Die meisten der in absoluter Armut lebenden Frauen haben keinen Zugang zu sozialem Schutz und

---

[6] BMZ 2023.
[7] World Bank Group 2023, S. xiii.

öffentlichen Dienstleistungen, die ihnen nachhaltige Wege aus der Armut bieten würden.[8] Dieses Phänomen, oft als „Feminisierung der Armut" bezeichnet, ist das Ergebnis einer Vielzahl von Faktoren, einschließlich geschlechtsspezifischer Diskriminierung auf dem Arbeitsmarkt und der übermäßigen Belastung von Frauen mit unbezahlter Sorgearbeit. Frauen erhalten im globalen Durchschnitt rund ein Viertel weniger Lohn als Männer und leisten mindestens zweieinhalbmal so viel unbezahlte Pflege- und Hausarbeit wie Männer.[9] Frauen in vielen Ländern des „Globalen Südens" tragen eine doppelte Krankheitslast. Sie sind sowohl für die Pflege von Kranken verantwortlich als auch selbst einem höheren Risiko ausgesetzt, aufgrund von Mangelernährung und unzureichendem Zugang zu medizinischer Versorgung unter Krankheiten zu leiden.[10] In Subsahara-Afrika hat zudem die HIV/AIDS-Epidemie Frauen besonders hart getroffen. Dort hatten 2023 Mädchen und Frauen aller Altersgruppen einen Anteil von 62 % an den Neuinfektionen.[11] Frauen leiden auch in besonderem Maße unter Umweltkatastrophen, weil sie aufgrund ihrer sozialen Rolle und wirtschaftlichen Benachteiligung anfälliger für deren Auswirkungen sind. Nach Angaben von UNDP ist es für Frauen und Mädchen 14-mal wahrscheinlicher als für Männer, während einer Naturkatastrophe zu sterben.[12] So waren 90 % der Opfer der Zyklone des Jahres 1991 in Bangladesch Frauen; 61 % der 130.000 infolge des Zyklon Nargis 2008 in Myanmar getöteten oder vermissten Personen waren weiblich.[13]

Untersuchungen bestätigen regelmäßig, was im Grunde als gesunder Menschenverstand gelten kann, nämlich dass eine erhöhte Beteiligung von Frauen an politischen und wirtschaftlichen Prozessen positive Auswirkungen auf Entwicklung und Nachhaltigkeit hat und die soziale Kohäsion stärkt. Die Weltbank hat mehrere Berichte veröffentlicht, die nachweisen, dass die Erhöhung des Einkommens und der Bildung von Frauen direkt mit dem Wachstum der Wirtschaft korreliert.[14] Der UNDP Bericht über die menschliche Entwicklung 2013 betont, dass Geschlechtergleichheit in der Politik und Wirtschaft zu besseren Entwicklungsergebnissen in Bezug auf Gesundheit und Bildung führt.[15] Der IWF

---

[8] United Nations 2020.

[9] UN Women 2023.

[10] World Economic Forum 2020.

[11] UNAIDS 2023.

[12] United Nations 2016, S. 20.

[13] GIZ 2021, S. 16.

[14] Z. B. World Bank 2012.

[15] UNDP 2013.

hat Untersuchungen durchgeführt, die aufzeigen, dass – auch diese Erkenntnis vermag nicht zu überraschen – eine stärkere Partizipation von Frauen am Arbeitsmarkt dem Wirtschaftswachstum förderlich ist.[16] Der Bericht „The Power of Parity" von McKinsey kommt 2015 zu dem Ergebnis, dass die vollständige Geschlechterparität im Arbeitsmarkt das globale BIP bis 2025 um bis zu 28 Billionen US-Dollar oder 26 % steigern könnte.[17] Es kann heute somit als gesicherte Erkenntnis gelten, dass die Verringerung von Geschlechterungleichheiten mit einer verbesserten wirtschaftlichen Leistung verbunden ist.[18]

Seit den frühen 2000er Jahren ist die ODA für „Gender Equality and Women Empowerment" (GEWE) stetig angestiegen. Seit 2009 werden OECD-Geber in ihren Berichten an das Development Assistance Committee (DAC) Creditor Reporting System (CRS) aufgefordert, für jede Aktivität der Entwicklungszusammenarbeit anzugeben, ob diese Gleichstellung als eines ihrer Ziele verfolgt („Gender Marker"). Um als „gender equality focussed" zu gelten, muss ein Programm oder Projekt „gender equality" und „womens empowerment" explizit fördern. Eine Aktivität kann entweder Geschlechtergleichstellung als ihr „Hauptziel" oder als „wichtiges Ziel" anstreben. Die Einführung des Gender Markers hat dazu geführt, das Bewusstsein bei Gebern und Implementierungsorganisationen zu fördern, GEWE von den ersten Planungsschritten an in die Projektförderung einzubeziehen. 2021 summierten sich die ODA mit Gender-Bezug auf gut 47 Mrd. USD. Diese Summe war zwar nur rund zwei Prozent größer als im Vorjahr, stellte aber einen steilen Anstieg von 27 % gegenüber 2017 dar. Der Anteil der Projekte, welche die Förderung der Geschlechtergleichheit als Hauptziel verfolgten, lag bei etwas mehr als 10 % (4,9 Mrd. USD) (Abb. 9.1). Deutschland, die EU und Japan waren 2021 die drei größten Geber in diesem Bereich (Abb. 9.2). Humanitäre Hilfe, Regierung und Zivilgesellschaft sowie Gesundheit und Bevölkerung bildeten im selben Jahren die Sektoren, die am meisten von genderspezifischer ODA profitierten (Abb. 9.3). Mit Blick auf die Zahlen ist jedoch einschränkend anzumerken, dass diese zwar eine Bestandsaufnahme der eingesetzten Mittel ermöglichen, jedoch tendenziell einen überhöhten Eindruck vom Engagement der Geber für GEWE vermitteln. Das liegt vor allem daran, dass bei Anwendung des Gender Markers das gesamte Volumen eines Projekts als geschlechtsspezifische Finanzierung gewertet wird, auch wenn nur ein Teil des Vorhabens tatsächlich die Gleichstellungsziele fördert.[19] Zudem existiert unter

---

[16] International Monetary Fund 2013.

[17] McKinsey Global Institute 2015.

[18] Klasen 2018, S. 282.

[19] Donor Tracker 2023.

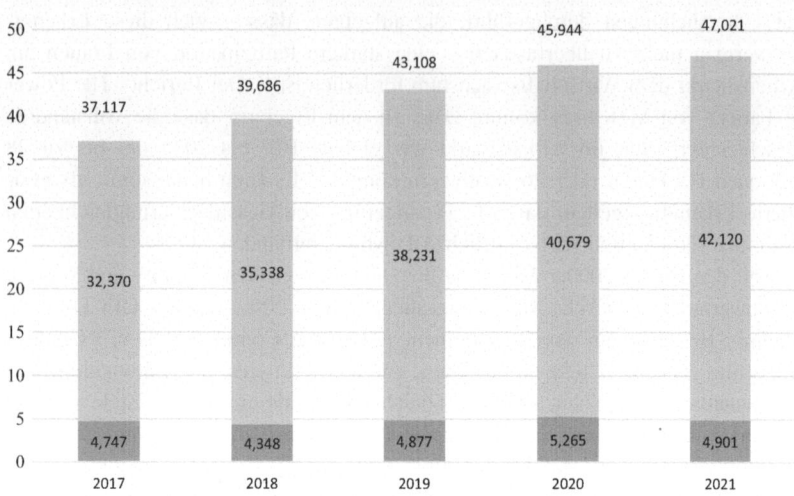

Förderung von Projekten mit erheblichem Gleichstellungsanteil

Förderung von Projekten, deren Hauptziel die Gleichstellung der Geschlechter ist

Abb. 9.1 ODA der DAC-Geber zur Förderung von GEWE in Milliarden USD, 2017–2021. (Quelle: OECD CRS, https://donortracker.org/topics/gender#funding-trends)

Gebern – teils selbst innerhalb derselben Organisation, wie dies z. B. im Fall von UNDP mit Stand 2015 dokumentiert ist – kein einheitlicher Ansatz zur Zuweisung der Gender-Marker-Codes, was die Genauigkeit der erzeugten Informationen beeinträchtigt.[20]

Noch vor rund einem Jahrzehnt entwarfen Metaevaluierungen der auf GEWE ausgerichteten Entwicklungszusammenarbeit zumeist ein kritisches Gesamtbild der erzielten Ergebnisse. Eine Auswertung nahezu der gesamten belgischen Entwicklungszusammenarbeit von 2002 bis 2013[21] konstatiert, dass es nicht gelang, einen wesentlichen Beitrag zur Geschlechtergerechtigkeit zu leisten. Zwar wurden an vielen Orten und auf verschiedene Weise Versuche unternommen, Geschlechterfragen zu integrieren und für eine größere Geschlechtergerechtigkeit zu arbeiten; jedoch sind die erzielten Ergebnisse meist auf temporäre und zufällige Konfigurationen und die Initiative motivierter Einzelpersonen zurückzuführen gewesen. Nur einer begrenzten Anzahl der an der belgischen Zusammenarbeit

---

[20] United Nations Development Programme, Independent Evaluation Office 2015, S. xiv.
[21] Caubergs et al. 2014.

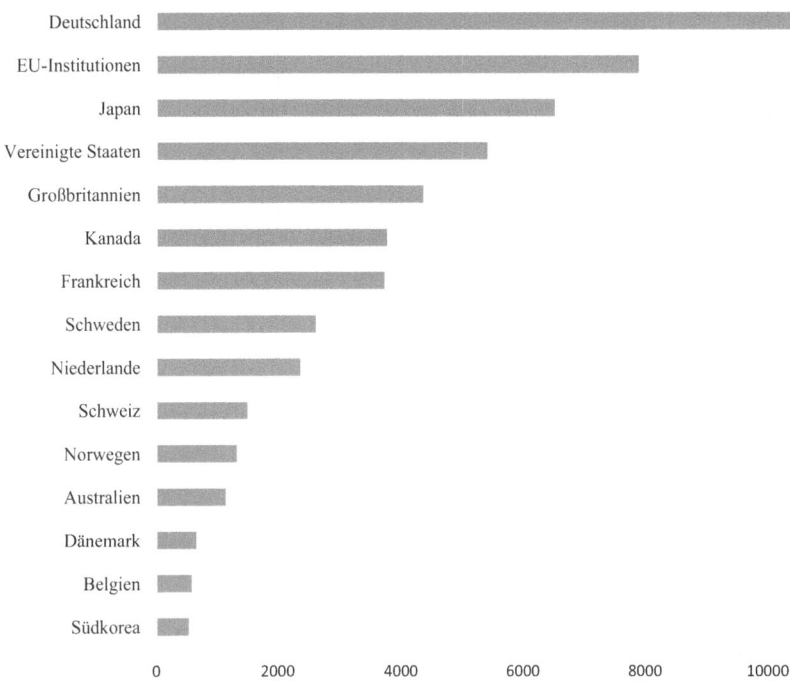

Abb. 9.2 Top 15 DAC-Geberländer für GEWE, 2021: Gesamte ODA-Auszahlungen, die als hauptsächlich oder in erheblichem Maße als gleichstellungsbezogen gekennzeichnet sind („Gender Marker") in Millionen USD. (Quelle: OECD CRS, https://donortracker.org/topics/gender#top-donors)

beteiligten Organisationen gelang es, Geschlechterfragen strukturell und kontinuierlich zu integrieren, sodass in diesen Fällen ein sinnvoller Beitrag zur größeren Geschlechtergerechtigkeit geleistet werden konnte. Insgesamt stellen die Gutachter*innen fest, dass sowohl Ausmaß und die Intensität der Bemühungen als auch die erzielten Ergebnisse nicht im Verhältnis zu der Größe der spezifischen Probleme standen, denen Frauen im „Globalen Süden" ausgesetzt sind. Die Autor*innen machen mehrere Faktoren für die ausbleibende Wirkung verantwortlich: Einerseits häufig das Fehlen einer starken gesellschaftlichen Unterstützung trotz des Vorhandenseins angemessener rechtlicher und politischer Rahmenbedingungen in vielen Ländern und andererseits oftmals expliziter oder impliziter Widerstand innerhalb der Gesellschaften, in denen die Projekte operieren, und

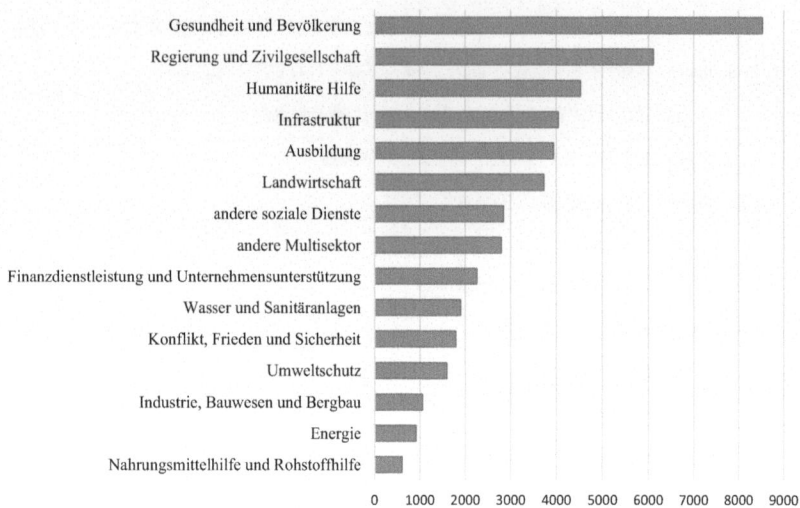

Abb. 9.3 GEWE-fokussierte ODA nach Sektoren in Millionen USD, 2021. (Quelle: OECD CRS, https://donortracker.org/topics/gender#top-sectors)

überraschenderweise teils in den Entwicklungsorganisationen selbst. Hinzu gesellt sich die Komplexität der Konzepte Geschlecht und *Gender Mainstreaming* „die nicht einfach zu verstehen und noch schwieriger zu nutzen sind. Sie werden teilweise bewusst und teilweise unbewusst leicht zum Anlass für eine Verwässerung der Konzepte (was wir als einen ‚Gender Light'-Ansatz beschrieben haben), sodass die entwickelten Strategien zu leeren Hüllen verkommen, die wenig oder keine Wirkung auf die Situation von Frauen im Süden haben".[22]

Eine 2015 veröffentlichte Evaluierung der norwegischen Unterstützung für Frauenrechte und Geschlechtergleichstellung gelangt zu dem Urteil, dass die allgemeinen Richtlinien und Berichtssysteme schwach und fragmentiert und spezifische Anforderungen für die Förderung von Frauenrechten und Geschlechtergleichheit unzureichend definiert und kontextualisiert waren. Diese Probleme wurden durch eine Unterinvestition in die genderfokussierte Stärkung der Kapazitäten für Mitarbeitende verschärft. Die Evaluierung präsentiert stark differierende Ergebnisse sowohl innerhalb von Ländern und Sektoren als auch länderübergreifend.[23] Die Evaluierung der EU-Unterstützung für GEWE in Partnerländern

---

[22] Caubergs et al. 2014, S. 12.
[23] Norad 2015.

weltweit, ebenfalls aus dem Jahr 2015, kommt zu dem Ergebnis, dass die EU ihre starke institutionellen Verpflichtung zur Geschlechtergleichheit und Frauenförderung, die sie sich selbst in der Entwicklungszusammenarbeit auferlegt hatte, insgesamt nicht erfüllen konnte. Die finanziellen Aufwendungen der EU für GEWE nahmen zwischen 2007 und 2013 zwar zu, jedoch wurde – und hier ähneln die Argumente der norwegischen Evaluierung – die personelle Kapazität zur Bewältigung der wachsenden Aufgaben nicht entsprechend erhöht. Den Mitarbeiter*innen der Europäischen Kommission und des Auswärtigen Europäischen Dienstes mangelte es oftmals an den nötigen Kenntnissen der nationalen Kontexte, was zu verpassten Chancen und mangelnder Zielrichtung der Aktivitäten führte.[24]

Nur fünf Jahre später konstatiert eine erneute umfassende Evaluierung der EU-Unterstützung von GEWE zwar weiterhin strukturelle und institutionelle Mängel in der Planung und Umsetzung entsprechender Programme, erkennt aber auch deutliche Effektivitätssteigerungen. Demnach hat die EU weltweit u. a. wesentlich zur Förderung der körperlichen und psychischen Unversehrtheit von Mädchen und Frauen im öffentlichen und privaten Bereich beitragen. Wirksamkeit und Nachhaltigkeit erzielten vor allem ganzheitliche Interventionen, die sowohl auf normative Veränderungen in der Gesellschaft und unter politischen Entscheidungsträgern als auch auf den Kapazitätsaufbau von Institutionen, die für die Umsetzung von Maßnahmen zur Bekämpfung von Gewalt gegen Frauen zuständig sind, abzielten. Außerdem hat die EU effektiv dazu beigetragen, Menschenrechtsaktivistinnen *(Women Human Rights Defenders)* als Akteurinnen des Wandels zu stärken sowie Position und Rolle von Frauen während und nach Konflikten zu festigen (z. B. in Kolumbien). Etwas verhaltener fällt jedoch die Bewertung der EU-Hilfen für die soziale und ökonomische Ermächtigung von Frauen aus. Zwar erstreckten sich die Aktivitäten auf fast alle sozioökonomischen Sektoren und erzielten vor allem in den Bereichen Bildung und menschenwürdige Arbeit *(decent work)* Fortschritte, insgesamt konnten jedoch die schwerpunktmäßig umgesetzten kleinen Projekte im Rahmen von Programmen zur ländlichen Entwicklung keine großflächigen positiven Veränderungen herbeiführen.[25]

Die Feststellung, dass Entwicklungszusammenarbeit auf der Mikroebene Effektivität erzielt, transformative Wirkungen auf der Makroebene jedoch ausbleiben oder zumindest nicht nachweisbar sind, findet sich regelmäßig in Evaluierungsberichten. So schlussfolgert z. B. eine Metaevaluierung der isländischen Entwicklungszusammenarbeit, dass die geschlechtsspezifischen Ergebnisse

---

[24] European Commission 2015, S. vi–x.
[25] European Commission 2020.

hauptsächlich in der Verbesserung der Lebenssituation der direkt begünstigten Bevölkerungsgruppen bestehen, und zwar in Bezug auf positive Veränderungen beim Zugang zu – und bei der Qualität von – sozialen Dienstleistungen (Wasserversorgung und Abwasserentsorgung, Gesundheit von Müttern und Bildung). „Auf individueller Ebene wurden die praktischen Bedürfnisse und grundlegenden sozialen Rechte von Frauen und Mädchen berücksichtigt, gestärkt und in einigen Fällen eindeutig Leben gerettet".[26]

Eine gewisse Ausnahme bildet eine Evaluierung der deutschen Entwicklungszusammenarbeit zur Förderung der Gleichberechtigung der Geschlechter in Post-Konflikt-Kontexten (2021), die auch übergeordnete bzw. gesamtgesellschaftliche Wirkungen erkennt. Der Bericht schlussfolgert,

> dass die derzeit für die deutsche bilaterale staatliche Entwicklungszusammenarbeit vorgegebenen Verfahren zum Gender-Mainstreaming grundsätzlich geeignet sind, die Gleichberechtigung der Geschlechter zu fördern. Untersuchungen auf der Outcome-Ebene zeigen auch, dass beispielsweise in den Bereichen „Traumabewältigung" und „Einkommenssteigerung" einzelne Vorhaben relevante Wirkungen erzielen, die neben der Befriedigung praktischer Bedürfnisse zum Empowerment von Frauen und zur Veränderung von Genderrollen beitragen.[27]

Wie die Metaevaluierungen kommen auch die Begutachtungen einzelner Länderprogramme in der Regel zu gemischten Resultaten. Als Beispiel sei Indien genannt. Das Land verzeichnete in den letzten drei Jahrzehnten eine beachtliche wirtschaftliche Entwicklung. Der HDI Indiens stieg zwischen 1990 und 2019 um 50 % an und verzeichnete Fortschritte bei allen Indikatoren. Auch wenn Erfolge in der Armutsbekämpfung deutlich werden, bleibt sie eine konstante Herausforderung für das Land, ebenso wie die Geschlechtergleichheit.[28] Die Bilanz der Geschlechtergleichheit in Indien wird in einem Evaluationsbericht des UNDP, der sich auf den Zeitraum 2018 bis 2021 bezieht, als besonders besorgniserregend konstatiert. Mehr als eine von vier Frauen ist in ihrem Leben bereits Opfer physischer und/oder sexueller Gewalt geworden. Beim Gender Inequality Index besetzt Indien die 131. von 155 Positionen. Im Global Gender Gap Report des Weltwirtschaftsforums 2021 fiel Indien um 28 Plätze auf den 140. Rang zurück, der drittletzten Position in Südasien, knapp vor Pakistan und Afghanistan. Hätten Frauen den gleichen Zugang zum Arbeitsmarkt, könnte Indiens BIP um ca. 27 %

---

[26] Ministry of Foreign Affairs for Iceland 2017, S. 4.

[27] Deutsches Evaluierungsinstitut der Entwicklungszusammenarbeit (DEval) 2021, S. x.

[28] UNDP 2022, S. 9.

wachsen. Frauen verlieren im Vergleich zu Männern häufiger ihren Job.[29] Im Kontext des UNDP Länderprogramms kam der Förderung der Gleichstellung der Geschlechter Bedeutung als grundlegende Komponente und Katalysator für die Erreichung SDGs zu. Die Bemühungen konzentrierten sich auf die Beseitigung von Hindernissen für die wirtschaftliche Teilhabe von Frauen, die Bekämpfung von geschlechtsspezifischer Gewalt, die Stärkung der Partizipation von Frauen an Entscheidungsprozessen und die Umsetzung geschlechtergerechter Strategien im Krisenmanagement. Die Evaluator*innen bescheinigen UNDP lediglich partielle Fortschritte. Auf der positiven Seite führten die Bemühungen des UNDP zur Verbesserung der Beteiligung von Frauen am Arbeitsmarkt und zu neuen Methoden der Einbindung marginalisierter Bevölkerungsgruppen. So nahm die Beteiligung von Frauen an Programmen der unternehmerischen Kompetenzentwicklung zu, wodurch sich ihre Befähigung erhöhte, an Entscheidungsprozessen teilzunehmen. Zudem werden die angebotenen Berufsberatungen für Frauen (auch durch eine digitale Plattform ermöglicht) als erfolgreich hervorgehoben, wobei sich gleichzeitig Wirkungen auf der Makroebene nicht nachweisen ließen und die Nachhaltigkeit der Initiativen als unsicher eingeschätzt wird. Viele UNDP-Projekte befassten sich mit mehreren und sich überschneidenden Formen der Diskriminierung aufgrund von Armut, geografischer Lage, Migration, Identität und Ethnizität. Die Evaluator*innen vermissten hier aber eine kontinuierliche und systematische Vorgehensweise des Länderbüros bei der Unterstützung von GEWE. Es wurde außerdem deutlich, dass strukturelle Barrieren (wie z. B. Vorurteile, religiöse Praktiken, Strukturen in der Familie und Gemeinschaft sowie die Akzeptanz der Berufstätigkeit von Frauen außerhalb des Hauses) nicht genügend berücksichtigt wurden.[30]

Ein generelles Problem für den Nachweis von Wirkungen besteht in einem Mangel an genderspezifischen Indikatoren und Daten. Zumindest war dies fast durchgehend bis in die jüngere Vergangenheit der Fall und führte häufig dazu, dass sich Evaluierungen mit relativ pauschalen Einschätzungen begnügten. So stellt z. B. eine Evaluierung des *Gender Mainstreaming* in der niederländischen Entwicklungszusammenarbeit die Unzulänglichkeit des Monitoring und der Evaluierung (M&E) von *Gender Mainstreaming*-Ergebnissen fest. Geschlechtergleichheit ist demnach selten systematisch in M&E integriert worden. Nach

---

[29] UNDP 2022, S. 9 f.
[30] UNDP 2022, S. 46 ff.

Angaben des Berichts beinhaltete nur eine Handvoll Evaluierungen von niederländischen Programmen geschlechtsspezifische Daten. Und selbst wenn entsprechende Angaben vorhanden waren, bezogen sich diese meistens auf durchgeführte
Aktivitäten, Prozesse und unmittelbare Ergebnisse *(Outputs)*, die erzielt wurden,
wie zum Beispiel die Anzahl der durch Schulungen, Aufklärungskampagnen und
medizinische Versorgung erreichten Frauen.[31]

Ebenso ergibt eine Metastudie von mehr als 30 Politik-, Strategie- und
Planungsdokumenten sowie 60 Evaluierungen von Projekten der finnischen Entwicklungszusammenarbeit im Bereich „Improvement of Women's and Girls'
Rights", die zwischen 2004 und 2016 veröffentlicht wurden, dass Finnlands
Gender-Ziele in den entwicklungspolitischen Programmen zwar klar definiert
waren, jedoch nur wenige Evaluierungen die Berücksichtigung der Geschlechterperspektive überprüften und folglich keine entsprechende Daten erhoben. „Sogar
selbst bei Programmen, bei denen die Gleichstellung der Geschlechter im Mittelpunkt stand, gab es häufig keinen vordefinierten Rahmen zur Erfassung der
Ergebnisse. Diese Kluft zwischen Politik und Praxis stellt eine Herausforderung
für die Bewertung der Wirksamkeit der […] Bemühungen zur Förderung von
Geschlechtergleichheit und der Rechte von Frauen und Männern dar".[32] In den
letzten Jahren hat sich diese Situation jedoch nicht nur in der finnischen Entwicklungszusammenarbeit, sondern auch mit Blick auf die Programme anderer
Geber zunehmend verbessert, da die fortschreitende Verbreiterung und Vertiefung
des GEWE-Fokus – und damit zusammenhängend die Festsetzung von Quoten
für die ODA-Budgets – zwangsläufig auch robuste Ansätze zur Messbarkeit des
Engagements erfordert. Das BMZ führte im September 2022 unter dem Motto
„feministische Entwicklungspolitik wird konkret" erstmals eine Quote für Projekte zur Geschlechtergerechtigkeit ein. Demnach sollen bis 2025 schrittweise
93 % aller neuen BMZ-Projekte der Gleichstellung der Geschlechter in den Partnerländern dienen. Acht Prozent sollen die Geschlechtergerechtigkeit dann – in
der Definition des Gender Markers – als Hauptziel verfolgen. Dies stellt eine
Verdopplung gegenüber der Praxis vor 2022 dar. Insgesamt soll der Anteil der
Projekte, die einen Beitrag zur Gleichberechtigung der Geschlechter leistet, auf
85 % erhöht werden – ein Anstieg von etwa 25 Prozentpunkten.[33] Die EU hat
sich eine ähnliche Vorgabe gesetzt. Der Gender Action Plan III von 2020 ist auf
die „Stärkung der Wirksamkeit des EU-Engagements für die Gleichstellung der

---

[31] Ministry of Foreign Affairs, Netherlands 2021, S. 61.
[32] Ministry for Foreign Affairs of Finland 2018.
[33] BMZ 2022.

Geschlechter als bereichsübergreifende Priorität des auswärtigen Handelns der EU bei Politikgestaltung und Programmplanung" ausgerichtet. Bis 2025 sollen 85 % aller neuen Maßnahmen im Außenbereich, d. h. nicht nur in der Entwicklungszusammenarbeit, sondern in den internationalen Beziehungen der EU insgesamt, zu diesem Ziel beitragen.[34]

Eines der global größten Einzelprogramme im Gender-Bereich ist bis dato die weitgehend von der EU finanzierte und mehreren UN-Organisationen implementierte Spotlight-Initiative zur Eliminierung von Gewalt gegen Frauen (2017–2024). Die Vereinten Nationen definieren Gewalt gegen Frauen als jede Form von geschlechtsspezifischer Gewalt, die zu körperlichem, sexuellem oder psychischem Schaden oder Leid bei Frauen führt oder wahrscheinlich führen wird, einschließlich der Androhung solcher Handlungen, Zwang oder willkürliche Freiheitsberaubung, unabhängig davon, ob dies im öffentlichen oder privaten Leben geschieht.[35] Die Spotlight-Initiative wurde von der EU mit einem Beitrag von 497 Mio. € ausgestattet und ist von den Vereinten Nationen auf vier Kontinenten und in mehr als 26 Ländern umgesetzt worden. Das Programm selbst zog eine positive Bilanz seiner Arbeit.

Allein im Jahr 2021 stellte die Spotlight-Initiative sicher, dass über 630.000 Frauen und Mädchen, die Gewalt erfuhren, Zugang zu den benötigten Diensten hatten. Sie trug zur Stärkung von fast 200 Gesetzen bei, um Gewalt gegen Frauen und Mädchen zu beenden oder die Gleichstellung der Geschlechter in 41 Ländern voranzutreiben. Mit Unterstützung der Initiative hat sich die Anzahl der Verurteilungen wegen geschlechtsspezifischer Gewalt von 2020 bis 2021 mehr als verdoppelt, was zahlreichen Frauen und Mädchen Gerechtigkeit brachte. Fast 130 Millionen Menschen wurden durch Präventionskampagnen der Spotlight-Initiative erreicht, während über 1,3 Millionen Männer und Jungen an Gemeinschaftsinterventionen teilnahmen, die positive Männlichkeit, respektvolle Familienbeziehungen und gewaltfreie Konfliktlösungen fördern. Als weiterer Beweis für die transformativen und nachhaltigen Ergebnisse, die benötigt werden, berichteten mehr als 1.000 lokale und basisnahe Frauenrechtsorganisationen von größerem Einfluss und einer verbesserten Fähigkeit, an der Beseitigung von Gewalt gegen Frauen und Mädchen zu arbeiten.[36]

Demgegenüber gelangt der Europäische Rechnungshof zu einer weitgehend negativen Gesamtbewertung. Die Auditor*innen kritisieren die Spotlight-Initiative vor

---

[34] Europäische Kommission 2020, S. 2.

[35] Artikel 1 der „Declaration on the Elimination of Violence against Women proclaimed by the UN General Assembly resolution 48/104 of 20 December 1993".

[36] Spotlight Initiative 2022, S. 6.

allen wegen hoher Verwaltungskosten. Von der zur Verfügung gestellten knappen halben Milliarde Euro seien fast ein Drittel für die Verwaltung ausgegeben worden. Der Hauptgrund hierfür sieht der Bericht in der Involvierung mehrerer UN-Organisationen die generell für einen hohen Anteil der Personalkosten (bis zu 60 %) an Projektmitteln bekannt sind. Zu wenig Geld hätte in direkter Weise die Zielgruppe erreicht, um eine deutliche Verbesserung der Situation von Frauen herbeizuführen. Bemängelt werden auch das Ausbleiben weiterer Financiers und die kurze Laufzeit des Programms, die für nachhaltige weltweite Veränderungen unzureichend sei. Der Bericht erkennt an, dass die Spotlight-Initiative durch eine Vielzahl an Schulungen, Sensibilisierungskampagnen und Hilfsangebote für Gewaltopfer wichtige Aktivitäten umgesetzt habe, sich jedoch (noch) keine Wirkungen nachweisen ließen. In keinem der Länder, die von Spotlight profitierten, sei es zu einem Rückgang der Gewalt an Frauen und Mädchen gekommen.[37]

Dieses pauschale Urteil täuscht aber über durchaus belegbare qualitative Fortschritte hinweg. So stellte die Evaluierung der EU-Kooperation mit Papua Neuguinea heraus, dass der Spotlight-Initiative dort für die Förderung der Geschlechtergleichheit eine entscheidende Funktion zugekommen ist, indem sie die Sensibilisierung und damit einhergehender positive Veränderungen mit Blick auf GEWE sowohl bei staatlichen als auch zivilgesellschaftlichen Akteuren überhaupt erst ermöglichte. Die Regierung nahm infolge von Spotlight eine umfassendere und entschiedenere Haltung zur Gleichstellung der Geschlechter und zur Stärkung der Position von Frauen und Mädchen ein und stellte für diese Zwecke Mittel aus dem nationalen Haushalt zur Verfügung. Ein bemerkenswerter Meilenstein war 2020 die Einrichtung eines mit einem umfangreichen Mandat ausgestatteten ständigen Sonderparlamentsausschusses für geschlechtsspezifische Gewalt. Die Unterstützung durch Spotlight beschleunigte zudem die Umsetzung der nationalen Strategie zur Eliminierung von *gender-based violence* (GBV) und war ausschlaggebend für die Schaffung eines GBV-Überweisungsmechanismus, wodurch sich die Situation von GBV-Opfern verbesserte.[38]

Im folgenden Kapitel wird sich der Blick auf Afghanistan richten, um anhand dieses Beispiels zu analysieren, welche konkreten Verbesserungen für die Situation von Frauen und Mädchen – zumindest bis 2021 – mit Hilfe von Entwicklungszusammenarbeit erreicht werden konnten.

---

[37] European Court of Auditors 2023.

[38] European Commission, Directorate-General for International Partnerships, J. Dosch, et al. 2023.

Literatur

BMZ (2022). Feministische Entwicklungspolitik wird konkret: BMZ führt erstmals Quote für Projekte zur Geschlechtergerechtigkeit ein. https://www.bmz.de/de/aktuelles/akt uelle-meldungen/bmz-fuehrt-quote-fuer-projekte-zu-geschlechtergerechtigkeit-ein-122 168#:~:text=September%202022-,Feministische%20Entwicklungspolitik,der%20Gesc hlechter%20in%20Entwicklungsl%C3%A4ndern%20dienen.

BMZ (2023). Ziele nachhaltiger Entwicklung. Gleichstellung von Frauen und Männern. https://www.bundesregierung.de/breg-de/themen/nachhaltigkeitspolitik/rechtliche-gle ichstellung-841120.

Caubergs, Lisette et al. (2014). *A difficult path towards equality Gender and Development in Belgian Cooperation.* Summary Report. Brussels: Kingdom of Belgium. Federal Public Service Foreign Affairs, Foreign Trade and Development Cooperation Office of the Special Evaluator for Belgian Development Cooperation. https://www.oecd.org/derec/bel gium/Gender_and_development_in-belgian-cooperation.pdf.

Deutsches Evaluierungsinstitut der Entwicklungszusammenarbeit (DEval) (2021). *Förderung der Gleichberechtigung der Geschlechter in Post-Konflikt-Kontexten.* Zusammenfassung. https://www.deval.org/fileadmin/Redaktion/PDF/05-Publikationen/Ber ichte/2021_Gender_in_Post_Konflikt_Kontexten/Zusammenfassung_DEval_2021_Foer derung_der_Gleichberechtigung_der_Geschlechter_in_post-Konflikt-Kontexten.pdf.

Die Bundesregierung (2022). „Queer leben". Aktionsplan der Bundesregierung für Akzeptanz und Schutz sexueller und geschlechtlicher Vielfalt. https://www.bmfsfj.de/resource/ blob/205126/4826d1e00dc9d02e48f46fa47bb0c3e9/aktionsplan-queer-leben-data.pdfzu.

Donor Tracker (2023). Issue: Gender Equality (Last updated: 22 March). https://donortrac ker.org/topics/gender.

Europäische Kommission (2020). EU-Aktionsplan für die Gleichstellung (GAP) III. JOIN(2020) 17 final. https://eur-lex.europa.eu/legal-content/DE/TXT/PDF/?uri= CELEX:52020JC0017.

European Commission (2015). *Evaluation of EU Support to Gender Equality and Women's Empowerment in Partner Countries* Final Report. Volume 1: Main Report. https://doi.org/ 10.2841/36067.

European Commission (2020). *Evaluation of the EU's external action support to gender equality and women's and girls' empowerment (2010–2018).* Final Report. Volume I – Main Report. https://neighbourhood-enlargement.ec.europa.eu/system/files/2020-11/ gewe_eval_-_final_report_-_main_report_-_november_2020.pdf.

European Commission, Directorate-General for International Partnerships, J. Dosch, K. Van Eynde, K., Rasmussen, et al. (2023). *Evaluation of the European Union's cooperation with Papua New Guinea (2014–2021).* Final report. Volume I, Main report. Brussels: Publications Office of the European Union. https://doi.org/10.2841/531960.

European Court of Auditors (2023). *The Spotlight Initiative to end violence against women and girls.* Special Report 21. https://www.eca.europa.eu/ECAPublications/SR-2023-21/ SR-2023-21_EN.pdf.

GIZ (2021). *Diving into the gap: Gender dimensions of Climate Risk Management.* https:// www.giz.de/en/downloads/GIZ-GP-%282021%29_Diving%20into%20the%20gap_Gen derdimensions%20of%20Climate%20RiskManagement.pdf.

International Monetary Fund (2013). *Women, Work, and the Economy: Macroeconomic Gains From Gender Equity.* IMF Staff Discussion Note, 13/10. http://www.imf.org/external/pubs/ft/sdn/2013/sdn1310.pdf.

Kabeer, Naila (2005). Gender equality and women's empowerment: A critical analysis of the third millennium development goal. *Gender & Development,* 13(1), S. 13–24. https://www.jstor.org/stable/20053132.

Klasen, Stephan (2018). The Impact of Gender Inequality on Economic Performance in Developing Countries. *Annual Review of Resource Economics,* 10, S. 279–298. https://doi.org/10.1146/annurev-resource-100517-023429.

Köhler, Gabriele (2015). Die Millenniums-Entwicklungsziele – ein kritischer Rückblick und optimistischer Ausblick. *Vereinte Nationen,* 6/2015, S. 242–248.

McKinsey Global Institute (2015). The Power of Parity: How Advancing Women's Equality Can Add $12 Trillion to Global Growth. https://www.mckinsey.com/~/media/mckinsey/industries/public%20and%20social%20sector/our%20insights/how%20advancing%20womens%20equality%20can%20add%2012%20trillion%20to%20global%20growth/mgi%20power%20of%20parity_full%20report_september%202015.pdf.

Ministry for Foreign Affairs of Finland (2018). *Evaluation on Improvement of Women's and Girls' Rights in Finland's Development Policy and Cooperation.* https://um.fi/documents/384998/0/Evaluation_Women_and_Girls_rights_NETTI_2018+%281%29.pdf/eec54c45-a96e-c084-4ada-8c9056548d04.

Ministry of Foreign Affairs for Iceland (2017). *Evaluation of Gender Equality Policy 2013–2016 in Iceland's International Development Cooperation.* Final Report. https://www.stjornarradid.is/library/03-Verkefni/Utanrikismal/Throunarsamvinna/Evaluation-of-Iceland_s-Gender-Equality-Policy---Final-Report-Nov-2017.pdf.

Ministry of Foreign Affairs, Netherlands (2021). *Gender mainstreaming in the Dutch Ministry of Foreign Affairs. Beyond 'add women and stir'?* https://english.iob-evaluatie.nl/binaries/iob-evaluatie-eng/documenten/evaluations/2021/06/27/gender-mainstreaming-in-the-dutch-ministry-of-foreign-affairs/IOB_Report_Gender_mainstreaming_in_the_Dutch_Ministry_of_Foreign_Affairs_20210627.pdf.

Norad (2015). *Evaluation of Norway's support to women's rights and gender equality in development cooperation.* https://www.oecd.org/derec/norway/Evaluation-of-norways-support-to-womens-rights-and-gender-equality-in-development-cooperation.pdf.

Spotlight Initiative (2022). *Global Annual Narrative Progress Report.* 01 January 2021–31 December 2021, https://www.spotlightinitiative.org/publications/spotlight-initiative-global-annual-narrative-progress-report-2021.

UN Women (2023). Equal pay for work of equal value. https://www.unwomen.org/en/news/in-focus/csw61/equal-pay#:~:text=Worldwide%2C%20women%20only%20make%207 7,women%20are%20retiring%20into%20poverty; Redistribute unpaid work, https://www.unwomen.org/en/news/in-focus/csw61/redistribute-unpaid-work#:~:text=From%20cooking%20and%20cleaning%2C%20to,and%20care%20work%20than%20men.

UN Women. (2015). *The Beijing Declaration and Platform for Action Turns 20.* https://sustainabledevelopment.un.org/content/documents/1776The%20Beijing%20Declaration%20and%20Platform%20for%20Action%20turns%2020.pdf.

UNAIDS (2023). Global HIV & AIDS statistics – fact sheet, https://www.unaids.org/en/resources/fact-sheet.

UNDP (2013). *Bericht über die menschliche Entwicklung 2013. Der Aufstieg des Südens: Menschlicher Fortschritt in einer ungleichen Welt.* https://hdr.undp.org/system/files/doc uments//hdr2013reportgermanpdf.pdf.

UNDP Independent Evaluation Office (2022). *Independent Country Programme Evaluation India.* https://erc.undp.org/evaluation/documents/download/21433.

United Nations (1976). *Report of the World Conference of the International Women's Year.* Mexico City 19 June–2 July 1975, https://www.un.org/womenwatch/daw/beijing/otherc onferences/Mexico/Mexico%20conference%20report%20optimized.pdf.

United Nations (2016). *Gender, Climate Change and Disaster Risk Reduction.* https://www. undp.org/sites/g/files/zskgke326/files/publications/Gender_Climate_Change_Training% 20Module%202%20Adaptation%20DRR.pdf.

United Nations (2020). Women and Girls – Closing the Gender Gap. https://www.un.org/en/ un75/women_girls_closing_gender_gap

United Nations Development Programme, Independent Evaluation Office (2015). *Evaluation of UNDP's Contribution to Gender Equality and Women's Empowerment.* https://erc. undp.org/evaluation/documents/download/8794.

WDR (2020). 19. Juni 1975 – Erste UN-Weltfrauenkonferenz eröffnet. https://www1.wdr. de/stichtag/stichtag-un-weltfrauenkonferenz-100.html#:~:text=Juni%201975%20er% C3%B6ffnen%20die%20UN,die%20deutsche%20Delegation%20leitet%2C%20konstat iert.

World Bank Group (2023). *Women, Business and the Law 2023.* https://openknowledge.wor ldbank.org/bitstreams/b60c615b-09e7-46e4-84c1-bd5f4ab88903/download.

World Bank (2012). *World Development Report 2012: Gender Equality and Development.* https://documents1.worldbank.org/curated/en/492221468136792185/pdf/Main-report. pdf.

World Economic Forum (2020). *Global Gender Gap Report 2020.* https://www3.weforum. org/docs/WEF_GGGR_2020.pdf.

Fallstudie Afghanistan: Die Unterstützung von Frauen und Mädchen

10

In der jüngeren Vergangenheit sind in keinem Land der Welt die Rechte von Frauen und Mädchen so systematisch und umfassend verletzt und eingeschränkt worden wie in Afghanistan. Der Menschenrechtsrat der Vereinten Nationen klagt an, dass die groß angelegte Missachtung der Grundrechte von Frauen und Mädchen im Land, die durch die diskriminierende und frauenfeindliche Politik und die harten Durchsetzungsmethoden der Taliban begünstigt würden, eine „geschlechtsspezifische Verfolgung und einen institutionalisierten Rahmen der Geschlechter-Apartheid" darstellten.[1] Nach der erneuten Machtübernahme der Taliban am 15. August 2021 sahen sich die Menschen im Land rasch umfassenden Restriktionen ausgesetzt, wobei – trotz Versprechens des Regimes, die Frauenrechte im Rahmen des Islam wahren zu wollen – die weibliche Bevölkerung das Hauptziel bildete. Neben dem Verbot für Frauen und Mädchen, ohne männlichen Verwandten zu reisen, haben die Taliban ihnen auch die Weiterbildung nach der Grundschule verweigert, sie von zahlreichen öffentlichen Orten ausgeschlossen und ihre Beschäftigungsmöglichkeiten auf die Bereiche Gesundheitswesen und Grundschulbildung beschränkt. Im Dezember 2022 verhängte das Regime ein Arbeitsverbot für Frauen in NGOs und untersagte ihnen im April 2023, für die Vereinten Nationen in Afghanistan tätig zu werden. „Es wird zunehmend deutlich, dass das derzeitige Taliban-Regime beabsichtigt, eine doktrinäre und eingeschränkte Vorstellung von der Rolle der Frauen in der Gesellschaft zu einem zentralen Bestandteil seines Plans für die Zukunft des Landes zu machen".[2]

Auf dem Women, Peace and Security (WPS) Index 2023/24, der die Situation von Frauen mit Blick auf die drei Dimensionen Inklusion, Gerechtigkeit und

---

[1] United Nations 2023, S. 17.

[2] Leclerc & Shreeves 2023, S. 2.

© Der/die Herausgeber bzw. der/die Autor(en), exklusiv lizenziert an Springer Fachmedien Wiesbaden GmbH, ein Teil von Springer Nature 2024
J. Dosch und P. Becker, *Die Wirksamkeit von Entwicklungszusammenarbeit*, https://doi.org/10.1007/978-3-658-45474-6_10

Sicherheit erfasst, bildet Afghanistan das Schlusslicht unter den 177 untersuchten Staaten.[3] Weniger als 5 % der afghanischen Frauen haben Zugang zu einem eigenen Bankkonto.[4] Auf einer Skala von 0 bis 4, die den Zugang von Frauen zur Justiz misst, schneidet Afghanistan mit 0,37 am schlechtesten ab und liegt dabei weit unter dem globalen Durchschnitt von 2,27.[5] Auch der Global Gender Gap Index 2023 des World Economic Forum führt Afghanistan an unterster Stelle der 146 aufgeführten Länder. Afghanistan verzeichnet die schlechteste Leistung in drei der vier Teilindizes (wirtschaftliche Beteiligung und Chancen, Bildungsstand, politische Teilhabe) und steht in der Rubrik Gesundheit und Überleben auf dem 141. Platz. Afghanistan ist außerdem der einzige Staat, in dem der Bildungsgleichstellungsindex für Geschlechter unter der 50 Prozent-Marke liegt, bei 48,2 %.[6]

Kaum vorstellbar erscheint heute, dass Frauen in Afghanistan bereits 1919 – und damit noch vor den Vereinigten Staaten und vielen europäischen Ländern – das Wahlrecht erhielten (das allerdings in den folgenden Jahrzehnten mehrfach periodisch wieder ausgesetzt wurde). Es folgten eine schrittweise Verankerung der Rechte von Frauen in den Verfassungen von 1923, 1964 und 1976 und die Verbesserung der Ausbildungs- und Berufsmöglichkeiten. Hiervon profitierten jedoch vor allem die städtischen Mittelschichten, während sich die Lage in den ländlichen Gebieten und damit für rund 90 % der weiblichen Bevölkerung Afghanistans nur kaum zum Positiven wandelte.[7] Der dem sowjetischen Einmarsch 1979 folgende zehnjährige Krieg, der sich nach dem Truppenabzug 1989 anschließende Bürgerkrieg und ab 1996 das erste Taliban-Regime machten selbst kleinste Fortschritte bei der Gleichstellung der Geschlechter zunichte, und Frauen waren während dieser Zeit schweren Menschenrechtsverletzungen ausgesetzt.

Erst nach der Entmachtung der Taliban infolge der von den USA geführten Intervention im Jahr 2001 erzielte die neue Regierung der Islamischen Republik Afghanistan Verbesserungen im Bereich der Frauenrechte, wenn auch abermals nicht mit landesweiter Reichweite. In den folgenden zwei Jahrzehnten wurden strukturelle Veränderungen zugunsten der Frauenrechte vorgenommen, darunter die Verankerung der Gleichstellung der Geschlechter in der Verfassung von

---

[3] Georgetown University's Institute for Women, Peace and Security (GIWPS) and The Peace Research Institute Oslo (PRIO) 2023.

[4] Georgetown University's Institute for Women, Peace and Security (GIWPS) and The Peace Research Institute Oslo (PRIO) 2023, S. 4.

[5] Ibid. S. 5.

[6] World Economic Forum 2023.

[7] Kreile 2002.

2004 und anderen Gesetzen. Parallel hatten jedoch auch Bestimmungen Bestand, die den Zugang der Frauen zu ihren Rechten einschränkten, wie sich Frauen und Mädchen generell auch noch nach 2001 mit großer Ungleichheit und den Auswirkungen des bewaffneten Konflikts konfrontiert sahen. Das Ausmaß der Gewalt gegen Frauen blieb besonders in ländlichen Gebieten hoch. Zudem waren Frauen weiterhin von großen Teilen des Arbeitsmarkts ausgeschlossen. Trotz eines Anstiegs der weiblichen Arbeitsmarktbeteiligung von 15 % im Jahr 2000 auf 22 % im Jahr 2019 zählte Afghanistan zu den 15 Ländern mit der weltweit geringsten Erwerbsbeteiligung von Frauen.[8]

Von 2001 bis 2021 erhielt Afghanistan 85,83 Mrd. USD ODA. Der höchste jährliche Beitrag in diesem Zeitraum belief sich auf 6,745 Mrd. USD im Jahr 2011. Dies entsprach 4,5 % der weltweit von OECD-Gebern zur Verfügung gestellten ODA in diesem Jahr.[9] Bis zur weitgehenden Einstellung der internationalen Entwicklungszusammenarbeit mit Afghanistan (mit Ausnahme einiger humanitärer Hilfsprojekte) 2021 spielte die Förderung der Geschlechtergleichheit eine zentrale Rolle. Legt man den OECD-DAC Gender Marker zugrunde, haben die Geber zwischen 2009 und 2020 entwicklungspolitische Aktivitäten zur Förderung von Frauen und Mädchen in Afghanistan mit insgesamt 20,722 Mrd. USD finanziert.[10] 2020/21 zählte Afghanistan zu einem von nur vier Ländern weltweit, die in diesem Berichtszeitraum mehr als eine Milliarde USD an ODA für Governance-bezogene Projekte mit einem Fokus auf Geschlechtergleichheit erhielten: Indien (1,6 Mrd. USD), Türkei (1,4 Mrd. USD), Afghanistan (1,36 Mrd. USD) und Bangladesch (1,2 Mrd. USD).[11]

Freilich sagen die imposanten Zahlen für sich genommen noch nichts über die Qualität und Effektivität der entsprechenden externen Unterstützung aus. Auch ist nicht auszuschließen, dass vereinzelt Entwicklungsvorhaben existierten, die eine Gender-Programmatik beinhalteten, weil dies den entwicklungspolitischen Erwartungen entsprach und so der *gender equality policy marker*[12] angeklickt werden konnte, dieser Fokus in der Implementierung dann jedoch in den Hintergrund trat. So zeigte eine Evaluierung der Aktivitäten norwegischer NGOs, die in ländlichen Gebieten Afghanistans im Bereich Geschlechtergleichstellung tätig waren, dass Gender-Vorhaben in diesen Fällen häufig als *tick the women box*-Projekte

---

[8] Albrecht, Rude & Stitteneder 2021; United Nations 2023.

[9] World Bank 2024.

[10] Daten der Datenbank OECD.Stat, https://stats.oecd.org/. Indikator: „Aid activities targeting gender equality and womens empowerment (CRS)", Afghanistan.

[11] OECD 2023, S. 4.

[12] Für Details siehe OECD 2016.

erschienen, mit begrenzter Planung und eingeschränkter Ambitionen hinsichtlich der Ergebnisse.[13] Trotzdem ist a priori zu erwarten, dass die langjährige substanzielle finanzielle Unterstützung für die Verbesserung der Lebenssituation von Frauen und Mädchen im Rahmen der Entwicklungszusammenarbeit zumindest für die Zeit vor 2021 sichtbare und nachweisbare Resultate hervorgebracht hat.

Die wenigen Evaluierungen und Studien, die sich auf einer Metaebene mit den Effekten der Entwicklungszusammenarbeit auf Gleichstellung beschäftigt haben, kommen jedoch teilweise zu negativen Ergebnissen. Die kritischste Position nimmt dabei eine Untersuchung von Javed Bahri (2014) ein. Er argumentiert, dass das Engagement der internationalen Gemeinschaft zur Förderung der Geschlechtergleichheit insgesamt kontraproduktiv gewesen sei. Anstatt die Akzeptanz von Geschlechtergleichheit unter afghanischen Männern zu fördern, hätten die Bemühungen der Gebergemeinschaft sogar gebildete Männer dazu veranlasst, defensivere und konservativere Positionen einzunehmen, indem sie diese Initiativen als Aufdrängen fremder, insbesondere westlicher Werte betrachteten.

> Die allgemeine Unzufriedenheit mit den gängigen Programmen zur Geschlechtergerechtigkeit war nicht nur auf ihre einseitige Konzentration auf Frauen und Frauenfragen zurückzuführen, sondern resultierte auch aus der nahezu vollständigen Abwesenheit von Männern in solchen Projekten. Die meisten Fachleute waren der Meinung, dass das Verständnis der Männer für die Probleme und ihre Unterstützung für den Erfolg von Initiativen zur Geschlechtergerechtigkeit entscheidend sind.[14]

Auch wenn diese Schlussfolgerungen aufgrund der recht schmalen empirischen Basis der Studie, die auf Interviews mit 48 afghanischen Männern in gehobenen Positionen in Politik, Wissenschaft, Verwaltung und Entwicklungszusammenarbeit beruht, nicht als repräsentativ gelten können, finden sich ähnliche Befunde auch in anderen Berichten.

Der Special Inspector General for Afghanistan Reconstruction (SIGAR) kommt 2021 in einer weit größer angelegten Untersuchung des US-Engagements in Afghanistan von 2002 bis 2020 zu dem Resultat, dass die Vermittlung eines differenzierten Verständnisses der afghanischen Geschlechterrollen sowie die Aufklärung von Männern und Jungen über Geschlechtergleichheit in Gender-Projekten nicht hinreichend Berücksichtigung gefunden hätten, für den Erfolg entsprechender Vorhaben aber unerlässlich seien. Im Untersuchungszeitraum standen Mittel in Höhe von mindestens 787,4 Mio. USD des State Department, von USAID und des Department of Defense zur Verfügung, die speziell

---

[13] Norad, Evaluation Department 2016, S. 27.
[14] Bahri 2014, S. 175.

und vorrangig afghanische Frauen und Mädchen in den Bereichen Gesundheit, Bildung, politische Partizipation, Zugang zur Justiz und wirtschaftliche Teilhabe unterstützten. Die Gesamtinvestitionen der USA zur Förderung von Frauen und Mädchen lagen dabei aber deutlich höher, da Hunderte weiterer US-Programme und -Projekte eine nicht quantifizierbare Geschlechterkomponente enthielten. Der Bericht attestiert diesen Vorhaben insgesamt, bedeutende Fortschritte in Bereichen wie Gesundheit, Bildung und politischer Teilhabe erzielt zu haben, identifiziert jedoch zugleich persistente Herausforderungen aufgrund sowohl soziokultureller Normen als auch programmatischer Mängel der Projekte, wie z. B. unrealistischen Zielsetzungen für die Rekrutierung von Frauen für die nationalen Verteidigungs- und Sicherheitsdienste.[15]

Die selbst im Jahr 2021 noch konstatierte Vernachlässigung von Männern in Gender-Projekten überrascht angesichts der Tatsache, dass bereits frühe Untersuchungen auf diesen Mangel und damit die begrenzte Effektivität der Vorhaben hingewiesen hatten. So lässt eine ausführliche Studie von Lina Abirafeh für die Friedrich-Ebert-Stiftung (2005) auf der Grundlage von 50 Expert*inneninterviews in Afghanistan und der Auswertung einer Vielzahl an Dokumenten keinen Zweifel daran, dass sich Programme zur Geschlechtergleichstellung vornehmlich als Frauenprogramme manifestierten und die Rolle von Männern ausblendeten. Die meisten der Befragten seien nicht in der Lage gewesen, Beispiele für Projekte zu benennen, die erfolgreich sowohl mit Frauen als auch Männern zusammengearbeitet hätten.[16] Auch andere Evaluierung gelangen in genereller Hinsicht zu vergleichbaren Schlüssen. Um nur ein Beispiel zu nennen: Eine Studie der Förderung von GEWE durch NGOs, die von Australien finanzielle Unterstützung erhielten, stellt fest, dass Programme, die sich am effektivsten auf die Gleichstellung der Geschlechter und die Stärkung der Rolle der Frau auswirkten, diejenigen gewesen seien, die sich sowohl an Männer als auch an Frauen wandten und nicht lediglich dem eher traditionellen Ansatz „Frauen in der Entwicklung" folgten.[17]

Die wohl umfassendste Meta-Studie der für Afghanistan geleisteten ODA, eine 2020 vom BMZ beauftragte Auswertung von 148 Einzelevaluierungen im Zeitraum 2008–2018, bilanziert, dass Verbesserungen im Zugang zu Dienstleistungen für Frauen und Mädchen, hauptsächlich in Gesundheit und Bildung, erzielt wurden. Zumindest partiell sei dieser Fortschritt jedoch der Wiederherstellung der Infrastruktur nach dem Ende der ersten Taliban-Herrschaft und nicht in direkter Weise der Entwicklungszusammenarbeit geschuldet gewesen. Die Kapazität

---

[15] SIGAR – Special Inspector General for Afghanistan Reconstruction 2021.

[16] Abirafeh 2005, S. 3.

[17] Commonwealth of Australia, DFAT 2016, S. 6.

als auch der politische Wille der afghanischen Regierung und politischen Eliten für Geschlechtergleichstellung sei sehr begrenzt geblieben, da herrschende kulturelle Normen den Fortschritt erschwerten. Trotz anhaltender Unterstützung blieben die Kapazitäten des Ministeriums für Frauenangelegenheiten schwach. Insgesamt bewertet der Bericht die Wirksamkeit der GEWE-Programme als gering, verweist jedoch auch auf „Bereiche bescheidener Erfolge" z. B. mit Blick auf ländliche Alphabetisierung und die Landwirtschaft. Kleine in traditionelle Strukturen eingebundene Projekte hätten dazu beigetragen, den Zugang zu Gesundheit und die Lebensbedingungen für Frauen zu verbessern. Im Gegensatz dazu jedoch hätten größere, ehrgeizigere Projekte, die direkt auf die Veränderung von Geschlechternormen und -beziehungen abzielten, keinen erkennbaren Einfluss ausgeübt.[18] Da das Thema Gender in der Meta-Studie jedoch nur knapp und holzschnittartig behandelt wird, bedarf es einer differenzierteren Bewertung des Geber-Engagements für GEWE.

Es steht außer Frage, dass Fortschritte erzielt worden sind, wenn auch nicht immer im geplanten oder erhofften Umfang; zudem lassen sich Ergebnisse häufig nur auf der Output-Ebene dokumentieren. Zurückgreifend auf den SIGAR-Report, der unter den Querschnittsevaluierungen das reichste Datenmaterial bereithält, ergab sich mit Stand 2021, also unmittelbar vor der erneuten Machtübernahme der Taliban, folgende Bilanz:[19]

- Gesundheit: Die Müttersterblichkeit – die Anzahl der Frauen, die aufgrund von Geburts- oder Schwangerschaftskomplikationen sterben – reduzierte sich, wobei die Schätzungen des Rückgangs zwischen 19 und 50 % lagen. Dies spiegelte eine Reihe von Verbesserungen im Gesundheitswesen wider. Zwischen 2002 und 2015 stieg der Prozentsatz der schwangeren Frauen, die von qualifiziertem medizinischem Personal pränatale Pflege erhielten, von 16 auf 61 %; zwischen 2002 und 2018 wuchs die Zahl der ausgebildeten Hebammen von geschätzten 467 auf 4.000, und der Anteil der Geburten, die von qualifiziertem Gesundheitspersonal begleitet wurden, stieg von 14 auf fast 60 %. Zwischen 2002 und 2017 erhöhte sich der Anteil der Gesundheitseinrichtungen, die mindestens eine weibliche Gesundheitsarbeiterin beschäftigen, von 25 auf 92 %. Einschränkend muss jedoch angemerkt werden, dass die Methoden zur Erhebung der Müttersterblichkeitsdaten im Laufe der Zeit variiert haben und die Zuverlässigkeit einiger Daten infrage gestellt wurde. Obwohl

---

[18] Zürcher 2020.
[19] SIGAR 2021, S. xi–xii. Es handelt sich nachfolgend um eine fast wörtliche Übersetzung der im Bericht aufgeführten Ergebnisse.

ein Rückgang der Müttersterblichkeit wahrscheinlich eingetreten war, blieb eine genaue Messung der Reduktion schwer fassbar.

- Bildung: Bis zu 3,5 Mio. Mädchen (etwa 40 % von insgesamt etwa 9 Mio. Schüler*innen) waren in der Schule eingeschrieben, obwohl die Zahl der Mädchen, die tatsächlich zur Schule gingen, mit großer Wahrscheinlichkeit geringer ausfiel. Dennoch spiegelte selbst eine niedrige Schätzung eine deutliche Verbesserung gegenüber der Situation vor 2001 wider, als unter den Taliban nur wenige Mädchen, wenn überhaupt, öffentliche Schulen besuchten. Bis 2018 gab es etwa 70.000 Frauen im Lehrer*innenberuf, was etwa einem Drittel der Lehrkräfte des Landes entsprach. Es kam zu einer Ausweitung der gemeindebasierten Bildung, die dazu beigetrug, die Einschreibungslücke zwischen Mädchen und Jungen deutlich zu verringern. Die Alphabetisierungsrate unter Mädchen stieg von 20 % im Jahr 2005 auf 39 % im Jahr 2017.
- Zugang zur Justiz: Afghanistan verfügte über einen Rechtsrahmen zur Förderung des Zugangs zur Justiz für Frauen und Mädchen, einschließlich verfassungsrechtlicher Schutzmaßnahmen für die Gleichberechtigung von Männern und Frauen sowie ein Gesetz zur Beseitigung von Gewalt gegen Frauen, das 2009 per Präsidialdekret erlassen wurde. Die Zahl der Frauen in der Polizei stieg von 180 im Jahr 2005 auf 3650 im Jahr 2019. Spezialisierte Familien-Reaktionseinheiten ermöglichten es mehr Frauen, Beschwerden bei der Polizei einzureichen. Von 2007 bis 2018 stieg der Anteil der Richterinnen von 5 auf 13 % (von 73 auf 261 Frauen).
- Wirtschaftliche Beteiligung: Es gab mehr von Frauen geführte Unternehmen und mehr in städtischen Gebieten beschäftigte Frauen als zu Beginn der 2000er Jahre. Der Anteil der Frauen an sicheren Arbeitsplätzen in städtischen Gebieten stieg zwischen 2007 und 2017 von 27 auf 42 % – einer der wenigen Arbeitsmarktkennzahlen, bei denen Frauen größere Zuwächse als Männer verzeichneten. Von 2007 bis 2019 vergrößerte sich der Anteil der Frauen in zivilen Staatsdienststellen, ausgenommen Armee und Polizei, von 18 auf 25 %. Frauen hatten 2018 15 % der Entscheidungspositionen in der Regierung inne, gegenüber 10 % im Jahr 2013.
- Politische Beteiligung: Eine große Anzahl von Frauen bekleidete öffentliche Ämter. Dank einer von den Vereinigten Staaten und anderen Akteuren unterstützten Verfassungsänderung waren 27 % aller Parlamentssitze für Frauen reserviert. Gesetzlich waren zudem 25 % der Sitze in Provinz- und Bezirksräten Frauen vorbehalten. Fast die Hälfte der 9708 gewählten Mitglieder der Gemeindeentwicklungsräte (Community Development Councils/CDCs) im ganzen Land waren Frauen. Frauen nahmen u. a. Positionen als Ministerinnen, stellvertretende Ministerinnen und Botschafterinnen ein und machten etwa

28 % der Angestellten in zivilgesellschaftlichen Organisationen aus. Auch die Präsenz von Frauen in den Medien hatte seit 2001 signifikant zugenommen.

Das letztgenannte Ergebnis war vor allem dem Nationalen Solidaritätsprogramm (NSP) zu verdanken. Es wurde von 2002 bis 2016 in drei Phasen implementiert und stellte ein Vorzeigeprogramm der afghanischen Regierung dar, das von mehr als 2,3 Mrd. USD an ODA profitierte. Ziel der in 30.000 Dörfer umgesetzten Initiative war es, Frieden und Solidarität unter der Bevölkerung zu fördern und sie zu befähigen, Verantwortung für die lokale Verwaltung und Entwicklung zu übernehmen. Im Mittelpunkt standen dabei die CDCs, die durch einen Ansatz des erfahrungsbasierten Lernens befähigt wurden, lokale Entwicklungspläne zu formulieren und umzusetzen. Zentrale Zielsetzungen bestanden in der gleichberechtigten Teilnahme von Männern und Frauen an den Wahlen zu den CDCs, eine hohe weibliche Beteiligung in den Entwicklungsräten und die Umsetzung lokaler Entwicklungsprojekte sowie die damit verbundene Anforderung, dass mindestens ein Projekt auf den Prioritäten von Frauen beruht. Der Anteil der Bewerberinnen bei den Wahlen zu den Gemeindeentwicklungsräten lag bei mehr als 50 % und übertraf damit das vom NSP gesteckte Ziel von 40 %. In 95 % der beteiligten Gemeinden wirkten anschließend Frauen als gewählte Vertreterinnen in den CDCs mit, ein Wert der deutlich über der zunächst anvisierten Quote von 40 % lag.[20] Eine Evaluierung durch Oxfam von 2016 merkt an, dass „ohne CDCs Frauen – höchstwahrscheinlich – immer noch außerhalb der Regierungsstrukturen stehen würden".[21]

Zwei weitere Studien gelangen in der Tendenz ebenfalls zu positiven, insgesamt jedoch differenzierteren Befunden. Ein Bericht des United Nations Human Settlements Programme von 2017 führt aus, dass das NSP entscheidend dazu beigetragen habe, neue Beziehungen und Arbeitsweisen im Verhältnis von Männern und Frauen zur gemeinsamen Förderung des Gemeinwohls zu etablieren. NSP-Zielsetzungen, wie die Beteiligung von Frauen an politischen Aktivitäten und der lokalen Verwaltung, Grundschulbildung für Mädchen und bis zu einem gewissen Grad auch Mobilität seien erreicht worden. Interviews mit Männern hätten eine veränderte Wahrnehmung von Frauen demonstriert; sie seien nun eher bereit gewesen zu akzeptieren, dass Frauen führen und Projekte erfolgreich umsetzen können. Die Interviews hätten ebenfalls gezeigt, dass kein Wunsch bestand, zu konservativeren oder traditionelleren Arrangements im Geschlechterverhältnis zurückzukehren. Gleichzeitig fügt der Bericht jedoch hinzu, dass in einigen

---

[20] Komorowska 2016, S. 30.
[21] Komorowska 2016, S. 43.

Fällen die Beteiligung von Frauen an CDCs – angesichts der tief verwurzelten kulturellen und traditionellen Normen in vielen der konservativeren, von Paschtunen dominierten ländlichen Gebieten – lediglich nominell gewesen sei. Die Realität des Lebens von Frauen in Afghanistan bleibe selbst dort, wo es einige beeindruckende Fortschritte gegeben habe, stark eingeschränkt.[22]

Der Bericht bestätigt damit insgesamt die Ergebnisse einer bereits vier Jahre zuvor veröffentlichten empirischen Studie, die auf der Grundlage eines randomisierten Feldexperiments in 500 am NSP beteiligten afghanischen Dörfern durchgeführt wurde. Umfragedaten von mehr als 13.000 männlichen und weiblichen Befragten aus diesen Gemeinden ließen den Schluss zu, dass die CDC-Initiative zwar in einer deutlich erhöhten Beteiligung von Frauen im öffentlichen und wirtschaftlichen Bereich resultierte, eine Veränderung von Wahrnehmungen der allgemeinen Rolle von Frauen in der Gesellschaft jedoch nur sehr begrenzt erreicht werden konnte. Geschlechterquoten, so das Fazit, resultieren zwar in einer sofortigen Verbesserung der Partizipation, umfassendere gesellschaftliche und kulturelle Veränderungen erfordern jedoch einen längeren und komplexeren Prozess.[23]

Nachfolgend soll am Beispiel des Engagements der Europäischen Union für GEWE in Afghanistan von 2014 bis 2020 aufgezeigt werden, welche konkreten Ergebnisse erzielt wurden und welche Hürden, Herausforderungen und Probleme bestanden.[24] Hierzu ist zunächst eine Einordnung in den politischen Gesamtkontext der EU erforderlich. Geschlechtergleichheit ist als ein grundlegender Wert in den Verträgen und Gesetzen der EU, einschließlich denen der Mitgliedstaaten, verankert. In den letzten Jahrzehnten hat die EU weltweit eine Vorreiterrolle bei der Förderung der Geschlechtergleichheit als wichtiges politisches Ziel ihrer internationalen Beziehungen und gemeinsamen Außen- und Sicherheitspolitik eingenommen. Zu den zentralen politischen Dokumenten zählen die „Gemeinsame Vision, gemeinsames Handeln: Ein stärkeres Europa – Eine Globale Strategie für die Außen- und Sicherheitspolitik der Europäischen Union" (2016), der „Neue Europäische Konsens über die Entwicklungszusammenarbeit" (2017),

---

[22] United Nations Human Settlements Programme (UN-Habitat) 2017, S. 34–35.

[23] Beath, Fotini & Enikolopov (2013).

[24] Die nachfolgenden Ausführungen beruhen auf der Auswertung von rund 50 Projektdokumenten und M&E Berichten sowie Interviews, die Jörn Dosch im Frühjahr 2020 per Video und Telefon mit Akteur*innen der EU und anderer Geber, zivilgesellschaftlicher Organisationen und von Regierungsbehörden in Afghanistan führte. Die Recherchen und Gespräche fanden im Rahmen der unabhängigen „Evaluation of the EU's external action support to gender equality and women's and girls' empowerment (2010–2018)" statt. Alle Erkenntnisse, die hier wiedergegeben werden, finden sich in European Commission 2020b, S. 3–21.

die „Schlussfolgerungen des Rates zu Frauen, Frieden und Sicherheit" (2018 und 2022) und die „EU-Strategie für die Gleichstellung der Geschlechter 2020–2025". Operationalisiert sind die politischen Vorgaben seit 2010 im EU Gender Action Plan (GAP), der Richtlinien und Maßnahmen zur Integration der Geschlechterperspektive in alle Bereiche der Außen- und Entwicklungspolitik der EU enthält. Ziel der Ende 2020 in Kraft getretenen dritten Version des Aktionsplans (GAP III) ist es, schnellere und umfassendere Fortschritte in thematischen Schlüsselbereichen zu erzielen. Hierzu zählen die Bekämpfung geschlechtsspezifischer Gewalt, die Förderung der wirtschaftlichen, sozialen und politischen Teilhabe von Frauen und Mädchen, der universelle Zugang zur Gesundheitsversorgung (mit besonderem Schwerpunkt auf sexueller und reproduktiver Gesundheit und den damit verbundenen Rechten) und die Gleichstellung der Geschlechter in der Bildung. Außerdem integriert GAP III die Geschlechterperspektive in neue Politikbereiche wie den grünen und den digitalen Wandel.[25]

Die unabhängige Zwischenevaluierung von GAP III kommt trotz einiger kritischer Befunde zur konkreten Umsetzung der Vorgaben insgesamt zu einem positiven Gesamturteil. GAP III habe dazu beigetragen, die strategische Bedeutung von GEWE in den EU-Außenbeziehungen erheblich zu steigern – mit besonderem Schwerpunkt auf der Bekämpfung von Diskriminierung und Gender Bias.[26] Auch eine weitere umfassende Evaluierung berichtet von deutlichen Fortschritten in mehreren GEWE-Bereichen, vermag aber keinen Quantensprung in der Wirksamkeit der EU-Unterstützung zu erkennen. Bemängelt wird vor allem das Fehlen einer starken strategischen Vision auf Länderebene, die auf klaren Prioritäten und einer fundierten Analyse der dringendsten Bedürfnisse, der effektivsten Ansatzpunkte und der geeignetsten Abfolge der Maßnahmen basiert.[27]

Eine frühere Evaluierung bescheinigt der EU, dass es ihr unter den elf in die Untersuchung einbezogenen Ländern[28] in Afghanistan am besten gelungen sei, Geschlechteraspekte in Programme und Projekte sowie in strategische Dialoge mit Partnern zu integrieren.[29] Tabelle 10.1 führt die explizit auf GEWE ausgerichteten Projekte in Afghanistan mit einem Implementierungsbeginn zwischen

---

[25] EU 2020; Europäische Kommission 2020.

[26] European Commission, Directorate-General for International Partnerships, L. MacKellar et al. 2023.

[27] European Commission 2020a, S. 5.

[28] Afrika: Burkina Faso, Demokratische Republik Kongo (DRK) und Äthiopien; Asien-Pazifik: Afghanistan, Philippinen und Papua-Neuguinea (PNG); Lateinamerika und Karibik: Bolivien, Haiti und Nicaragua; Nachbarschaft: Marokko und Armenien.

[29] European Commission 2015, S. 49.

2014 und 2017 auf. Darüber hinaus beinhalteten rund 60 % aller EU-finanzierten Programme in Afghanistan seit 2010 einen Gender-Fokus. Hervorzuheben ist vor allem der von der EU co-finanzierte und von UNDP umgesetzte „Law and Order Trust Fund for Afghanistan" (LOTFA), der eine Komponente zur Geschlechtergleichheit und dabei speziell zur Stärkung der Kapazität von Frauen in der Polizei beinhaltete. Zwischen 2010 und 2018 stellte die EU für GEWE insgesamt etwa 7,6 Mio. € zur Verfügung.

Generell kanalisierte die EU einen Großteil ihrer Unterstützung über internationale und lokale zivilgesellschaftliche Organisationen (CSOs)[30], letztere häufig auf der Grassroots-Ebene. Im Jahr 2020 bestanden mehr als 40 Verträge, welche die Delegation der Europäischen Union (EUD)[31] in Kabul mit CSOs geschlossen hatte und die darauf abzielten, die Kapazitäten der lokalen Zivilgesellschaft im Bereich GEWE zu stärken und sie zu befähigen, sich aktiv für Veränderungen in relevanten Bereichen der Politik und Entwicklung einzusetzen. CSO-Partner implementierten Programme, die sich auf den Zugang zur Justiz, die Stärkung von Frauen in der öffentlichen und privaten Sphäre, den Kapazitätsaufbau und die Assistenz für vulnerable Gruppen, Initiativen zur Versöhnung und Übergangsjustiz *(transitional justice)*, die Stärkung unabhängiger und professioneller Medien und die Unterstützung lokaler Behörden bei Verständnis und Ausführung ihrer Rollen bezogen. Insgesamt war die EU seit 2018 besonders erfolgreich darin, das Engagement von CSOs in Diskussionen mit der Regierung zu erleichtern. Trilaterale EUD-Regierungs-CSO-Treffen stärkten die Stimme der Zivilgesellschaft und förderten konstruktive Dialoge zwischen CSOs und der Regierung zum Thema GEWE. Ein wichtiges Ergebnis dieses Austausches war eine veränderte Wahrnehmung unter etlichen beteiligten Vertreter*innen der staatlichen Ebene, die nun nicht mehr glaubten, dass „CSOs nur

---

[30] Da die Bezeichnung nicht-staatliche Organisation (non-state organisation/NGO) oftmals politisiert und in der Entwicklungszusammenarbeit umstritten ist, wird häufig der weiter gefasste und neutralere Begriff zivilgesellschaftliche Organisation (civil society organisation/ CSO) verwendet. UNDP definiert CSOs „als alle Organisationen außerhalb des Marktes und des Staates, die nicht zur Sphäre der Familie gehören, in denen sich Menschen organisieren, um gemeinsame Interessen im öffentlichen Bereich zu verfolgen. Beispiele sind gemeindebasierte Organisationen und Dorfverbände, Umweltgruppen, Frauengruppen, Bauernverbände, religiös basierte Organisationen, Gewerkschaften, Genossenschaften, Berufsverbände, Handelskammern, unabhängige Forschungsinstitute und nicht-kommerzielle Medien." UNDP o. J., S. 123.
[31] Delegation ist die Bezeichnung der 139 Auslandsvertretungen (Stand 2023) der Europäischen Union bei Drittstaaten und internationalen Organisationen. Die Aufgaben der Delegationen entsprechen weitgehend denen nationaler Botschaften.

Tab. 10.1   EU Projekte in Afghanistan im Bereich Gender Equality and Women's Empowerment (GEWE) mit Beginn im Zeitraum 2014–2017

Förderinstrument/-programm	Projekttitel	Beginn	Implenentierungs-Partner	Förderbetrag (Euro)
European Instrument for Democracy & Human Rights (EIDHR)				
Our Voice, Our Afghanistan: engaging women and youth through civic media		2014	Afghan Education Production Organization	414.829
Promotion of Women's Participation in Governance and Political Processes in Afghanistan		2014	Cooperation Center for Afghanistan	367.486
Enhancing women's civil and political empowerment in Herat		2015	World Vision Australia	477.766
Tsapar II: Enhancing the protective justice system for children and women in Afghanistan		2016	Terre des Hommes-Aide a l'enfance dans le Monde Fondation	800.000
Support to Afghanistan Women and Children in Conflict with the Law: Diversion, Rehabilitation and Reintegration		2017	Children in Crisis	800.000
Civil Society Organisations and Local Authorities (CSO-LA) Programme				
Supporting rural entrepreneurship and promoting women's socio-economic empowerment in Dara-i-Suf Bala and Dara-i-Suf Payan districts of Samangan Province		2014	Hand in Hand International Trust	839.772
Women's Initiatives as social capital for building flourishing communities		2014	Stichting Cordaid	750.000
Instrument contributing to Stability and Peace (IcSP)				
Building peace through support for women's access to services and decision makers in Jalalabad, Afghanistan		2015	Dansk Flygtningehjaelp Forening	750.000
Strengthening women's role in peace		2015	Peace Training and Research Organization	607.776

(Fortsetzung)

Tab. 10.1 (Fortsetzung)

Förderinstrument/ -programm	Projekttitel	Beginn	Implenentierungs-Partner	Förderbetrag (Euro)
Women Building Peace: Promoting the role of Afghan women in peace & security processes and in the prevention of gender-based violence		2015	Cooperation for Peace and Unity	590.807

Development Cooperation Instrument (DCI), Mehrere kleine Aktionen, finanziert als „*Unterstützende Maßnahmen*"

Afghan Female Peace Negotiators – Peace training		2016	Nookom Ezhz Conflict to Peace; International Consulting Ltd	32.083
Afghan Women Leadership Programme		2015	Stichting Europees Instituut Voor Bestuurskunde	133.104
4th Symposium on Afghan Women – Afghan Women and their Role in Establishing Peace		2017	Tourism Promotion Services Afghanistan Limited	18.417

Quelle: European Commission 2020b, S. 4–5 (Table 2)

daran interessiert sind, die Regierung anzugreifen", wie es eine Interviewpartnerin formulierte. Ein weiterer Gesprächspartner bemerkte: „Als Zivilgesellschaft wenden wir uns bei Problemen an die EU. Die Zivilgesellschaft vertraut der EU". Nicht zuletzt waren die CSO-Zusammenkünfte mit der EUD, wie mehrere involvierte Akteur*innen bestätigten, strategisch wichtige Treffen, um dem Frauenbild der Taliban entgegenzuwirken.

Wie ein Programmmanager einer großen CSO anmerkte, die mehrere von der EU und den Niederlanden finanzierte Projekte umsetzte, war die Rolle der EU für die Stärkung von Frauenorganisationen entscheidend. Indem die EU Frauenorganisationen auf Grassroots-Ebene in CSO-Projekte einbezog, erreichte die Unterstützung Menschen, die bis dahin von jeglicher Assistenz ausgeschlossen waren. Während die meisten Geber ihre Unterstützung auf CSOs in Kabul konzentrierten, war die EU der erste große Akteur, der sich auf der lokalen Ebene außerhalb der Hauptstadt engagierte. Dies setzte ein Beispiel, und einige andere Geber, insbesondere UN-Organisationen, folgten dem EU-Modell, indem sie ebenfalls Frauenorganisationen in den Provinzen unterstützten. Eine andere Gesprächspartnerin warnte jedoch vor überzogenem Optimismus. Zwar sei es richtig, dass sich die Ansätze der Geber verändert hätten, doch seien viele dieser neuen Perspektiven und Vorhaben erst „auf dem Papier" vorhanden, und konkrete Ergebnisse der Stärkung von Frauenorganisationen außerhalb Kabuls müssten sich erst noch erweisen.

Insgesamt waren die EU-finanzierten Aktivitäten vor allem auf die Eliminierung von Gewalt gegen Frauen und Mädchen (*Violence against Women and Girls*/VAWG), die soziale und wirtschaftliche Ermächtigung von Frauen und die Stärkung ihrer Teilhabe in Politik und Gesellschaft ausgerichtet. Generell betrachtete die Regierung der Islamischen Republik Afghanistan geschlechtsspezifische Gewalt (GBV) als Problem, aber nicht als Priorität. Obwohl sich der rechtliche Status von Frauen seit 2001 mit der Einführung von Gesetzen wie dem Gesetz zur Beseitigung von Gewalt gegen Frauen (EVAW) im Jahr 2009 und der Verordnung gegen Belästigung von Frauen und Kindern im Jahr 2015, die 2016 zu einem Gesetz aufgewertet wurde, erheblich verbesserte, waren auch Rückschritte zu verzeichnen, wie die Einführung des Schiitischen Personenstandsgesetzes. Insgesamt spielte die EU eine wichtige Rolle im Prozess der Gesetzgebung und der Umsetzung rechtlicher Rahmenbedingungen mit dem Ziel der Eliminierung von Gewalt gegen Frauen und Mädchen. U. a. hatte die EU zentralen Anteil an der Entwicklung des Nationalen Aktionsplans im Rahmen der im Jahr 2000 vom UN-Sicherheitsrat verabschiedeten Resolution 1325 „Frauen, Frieden und Sicherheit". Das EUD-Team arbeitete eng mit der Regierung und CSO-Partnern zusammen, um politische Grundlagen, Indikatoren und geeignete Überwachungsmechanismen für den Nationalen Aktionsplan zu verbessern. Wie aus internen Berichten hervorgeht, trug die EU in besonderem Maße zur Koordination der Bemühungen mit anderen internationalen Organisationen (einschließlich NATO, UNAMA und UN Women) für die Umsetzung des EVAW-Gesetzes bei.

Die EU stellte außerdem Mittel für mehrere CSOs bereit, die z. B. psychologische Beratung für GBV-Opfer und Rechtsbeistand leisteten, Zentren für weibliche Opfer häuslicher Gewalt gründeten, sich dem Kapazitätsaufbau und Sensibilisierungsmaßnahmen für das Personal des Justizsektors widmeten, Studien über Gewalt gegen Frauen publizierten, Journalistinnen unterstützten und sich für die Überwachung der Frauenrechte einsetzten. Etwa 20 Mio. € aus dem Budget der EU-UN-Spotlight-Initiative, die darauf abzielte, alle Formen von Gewalt gegen Frauen und Mädchen zu beseitigen (siehe Kapitel 9), waren zunächst ausgesetzt. Die EU engagierte sich stark dafür, dass Afghanistan in die Initiative aufgenommen wurde, was letztlich auch die Zustimmung der Regierung fand, sodass das fast ausschließlich von der EU finanzierte regionale Spotlight Programm für Zentralasien und Afghanistan im Dezember 2020 offiziell beginnen konnte. Wesentliche Ergebnisse ließen sich jedoch in den wenigen Monaten bis

zur Machtübernahme der Taliban nicht mehr erzielen. Generell zogen Interviewpartner*innen eine gemischte Bilanz der GBV-Projekte. Zwar sei erreicht worden,
dass Frauen, die Opfer von Gewalt geworden seien, bessere Unterstützung erhielten, Ansätze, die Täter zur Rechenschaft zu ziehen, existierten jedoch nicht. Das
Problem sei so weit verbreitet, dass die Projektarbeit eine Einbeziehung des Bildungssektors erfordere, um GBV effektiv bekämpfen zu können, lautete eine
weitverbreitete Einschätzung in Interviews.

Im Sektor Rechtsstaatlichkeit unterstützte LOTFA die Entwicklung spezifischer Empfehlungen des Polizeigesetzes sowie Vorschriften und Politiken im
Zusammenhang mit den Rechten von Frauen im Polizeidienst und der Einbeziehung einer Geschlechterperspektive in die „Roadmap for Civilianization" und die
Bildungspolitik des afghanischen Innenministeriums. U. a. konnte die Einrichtung
von Frauenpolizeiräten *(women police councils)* in allen 35 Provinzen des Landes
erreicht werden. Zudem initiierte LOTFA die Gründung der Frauenvereinigung
der Afghanischen Nationalpolizei mit einer *Gender Mainstreaming*-Einheit. Die
EU-Unterstützung trug vor allem zu einer Erhöhung der Anzahl von Frauen in
der Afghanischen Nationalpolizei (ANP) bei, wobei es sich aber vornehmlich
um untere Diensträge handelte und das Ausgangsniveau sehr niedrig war. Vor
2014 machten Polizistinnen weniger als zwei Prozent der gesamten Polizeikräfte
aus (2756 von 143.983 auf der Gehaltsliste),[32] sieben Jahre später, unmittelbar
vor Machtübernahme der Taliban, betrug die Zahl der Polizistinnen etwa 4000
bzw. anteilig 2,6 %.[33] Eine Bestandsaufnahme des australischen Lowy Institute
bezeichnet dies als „eine dürftige Zahl angesichts der massiven Investitionen
von staatlichen Gebern und internationalen Agenturen."[34] Dennoch schlussfolgert 2020 die Evaluierung der globalen EU-Unterstützung für GEWE: „Die EU
war in den letzten zehn Jahren ein wichtiger Geber im Bereich der Justiz-
und Polizeireformen, was zeigt, dass es selbst bei einer instabilen Regierung
möglich ist, Veränderungen herbeizuführen, obwohl dies einen langen Atem
beim Engagement und bei den Investitionen erfordert."[35] Ein wichtiges Ergebnis der Unterstützung im Polizeibereich im erweiterten Sinne war eine gestärkte
Rolle von Frauen als Vermittlerinnen, Verhandlungsführerinnen und technische
Expertinnen in den Bereichen Konfliktprävention, Friedensverhandlungen und
Friedensschaffung.

---

[32] Department of Foreign Affairs and Trade, Australia 2017, p. 11. Zitiert in European Commission 2020b, S. 16.

[33] Kumar 2022, Jardine 2021.

[34] Jardine 2021.

[35] EU 2020a, S. 58.

Mehrere EU-Interventionen waren auf die Stärkung des Zugangs von Frauen zu wirtschaftlichen und finanziellen Ressourcen ausgerichtet, jedoch ließen sich insgesamt keine Belege für eine spürbare positive landesweite Auswirkung finden. 2020 existierten weiterhin große Hindernisse für die Verbesserung der ökonomischen Position von Frauen. Eine allgemeine Herausforderung bestand darin, dass wenig Verbindungen zwischen GEWE-Programmen und den generellen Ansätzen zur wirtschaftlichen Entwicklung existierten. Eine wichtige Ausnahme hierbei bildete das von der EU mitfanzierte „Afghanistan Rural Enterprise Development Program" (AREDP), dem es nicht nur gelang, Einkommensmöglichkeiten für Frauen zu schaffen, sondern ihnen auch einen besseren Zugang zum Bankensektor ermöglichte. Typisch waren jedoch eher kleinflächige Initiativen, die in ausgewählten Gemeinden operierten, dort durchaus auch Tausende an Frauen erreichten, insgesamt aber unklar blieb, ob und in welchem Maße sich der Status der begünstigen weiblichen Bevölkerung nachhaltig verbesserte. So zielte z. B. das Projekt zur Unterstützung des ländlichen Unternehmertums und zur Förderung der sozioökonomischen Stärkung von Frauen in den Bezirken Dara-i-Suf Bala und Dara-i-Suf Payan in der Provinz Samangan darauf ab, die sozioökonomischen Rechte von 5400 armen Frauen und Männern in ländlichen Gebieten zu stärken und sie wirtschaftlich zu ermächtigen. U. a. sollten 8100 neue Arbeitsplätze vor allem für Frauen geschaffen werden. Laut der Abschlussevaluation gaben Frauen und Männer allgemein an, dass das Projekt äußerst nützlich gewesen sei, indem es ihnen ermöglicht habe, durch das Erlernen neuer Fähigkeiten merklich zum Haushaltseinkommen ihrer Familien beizutragen.[36] Allerdings sind keine Angaben darüber vorhanden, wie viele Arbeitsplätze letztlich tatsächlich enstanden und wie sich ggf. dadurch die sozioökonomische Position von Frauen verbesserte.

Auch in anderen Förderbereichen ließen M&E-Berichte und Interviews keine gesicherten Schlüsse zur Wirkungen der EU-Entwicklungszusammenarbeit zu. Einen wichtigen Fokus legte die EU auf das Empowerment von Frauen als Entscheidungsträgerinnen. Generell lässt sich für die Zeit vor 2021 konstatieren, dass, obwohl nur wenige und selten robuste quantitative Nachweise vorliegen, qualitative Analysen darauf hindeuten, dass trotz der über mehrere Jahre erfolgten Geberunterstützung – und darunter eben prominent der EU – zur Geschlechtergleichstellung (oder zumindest zur Schaffung eines besseren Gender-Bewusstseins) in Ministerien und Behörden nur wenige Beispiele für erfolgreiche Ergebnisse vorhanden sind. Während einige Erfolge zu vermelden waren, wie

---

[36] Green Growth Consulting Services 2016.

z. B. eine Zunahme der Anzahl der Mitarbeiterinnen auch in höheren Positionen im Gesundheitswesen und im Justizsektor, existierten 2020 kaum Belege dafür, dass Geschlechterfragen in den wichtigen Regierungsbehörden Berücksichtigung fanden und Geschlechtergleichstellung als politisches Ziel vorangetrieben wurde. Politische Reformen, die darauf abzielten, aktives *Gender Mainstreaming* zu unterstützen, wurden auf Eis gelegt und warteten auf die Durchführung einer partizipativen Studie, um die Prozesse und strukturellen Barrieren für die Beteiligung von Frauen innerhalb des Innenministeriums zu identifizieren.

Zumindest auf subnationaler Ebene ließen sich einige Veränderungen nachweisen. So erreichte das „Local Governance Project Afghanistan" (LoGo) die Einbeziehung geschlechtersensibler Bestimmungen in den Beschwerdeleitlinien für Gemeinden. Außerdem wurde eine bessere Beteiligung von Frauen in Planungs- und Entscheidungsprozessen auf der kommunalen Verwaltungsebene erzielt. Auch wenn mithilfe verschiedener Geberprogramme, vor allem der EU und der Weltbank, der Anteil der Frauen im öffentlichen Dienst erhöht werden konnte (laut Interviewinformationen betrug dieser 2020 27 %, und es gab 14 stellvertretende Gouverneurinnen), bestand das strukturelle Hindernis für verbesserte Zugangsmöglichkeiten zu Führungspositionen in der Abwesenheit einer „sicheren Umgebung für Frauen im öffentlichen Dienst", wie eine Interviewpartnerin das Grundproblem zusammenfasste. Bei dem Bestreben, Wandel zu erreichen, wurden unbeabsichtigte nachteilige Folgen nicht oder nicht hinreichend berücksichtigt. Dies führte zu einer Situation, in der Frauen z. B. im Polizeidienst nun in überwiegend männlichen Umgebungen arbeiteten und in vielen Fällen Misshandlungen ausgesetzt waren. Auch wenn den afghanischen Behörden dies bekannt war und gegensteuernde Maßnahmen angestrebt wurden, gingen Schätzungen davon aus, dass bis zu 80 % aller Polizeibeamtinnen sexuell missbraucht worden waren.[37] Um nochmals die Studie des Lowy Instituts zu zitieren: „Polizistinnen sind besonders gefährdet, da sie oft als Personen angesehen werden, die Geschlechternormen und die ‚moralischen' Grenzen dessen, was in religiösen und konservativen Praktiken und Normen akzeptabel ist, überschreiten. Polizistinnen sind nicht nur von Attentaten, Gewalt oder Vergeltungsmaßnahmen durch gewalttätige Extremisten bedroht, sondern auch durch die Gemeinschaft und ihre eigenen Familienmitglieder."[38]

Im September 2023 stimmte die EU zu, 140 Mio. € für die Grundbedürfnisse in den Bereichen Bildung, Gesundheit, Landwirtschaft und die wirtschaftliche

---

[37] Department of Foreign Affairs and Trade, Australia 2017, S. 11. Zitiert in European Commission 2020b, S. 16.

[38] Jardine 2021.

Ermächtigung von Frauen in Afghanistan freizugeben. Die Mittel waren seit Dezember 2022 als Reaktion auf die Entscheidung der Taliban, Frauen die Arbeit in NGOs zu verbieten, eingefroren. Die mit den Zuwendungen der EU finanzierten Programme werden von UN-Agenturen, der Weltbank und internationale CSOs, die vor Ort tätig sind, umgesetzt. Dabei gilt das Prinzips „für Frauen durch Frauen", welches sicherstellen soll, dass afghanische Mädchen und Frauen in allen Aspekten der Projektplanung und -implementierung *(aid delivery chain)* einbezogen werden. Die 140 Mio. € sind Teil des insgesamt eine Milliarde Euro umfassenden Unterstützungspakets für das afghanische Volk, das die EU im August 2021 angekündigt hatte, etwa jeweils hälftig für Grundbedürfnisse und Lebensunterhalt sowie humanitäre Hilfe.[39]

Literatur

Abirafeh, Lina (2005). *Lessons from Gender-focused International Aid in Post-Conflict Afghanistan ... Learned?* Bonn: Friedrich-Ebert-Stiftung. https://library.fes.de/pdf-files/ iez/02978.pdf.

Albrecht, Clara, Britta Rude & Tanja Stitteneder (2021). Women in Afghanistan: Developments over the Past 20 Years and the Return of the Taliban. *CESifo Forum*, 23(1), S. 57–62. https://www.cesifo.org/DocDL/CESifo-Forum-2022-1-albrecht-et-al-afghanwomen-january.pdf.

Bahri, Javed (2014). Western Gender Policies in Afghanistan: Failing Women and Provoking Men. *Gender, Technology and Development*, 18(2), S. 163–185. https://doi.org/10.1177/ 0971852414529480.

Beath, Andrew, Christia Fotini & Ruben Enikolopov (2013). Empowering Women through Development Aid: Evidence from a Field Experiment in Afghanistan. *American Political Science Review*, 107(03), S. 540–557. http://www.jstor.org/stable/43654923.

Commonwealth of Australia, DFAT (2016). *Australian NGO Cooperation Program (ANCP) Thematic Review – Gender Equality and Women's Empowerment.* https://www.dfat.gov. au/sites/default/files/ancp-thematic-review-gender-equality-womens-empowerment.pdf.

Department of Foreign Affairs and Trade, Australia (2017). EU Police Team Project (ICSP/ 2017/393-712), Independent Review of the UN Development Programme (UNDP) Law and Order Trust Fund for Afghanistan (LOTFA).

EU (2020). *Gender Action Plan III: towards a gender-equal world.* https://www.eeas.europa. eu/eeas/gender-action-plan-iii-towards-gender-equal-world_en.

Europäische Kommission (2020). Aktionsplan für die Gleichstellung der Geschlechter – die Rechte von Frauen und Mädchen in den Mittelpunkt des Engagements für eine gleichberechtigte Welt rücken. Pressemitteilung. 25. November. https://ec.europa.eu/commission/ presscorner/api/files/document/print/de/ip_20_2184/IP_20_2184_DE.pdf.

---

[39] European Commission 2023.

European Commission (2015). *Evaluation of EU support to gender equality and women's empowerment in partner countries Final report*. Volume 1, Main report. https://www. oecd.org/derec/ec/Evaluation-cooperation-ec-gender-en.pdf?utm_source=%20EVAL NEWSMAY2016&utm_medium=email&utm_content=ECgenderequality&utm_cam paign=EVALNEWS.

European Commission (2020a). *Evaluation of the EU's external action support to gender equality and women's and girls' empowerment (2010–2018)*. Final Report. Volume I – Main Report, https://op.europa.eu/en/publication-detail/-/publication/4f72c467-cb56-11ec-b6f4-01aa75ed71a1/language-en/format-PDF/source-search.

European Commission (2020b). *Evaluation of the EU's external action support to gender equality and women's and girls' empowerment (2010–2018)*. Final Report. Volume IV – Case Studies. https://international-partnerships.ec.europa.eu/system/files/2020-11/gender-evaluation-2020-final-report-volume-4_en.pdf.

European Commission (2023). EU releases €140 million to support the Afghan people, in particular women and girls, Press release, 20 September, New York. https://ec.europa.eu/commission/presscorner/detail/en/ip_23_4524.

European Commission, Directorate-General for International Partnerships, L. MacKellar, D. Peebles, C. Vaillant, C. et al. (2023) *Mid-term evaluation of the implementation of the European Union Gender Action Plan III*. Final report. Volume 1, Main report. https://op.europa.eu/en/publication-detail/-/publication/d7662329-ee2c-11ed-a05c-01aa75ed71a1/language-en/format-PDF/source-285825215.

Georgetown University's Institute for Women, Peace and Security (GIWPS) and The Peace Research Institute Oslo (PRIO) (2023). Women, Peace, and Security Index 2023/24: Tracking sustainable peace through inclusion, justice, and security for women. Washington, DC: GIWPS and PRIO. https://giwps.georgetown.edu/the-index/.

Green Growth Consulting Services (2016). E*nd Term Evaluation of Supporting Rural Entrepreneurship and Promoting Women's Socioeconomic Empowerment in Samangan Province.* https://www.handinhandinternational.org/wp-content/uploads/2017/03/2017-0307-EU-ETE-Final-Report-vFinal.pdf.

Jardine, Melissa (2021). The world must evacuate women police in Afghanistan. 23. August, https://www.lowyinstitute.org/the-interpreter/world-must-evacuate-women-pol ice-afghanistan.

Komorowska, Kinga (2016). *Citizen Voice in Afghanistan: Evaluation of National Solidarity Programme III*. Oxfam. https://oxfamilibrary.openrepository.com/bitstream/handle/10546/620090/er-citizen-voice-afghanistan-effectiveness-review-210916-en.pdf;jsessi onid=C32B6F21DD989E1011834B9693CC2954?sequence=2.

Kreile, Renate (2002). Die Taliban und die Frauenfrage. Eine historisch strukturelle Perspektive. In *Aus Politik und Zeitgeschichte*, B 3–4/2002, S. 40–46. https://www.bpb.de/shop/zeitschriften/apuz/27165/die-taliban-und-die-frauenfrage/.

Kumar, Ruchi (2022). 'We had 4,000 policewomen in Afghanistan. Let them get back to work'. *The Guardian*. https://www.theguardian.com/global-development/2022/apr/21/we-had-4000-policewomen-in-afghanistan-let-them-get-back-to-work.

Leclerc, Gabija & Rosamund Shreeves (2023). *Briefing. Women's rights in Afghanistan. An ongoing battle*. European Parliament: European Parliamentary Research Service. https://www.europarl.europa.eu/RegData/etudes/BRIE/2023/747084/EPRS_BRI(202 3)747084_EN.pdf.

Norad, Evaluation Department (2016). *Country Evaluation Brief: Afghanistan.* Report 7/2016. https://www.norad.no/contentassets/d0f097b6ecc34cc888dae33e94ff741c/2018-ceb-afghanistan-portrait-2005-2018.pdf.

OECD (2016). *Handbook on the OECD-DAC Gender Equality Policy Marker.* https://www.oecd.org/dac/gender-development/Handbook-OECD-DAC-Gender-Equality-Policy-Marker.pdf.

OECD (2023). *ODA for governance and gender equality in 2021: A snapshot.* https://www.oecd.org/dac/oda-governance-gender-equality.pdf.

SIGAR – Special Inspector General for Afghanistan Reconstruction (2021). *Support for Gender Equality: Lessons From the U.S. Experience in Afghanistan.* https://www.sigar.mil/pdf/lessonslearned/SIGAR-21-18-LL.pdf.

UNDP (o. J.) Annex 1. NGOs and CSOs: A Note on Terminology. https://www.undp.org/sites/g/files/zskgke326/files/migration/cn/UNDP-CH03-Annexes.pdf.

United Nations (2023). *A/HRC/53/21: Situation of women and girls in Afghanistan.* Report of the Special Rapporteur on the situation of human rights in Afghanistan and the Working Group on discrimination against women and girls. https://documents.un.org/doc/undoc/gen/g23/125/67/pdf/g2312567.pdf?token=EOgTJREsR2r9AkLFvE&fe=true.

United Nations Human Settlements Programme (UN-Habitat) (2017). *Analytic Closure Report National Solidarity Programme (NSP).* https://unhabitat.org/sites/default/files/download-manager-files/ANALYTIC%20CLOSURE%20REPORT%20-%20National%20Solidarity%20Programme%20%28NSP%29.pdf.

World Bank (2024). World Development Indicators, https://databank.worldbank.org/reports.aspx?source=2&series=DT.ODA.ODAT.CD&country=AFG.

World Economic Forum (2023). *Global Gender Gap Report 2023.* https://www.weforum.org/publications/global-gender-gap-report-2023/.

Zürcher, Christoph (2020). *Meta-Review of Evaluations of Development Assistance to Afghanistan, 2008–2018.* Chapeau Paper. Federal Ministry for Economic Cooperation and Development (BMZ), Germany Division for Afghanistan and Pakistan, https://www.bundestag.de/resource/blob/965632/9aae9852ce98787dcba51931e5f46193/KOM-Drs-20-28-31_Vorlage_Meta-Review-of-Evaluations.pdf.

Anspruch und Wirklichkeit: Abschließende Erkenntnisse

11

Die Zahlen, die in den vorangegangenen Kapiteln vorgestellt wurden, muten zum Teil gigantisch an. Zwischen 1960 und 2022 belief sich der Gesamtbetrag der ODA auf gut 5,750 Billionen USD. Zum Vergleich: Diese Summe entspricht in etwa dem aggregierten Bruttoinlandsprodukt Österreichs oder Irlands der vergangenen 16 Jahre. Für die Entwicklungszusammenarbeit speziell im Bereich Good Governance (formal wird diese Kategorie in der OECD-Datenbank mit „Government and Civil Society" bezeichnet) stellten die Geber im Zeitraum 2000 bis 2022 insgesamt rund 445 Milliarden USD zur Verfügung. Welche Wirkungen sind von diesem erheblichen Mitteleinsatz ausgegangen? Sind mithilfe dieser Unterstützung Demokratie, Menschenrechte, Rechtsstaatlichkeit und Geschlechtergerechtigkeit weltweit gestärkt worden oder gilt es einzugestehen, dass wesentliche positive Effekte ausgeblieben sind? Müssen die Bemühungen gar, wie zum Teil von der Post-Development-Kritik argumentiert, als kontraproduktiv, ja schädlich gelten? Auf der Grundlage der ausgewerteten unabhängigen Evaluierungsberichte, hunderter persönlicher Interviews mit Akteur*innen auf der Geber- und Empfängerseite und mehrerer Dutzend Länderbeispiele aus Asien, Afrika und Lateinamerika lässt sich die letztgenannte Frage eindeutig verneinen. Wir konnten keinen Hinweis darauf finden, dass die Förderung von Good Governance und deren Teilaspekten zu der Verzögerung und Behinderung von Entwicklung oder in Konterkarierung der Absichten zu Bad Governance geführt hätte. An dieser Stelle sei noch einmal darauf verwiesen, dass wir Entwicklung in Anlehnung an die Überlegungen der Südkommission von 1991 als *Prozess der Verbesserung der individuellen Lebensverhältnisse* verstehen, wobei sich „Verbesserung" anhand der Kriterien menschlicher Entwicklung und unter Rückgriff auf die Indikatoren der nachhaltigen Entwicklungsziele (SDGs), über die ein weitgehender globaler Konsens besteht, bewerten lässt. Völlige Wertfreiheit kann es nicht geben, aber es ist möglich, das Konzept von Entwicklung

© Der/die Herausgeber bzw. der/die Autor(en), exklusiv lizenziert an Springer Fachmedien Wiesbaden GmbH, ein Teil von Springer Nature 2024
J. Dosch und P. Becker, *Die Wirksamkeit von Entwicklungszusammenarbeit*, https://doi.org/10.1007/978-3-658-45474-6_11

ohne ideologischen Ballast und Vorwurf des Eurozentrismus zu denken und zu diskutieren. Die Antworten auf die erste und zweite Frage hingegen fallen differenziert aus. Hier ist zunächst zusammenfassend zu konstatieren, dass sich die Förderung von Good Governance durch Entwicklungszusammenarbeit innerhalb eines klar konzipierten und definierten Rahmens vollzieht, der sich seit den frühen 1990er Jahren vor allem durch Initiativen der Vereinten Nationen und darauf aufbauender Impulse der OECD kontinuierlich erweitert hat. Als die Weltbank 1989 den Begriff Good Governance kreierte, schuf sie damit eines der wirkmächtigsten Konzepte in der Entwicklungszusammenarbeit, das in seiner Bedeutung wahrscheinlich nur von der Idee der „nachhaltigen Entwicklung" übertroffen wird. Auch wenn damals zum ersten Mal in einem formalen Kontext die zentrale Relevanz eines effizienten öffentlichen Dienstes, eines zuverlässigen Justizsystems und einer rechenschaftspflichtigen Verwaltung für die Effektivität von Entwicklungsanstrengungen artikuliert wurde, handelte es sich nicht um eine spontane und überraschende Abkehr von dem bis dahin fast ausschließlich an wirtschaftlicher Modernisierung und Industrialisierung orientierten Entwicklungsleitbild. Zu den Wegbereitern der neuen Impulsgebung zählten unter anderem der Bericht des Club of Rome zu den Grenzen des Wachstums von 1972, die Studie „Das Überleben sichern" der Nord-Süd-Kommission („Brandt-Bericht") von 1980 und der Brundtland-Bericht der UN-Weltkommission für Umwelt und Entwicklung „Unsere gemeinsame Zukunft" von 1987. Eine wichtige Grundlage bzw. wesentliche Anknüpfungspunkte bildeten auch globale Übereinkommen, wie vor allem die Allgemeine Erklärung der Menschenrechte der Generalversammlung der Vereinten Nationen von 1948. Schließlich war es das Development Assistance Committee (DAC) der OECD, das 1993 mit der Verabschiedung der Leitlinie „Orientations on Participatory Development and Good Governance" einen Standard für die Entwicklungszusammenarbeit setzte, der seither Bestand hat.

Über den Grundkonsens hinaus, dass transparente, rechenschaftspflichtige und auf den Prinzipien von Rechtsstaatlichkeit und Partizipation beruhende politische Herrschaft die beste Voraussetzung für nachhaltige menschliche Entwicklung bietet, hat sich im Laufe der vergangenen gut drei Jahrzehnte die Good Governance-Agenda stetig erweitert und konkretisiert. Hervorzuheben sind in diesem Zusammenhang vor allem die Herausbildung eines starken Fokus auf Geschlechtergleichstellung und das Empowerment von Frauen und Mädchen als Folge mehrerer UN-Weltfrauenkonferenzen und die ebenfalls zunächst im UN-Kontext vorangetriebene Operationalisierung des menschenrechtsbasierten Ansatzes *(Human Rights Based Approach)* in der Entwicklungszusammenarbeit. Die im Jahr 2000 formulierten globalen acht Millenniums-Entwicklungsziele

(MDGs) und in noch stärkerem Maße die ihnen 2015 nachgefolgten SDGs sind unmittelbar in die Good Governance-Agenda eingebettet. Die SDGs haben mit dem 16. Ziel „Frieden, Gerechtigkeit und starke Institutionen" eine explizite Ausrichtung auf Good Governance, wobei insgesamt die Überzeugung besteht, dass die Verwirklichung *aller* SDGs guter Regierungsführung bedarf. Genese und Manifestation des Good Governance-Ansatzes in der Entwicklungszusammenarbeit zeigen, dass es sich hierbei keinesfalls um einen hegemonialen Diskurs des „Westens", sondern ein global getragenes und legitimiertes Anliegen handelt. Es wird kaum eine nationale Reform- oder Entwicklungsstrategie existieren, sei es im „Globalen Norden" oder „Globalen Süden", die nicht auf Aspekte von Good Governance Bezug nimmt.

Die Deutungsmacht über Good Governance liegt somit nicht ausschließlich im „Westen" oder „Globalen Norden". Überhaupt, welchen Sinn macht eine Dichotomie zwischen „westlichen" und „nicht-westlichen" Ideen und Konzepten noch? Natürlich darf nicht ausgeblendet werden, dass koloniale und post-koloniale Diskurse über Jahrzehnte die Vorstellung von Entwicklung geprägt haben. Aber besitzt die Formel „Wie im Westen so auf Erden", um noch einmal den Titel der 1993 erschienenen deutschen Ausgabe des von Wolfgang Sachs herausgegebenen Buchs zu zitieren, das in der englischen Originalversion wenig spektakulär „The Development Dictonary" heißt, weiterhin Gültigkeit? Ideen entstehen in den Köpfen von Menschen, nicht Staaten. Zählen ein Indonesier, der in New York studiert hat und jetzt dort für UNDP arbeitet, eine Französin, die viele Jahre in Usbekistan gelebt hat und heute ein großes Projekt in Papua-Neuguinea leitet, eine Ghanaerin, die in Deutschland ihre Promotion absolviert und anschließend eine Professur in ihrem Heimatland angetreten hat oder ein Spanier, der die meiste Zeit seines berufliches Lebens als Consultant in Lateinamerika tätig gewesen ist, zum „Globalen Norden" oder „Globalen Süden"? In den Zentralen und Länderbüros der UN-Organisationen, zusammengenommen die größten Akteure in der Entwicklungszusammenarbeit, sind mit Blick auf das Personal alle Kontinente und Regionen repräsentiert. In allen Auslandsvertretungen der Europäischen Union, den Delegationen, sind sowohl EU-Staatsangehörige als auch lokale Mitarbeiter*innen in Management-Positionen mit der Umsetzung von EZ-Programmen betraut. Die Beispiele ließen sich fortsetzen.

Der sofortige Einwand könnte lauten: Die Beobachtung mag richtig sein, dass die Generierung von Wissen und Praktiken in einer globalisierten Welt nicht (länger) das Ergebnis von Top-down Prozessen innerhalb einer Pyramiden-Strukturen ist, in der Akteur*innen allein aufgrund ihrer Herkunft und Nationalität eine feste und unveränderliche Position einnehmen. Jedoch, so ließe sich das Gegenargument fortsetzen, existiert insofern auch weiterhin eine Hierarchie, als dass nur diejenigen Beteiligten an den Internationalen Beziehungen im Allgemeinen und an der Entwicklungszusammenarbeit im Speziellen ihre Ideen und Ansätze durchsetzen können, die auch über die entsprechenden Ressourcen hierzu verfügen. In dieser Vorstellung besteht die Dominanz der Geber fort. Die Good Governance-Agenda oder zumindest Teile davon erscheinen dann weiterhin als ein im Wesentlichen im „Westen" geborener Ansatz, der mithilfe von ODA in kulturell andere Kontexte verpflanzt wird, nicht zuletzt, um die Machtposition des „globalen Nordens" zu zementieren. Aus dieser Diagnose ergibt sich dann häufig die Forderung, „westliche Entwicklungskonzepte" durch lokale oder indigene Alternativen zu ersetzen.

An dieser Stelle ist jedoch zu entgegnen, dass, wie bereits ausgeführt, Good Governance über eine solide, kodifizierte globale Wertebasis verfügt. Ein Staat, der sich beispielsweise durch Unterzeichnung der UN-Menschenrechtsdeklaration zu der Einhaltung fundamentaler Freiheitsrechte verpflichtet hat, kann sich nicht auf die Position zurückziehen, dass die Stärkung der Menschenrechte durch Entwicklungszusammenarbeit eine westliche Einmischung in ein kulturell anderes Umfeld darstellt. Wenn dies geschieht, dann handelt es sich zumeist um den Versuch autoritärer Regime, einer Untergrabung der eigenen Legitimität entgegenzuwirken. Dezidiert war dies z. B. Anfang der 1990er Jahre im Kontext der „asiatische Wertedebatte" der Fall. Mit Verweis auf eine angebliche Trias – westliche Demokratie = ausufernder, dekadenter Individualismus = Niedergang des Westens – versuchten einige Staats- und Regierungsoberhäupter mit der Konstruktion eines alternativen und vorgeblich für die Entwicklungsbedürfnisse Ost- und Südostasiens besser geeigneten Modells – bestehend aus Kollektivismus, Disziplin und patrimonialer Herrschaft – die Macht zu erhalten. Freilich regte sich sofortiger Widerspruch und ebenso prominente Vertreter*innen des politischen und gesellschaftlichen Spektrums verwiesen auf in Asien vorhandene lange demokratische Traditionen.

Wie im sechsten Kapitel erwähnt, steht außer Frage, dass es keine universal gültige, kulturneutrale Blaupause für demokratische politische Herrschaft geben kann. Vielmehr erfordert die Entfaltung von Demokratie, dass sie lokale Kultur, Geschichte und gesellschaftliche Konditionen einbezieht. Gleichzeitig existiert eine weitreichende transnationale und transkulturelle Konvergenz mit Blick auf die wesentlichen Elemente von Good Governance. Wenn wir alleine das Merkmal der für Good Governance essenziellen Partizipation betrachten, stellen wir fest, dass sich z. B. in den Überlegungen des indischen Entwicklungstheoretikers Rajni Kotharis ein starkes Plädoyer für eine direkte Bürgerbeteiligung an politischen Entscheidungsprozessen (sowie für politische und administrative Dezentralisierung, ein weiterer Aspekt von Good Governance) findet. Um ein zusätzliches bisher nicht erwähntes Beispiel anzuführen: Das tief in der indonesischen Kultur verwurzelte Konzept von *Musyawarah* („Beratung" oder „Konsultation") als Form der Konsensfindung reflektiert das demokratische Ideal, dass jede Stimme zählt und Lösungen umfassend und inklusiv sein sollten. Das damit kompatible Prinzip *Gotong Royong* (etwa „gemeinsame Anstrengung") verkörpert ein tiefes Verständnis von Gemeinschaft und Zusammenarbeit und dient als Basis zur Förderung gesellschaftlichen Engagements und partizipativer Entwicklung. Diese Konzepte verfügen über eine solche Wirkungsmacht, dass sie weit über die lokale Ebene hinaus Bedeutung erlangt haben und sogar als eine der tragenden Säulen der Kooperationsstrukturen in der Association of Southeast Asian Nations (ASEAN), der zehn Mitglieder umfassenden Regionalorganisation Südostasiens, gelten. Auch im aus Südafrika stammenden und in weiten Teilen Afrikas verbreiteten Konzept *Ubuntu* (häufig mit „Ich bin, weil wir sind" übersetzt, zu verstehen etwa als „Menschlichkeit gegenüber anderen") spielt Partizipation eine wesentliche Rolle. Entscheidungen sollen kollektiv getroffen werden, um das Wohl aller Mitglieder der Gemeinschaft zu berücksichtigen. Partizipation ist somit nicht nur erwünscht, sondern notwendig, um das Fundament für gegenseitigen Respekt, soziale Gerechtigkeit und die Förderung des Gemeinwohls zu schaffen. Das ecuadorianische *Buen Vivir* und das bolivianische *Vivir Bien* schließlich beruhen, wie im zweiten Kapitel ausgeführt, in ähnlicher Weise auf dem Prinzip der kollektiven Entscheidungsfindung. Unter dem Einbezug indigener Wissenssysteme wird letztlich angestrebt, Machtstrukturen zu demokratisieren und soziale Ungleichheiten zu verringern. Dies schließt ein breites Spektrum von Stimmen in Entscheidungsprozesse ein und gewährleistet, dass unterschiedliche Interessen umfassend berücksichtigt werden. Der folgende Ausschnitt aus der im vierten Kapitel zitierten BMZ-Definition von Good Governance könnte fast genauso gut *Musyawarah/ Gotong Royong*, *Ubuntu* oder *Buen Vivir* entnommen sein: Good Governance „beteiligt die gesamte Bevölkerung und berücksichtigt die Meinung und die Bedürfnisse von Minderheiten und Schwachen. Alle Bürgerinnen und Bürger werden mit den notwendigen öffentlichen Gütern und sozialen Dienstleistungen versorgt".[1]

Wie gezeigt wurde, ist aber selbst *Buen Vivir* als das in jüngerer Vergangenheit wahrscheinlich bekannteste und am häufigsten in der akademischen Literatur rezipierte alternative Entwicklungsmodell kein vollständig endogener Ansatz, sondern erlangte erst durch seine auch exogen beeinflusste politische Operationalisierung grundlegende Bedeutung. Insgesamt bildet sich Good Governance über ein festes Kernverständnis hinaus immer als Synthese mehrerer Einflüsse ab, die

---

[1] BMZ o. J.

ihren Ursprung sowohl innerhalb als auch außerhalb einer Gesellschaft und eines Staatswesens haben können. Da im Verhältnis von Gebern und Empfängern in der großen Mehrzahl der betrachteten Fälle weitgehende Einigkeit hinsichtlich der Zielsetzungen von Programmen und Projekten im Good Governance-Bereich bestand, erfüllten fast alle betrachteten Maßnahmen das Kriterium der Relevanz. Sie waren somit in direkter Weise auf die Bedarfe der Partnerländer zugeschnitten, indem sie eine gute Passgenauigkeit mit den jeweiligen nationalen Reformprogrammen und -agenden und den Interessen der Zivilgesellschaften aufwiesen. Abgesehen von wenigen Einzelfällen (z. B. mit Blick auf die im siebten Kapitel dargelegten Schwierigkeiten bei der Förderung von Demokratie in Kambodscha), bescheinigten alle gesichteten Evaluierungen und die Aussagen von Interviewpartner*innen den geberfinanzierten Aktivitäten einen hohen Relevanzgrad. Eines der eindeutigsten Ergebnisse unserer Analyse ist, dass das in der „Paris Declaration on Aid Effectiveness" von 2005 normierte *Ownership*-Prinzip, also der Ansatz, dass die Partnerländer die Hauptverantwortung für ihre eigene Entwicklungsplanung und -strategien übernehmen, als in sehr großen Teilen umgesetzt gelten kann. Es ließ sich kein einziger Fall identifizieren, bei dem Aktivitäten ausschließlich gebergesteuert gewesen und den Partnern oktroyiert worden wären. Es steht heute völlig außer Frage, dass die Stärkung von Good Governance durch Entwicklungszusammenarbeit zum Scheitern verurteilt ist, wenn sie nicht auf im Land selbst vorhandenen Reformansätzen basiert. Veränderungen können nicht vornehmlich exogen ohne Verankerung im politischen, gesellschaftlichen und kulturellen Kontext des Partnerlandes herbeigeführt werden. Dies ist, wie im zweiten Kapitel ausgeführt, nunmehr ein seit Jahrzehnten mehrheitlich anerkannter Befund. Die internationale Gemeinschaft hat einen langen Weg zurückgelegt, seit das United Nations Department of Economic Affairs 1951 den „Entwicklungsländern" mit deutlich post-kolonialem Unterton auf das Dringendste empfahl, zur Überwindung von „Unterentwicklung" kulturelle Traditionen über Bord zu werfen, lokale soziale Institutionen abzubauen und die „Fesseln von Religion und ethnischer Zugehörigkeit" zu sprengen und stattdessen dem erfolgreichen, modernen wirtschaftlichen Entwicklungsweg der Industriestaaten zu folgen (siehe erstes Kapitel).

Gleichzeitig wäre es Augenwischerei zu behaupten, dass die Initiativen in der Entwicklungszusammenarbeit grundsätzlich immer in vollem Maße von den Regierungen der Partnerländer ausgehen. Die umzusetzenden Programme müssen in die Förderbereiche der Geber passen. Die Prioritätensetzung ist jedoch dem Wandel nationaler wie globaler Dynamiken und strategischer Interessen ausgesetzt. Dass z. B. in den vergangenen Jahren die Zahl der auf das Empowerment von Frauen und Mädchen ausgerichteten Projekte stark angestiegen ist, hängt nicht in erster Linie mit einer exorbitant gewachsenen Nachfrage nach solchen Maßnahmen zusammen, sondern ist auch dem größeren Angebot an Fördermitteln in diesem Bereich geschuldet. Dieses wiederum ist das Resultat einer gesteigerten Verpflichtung zur Förderung der Geschlechtergleichheit, wie sie bereits in den MDGs zum Ausdruck kam, 2008 in der „Accra Agenda for Action" konkretisiert wurde und schließlich in den SDGs ihre umfassende Zementierung als ein zentraler Faktor für die Umsetzung der gesamte Agenda für nachhaltige Entwicklung fand.

Dass die Anpassung *(alignment)*, d. h. die Ausrichtung der Unterstützung der Geberländer und -organisationen auf die Strategien der Partnerländern und die Nutzung lokaler Systeme, heute relativ problemlos zu funktionieren scheint, hängt auch damit zusammen, dass seit 2015 die SGDs den fest definierten Rahmen für die Entwicklungszusammenarbeit der OECD-Geber bilden. *Alignment* bedeutet seither immer den Zuschnitt der Aktivitäten auf die Erreichung der SDGs, die üblicherweise in nationalen SDG-Strategien konkretisiert sind. Da sich somit einerseits die nationalen Entwicklungsplanungen an den SDGs orientierten und andererseits für die Geber die Verpflichtung besteht, der effektiven Umsetzung der „Agenda 2030 für nachhaltige Entwicklung" Vorschub zu leisten, existiert ein eindeutig definierter und global akzeptierter Referenzrahmen, der von vornherein die Kooperation erleichtert und Interessengegensätze reduziert. Innerhalb des SDG-Rahmens besteht gleichzeitig für Geber und Partner genügend Flexibilität, um spezifische Interessen und Prioritäten zu artikulieren, da ja auch hinsichtlich der zu fördernden SDGs eine Auswahl getroffen werden muss und selten in einem einziges Vorhaben die gesamte Agenda bedient werden kann.

Zudem lässt sich mit Blick auf den gut zwanzigjährigen Untersuchungszeitraum eine wesentliche Veränderung in der inhaltlichen Ausrichtung von Good Governance-Programmen erkennen. Waren viele Initiativen in den frühen 2000er Jahren unmittelbar auf Demokratieförderung zugeschnitten, steht eine solche Schwerpunktsetzung inzwischen bei den meisten Gebern nicht mehr explizit im Vordergrund. Der Fokus liegt stattdessen auf Maßnahmen, die durch Wahlunterstützung, die Dezentralisierung politischer Entscheidungsstrukturen, die Förderung von Menschenrechten, die Stärkung der Justizsysteme oder die Ermächtigung zivilgesellschaftlicher Akteure letztlich auch einen Beitrag zu verbesserter Transparenz und Rechenschaft politischen Handelns, Gewaltenteilung und einer aktiven politischen Partizipationskultur leisten sollen, ohne dabei jedoch Demokratieförderung direkt beim Namen zu nennen. Daher erscheinen die heutigen Programme von vornherein als weniger kontrovers, gerade natürlich in Staaten, die den Kategorien „geschlossene Autokratien" und „Wahlautokratien" zuzuordnen sind (Tab. 6.1).

Zivilgesellschaftliche Organisationen, vor allem solche, die in politiknahen Bereichen aktiv sind, sehen diese geänderte Ausrichtung nicht selten mit Bedauern und würden sich ein mutigeres Vorgehen der Geber wünschen. Neben der Notwendigkeit einer Harmonisierung von Geber- und Empfängerinteressen im beschriebenen Kontext von *Ownership* hat auch die praktische Erfahrung nach drei Jahrzehnten Good Governance-Förderung dazu beigetragen, dass viele Geber und ihre Implementierungsorganisationen zu dem Schluss gelangt sind, dass es erfolgversprechender ist, innerhalb eines gegebenen politischen Systems Räume für Reformen zu suchen und zu nutzen, statt gegen das System zu arbeiten. Im offiziellen BMZ-Sprachgebrauch heißt dies: „Gute Regierungsführung kann nicht von außen und gegen den Willen einflussreicher politischer und gesellschaftlicher Kräfte erzwungen werden."[2]

Dies ist nicht zuletzt auch Folge der Erkenntnis, dass sich Good Governance oder konkret Demokratie nicht als Konditionalität für Entwicklungszusammenarbeit bewährt haben. Im bereits erwähnten Strategiepapier des DAC von 1993 wurde Good Governance sowohl als Zielsetzung als auch Konditionalität definiert. Partizipative Entwicklung und gute Regierungsführung sollten zentrale Anliegen bei der Zuweisung und Gestaltung von Entwicklungshilfe sein. Die Idee, die Förderung grundsätzlich an die Qualität der Good Governance in einem Partnerland zu knüpfen, erfreute sich von vornherein keiner großen Popularität. Zwar kam das Instrument politischer Konditionalität und damit verbundener Sanktionen vor allem in den Sub-Sahara Staaten zur Anwendung, doch konnte bereits in den frühen 2000er Jahren der Versuch, Konditionalität großflächig als Mittel zur Erreichung politischer Entwicklungsziele einzusetzen, als weitgehend gescheitert gelten. Abgesehen von Extremfällen, wie z. B. nach dem Militärputsch in Myanmar 2020 und der erneuten Machtübernahme der Taliban in Afghanistan 2021, wenn die abrupte Beendigung von Demokratisierungsprozessen und massive Menschenrechtsverletzungen zu einem Abbruch von Entwicklungskooperationen oder zur Reduzierung des Engagements auf humanitäre Nothilfe führten, ist nicht absehbar, wie viel Autokratie Geber bereit sind zu tolerieren. Hierzu existieren keine DAC-Kriterien und die Geber selbst verfügen über keine – zumindest keine öffentlich bekannten – expliziten Richtlinien. Letztlich handelt es sich immer um Einzelentscheidungen, die von einer Vielzahl Faktoren und damit auch von politischen, wirtschaftlichen und strategischen Interessen geleitet sind. Fest steht lediglich, dass für keinen OECD-Geber ausschließlich der jeweilige politische Regimetyp für die Vereinbarung, Fortsetzung oder Beendigung von Partnerschaften eine Rolle spielt.

---

[2] BMZ 2024.

Jenseits der wenig erfolgreichen großen *one-size-fits-all*-Konditionalität ist jedoch keine Entwicklungspartnerschaft völlig frei von Bedingungen. Alle Kooperationsvereinbarungen beinhalten Zielvereinbarungen unterschiedlicher Art, deren Nichteinhaltung Konsequenzen für die weitere Zusammenarbeit haben kann. Besonders deutlich – und auch notwendig – ist dies im Bereich der Budgethilfe, die ab Mitte der 2000er Jahre im Blick auf die Stärkung von *Ownership* rasch an Bedeutung gewann. Hierbei werden Geldmittel vom Geber direkt an die Regierung eines Empfängerlandes übertragen und dort in Übereinstimmung mit den nationalen Haushaltsverfahren verwaltet. Budgethilfe geht u. a. mit der gemeinsamen Festlegung von Indikatoren einher, um die sachgemäße Verausgabung der Mittel überwachen und überprüfen zu können. Außerdem müssen genau definierte Eingangsvoraussetzungen erfüllt sein (z. B. die Reduzierung von Korruption), bevor Budgethilfe geleistet werden kann. Die Allgemeine Budgethilfe, bei der ungebundene Beiträge zum staatlichen Haushalt des Partners geleistet werden, spielt angesichts des perzipierten Risikos, dass Gelder trotz aller Sorgfalt „versickern" könnten, gegenwärtig kaum noch eine Rolle. Der bevorzugte Ansatz – wenngleich auch dieser nicht mehr mit der gleichen Euphorie wie in der zweiten Hälfte der 2000er Jahre verfolgt wird, als Budgethilfe als Königsweg zu einer an den Interessen und Prioritäten der Partnerländer ausgerichteten Entwicklungszusammenarbeit galt – besteht in der sektorspezifische Budgetunterstützung, die sich auf einzelne Politikfelder bezieht (z. B. Bildung, Gesundheit oder Umwelt). Die Auswertung mehrerer Meta- und einiger Einzelevaluierungen zeigt jedoch, dass Budgethilfe besser und effektiver ist als ihr Ruf. Sie hat u. a. wesentlich dazu beigetragen, die öffentliche Verwaltung generell und die Verwaltung öffentlicher Finanzen im Besonderen zu stärken, die Erbringung von öffentlichen Dienstleistungen und den Zugang zu diesen zu verbessern, die Regulierung der Wirtschaftstätigkeit voranzubringen und Bildungssektoren sowie die Gesundheitsversorgung auszubauen. In einzelnen Fällen konnte auch in anderen Infrastrukturbereichen (z. B. Wasser und Abwasser) Fortschritte erzielt und, wie in Südafrika, als übergeordnete Wirkung eine Reduktion von Ungleichheit und Armut erreicht werden. Die im dritten Kapitel genannten Beispiele beziehen sich vor allem auf Mali, Marokko, Tunesien und Nepal. Die Evaluator*innen konnten in diesen und anderen Fällen keine Hinweise auf Korruptionsvorfälle im Kontext von Budgethilfe finden.

Im Gegensatz zu der Budgethilfe nehmen die Geber bzw. die Implementierungsorganisationen bei der Projekthilfe das Management eines spezifischen Projekts in die eigene Hand. Diese Modalität überwiegt in der Entwicklungszusammenarbeit. Dies hängt nicht nur damit zusammen, dass Budgethilfe zunehmend kritisch gesehen wird, sondern liegt auch darin begründet, dass Projekthilfe eine größere Sichtbarkeit für den Geber erzeugt und im günstigen Fall zu dessen positiver Wahrnehmung führt oder diese stärkt. Mit Blick auf die Wirksamkeit von Projekthilfe ergibt sich zusammenfassend das folgende Bild. Mithin am eindeutigsten lassen sich Ergebnisse im Bereich der Wahlunterstützung nachweisen, da hier in der Regel konkrete Maßnahmen z. B. zur Wähler*innen-Registrierung oder zur Verbesserung der Administration von Wahlen unterstützt werden, deren Effektivität sich nach Beendigung des singulären Ereignisses – der Wahl – unmittelbar überprüfen lässt. Evaluierungen von Programmen zur Wahlunterstützung in mehr als 70 Ländern (u. a. in lateinamerikanischen Staaten, Afghanistan, Indonesien, Papua-Neuguinea, Demokratische Republik Kongo, Nigeria, Sudan, Malawi, Bangladesch, Nepal, Kirgistan) zeigen, dass – nicht in jedem Einzelfall, aber in der Zusammenschau – die Registrierung von Wähler*innen und deren Teilnahme an den Wahlen zunahm (insbesondere auch hinsichtlich marginalisierter und benachteiligter Gruppen), die Kapazitäten der Wahlbehörden sowohl in institutioneller als auch personeller Hinsicht gestärkt wurden, die Etablierung biometrischer Verfahren die Qualität von Wahlen erhöhte, in einigen Fällen auch die Transparenz der Wahlkampffinanzierung gesteigert werden konnte und sich insgesamt die Integrität von Wahlen verbesserte. Zum Teil waren die Wahlen infolge der Assistenz auch von weniger Gewalt geprägt, glaubwürdiger und fairer oder transparenter als vorherige Wahlen. Keine Aussagen lassen sich jedoch darüber treffen, ob die Unterstützung von Wahlen auf einer höheren Wirkungsebene generell zu einer Verbesserung demokratischer Verfahren führte.

Die Feststellung, dass Entwicklungszusammenarbeit auf der Mikroebene Effektivität erzielt, transformative Wirkungen auf der Makroebene jedoch ausbleiben oder zumindest nicht nachweisbar sind, findet sich regelmäßig in Evaluierungsberichten. Es liegt in der Natur der Sache, dass sich die Wirksamkeit geberfinanzierter Programme für die im weitesten Sinne politische Entwicklung eines Landes am ehesten im Kontext der Unterstützung großer struktureller Reformansätze beurteilen lässt. Dies trifft vor allem auf den Bereich der Dezentralisierung zu, also den Prozess der Verlagerung von Zuständigkeiten des Zentralstaates auf subnationale Ebenen, wobei zwischen der administrativen Dezentralisierung (Verwaltungsbefugnisse) und der politischen Dezentralisierung (Regelungskompetenzen) unterschieden wird. Im dritten, sechsten und siebten Kapitel finden sich mehrere Beispiele für die Unterstützung von Dezentralisierungsprozessen (z. B. in Äthiopien, Kenia, Namibia, Südafrika, Eswatini, Tansania, Indien, Indonesien und Kambodscha). Summa summarum lässt sich schlussfolgern, dass – abgesehen von kleinen, kurzeitigen Projekten, die lediglich auf punktuelle Kapazitätsbildung ausgerichtet waren und daher kaum nachweisbare positive Effekte für das große Ganze erzielten – die Entwicklungszusammenarbeit in diesem Sektor einen ansehnlichen Effektivitätsgrad aufweist. Die Vorhaben trugen häufig zu einer Stärkung der Befugnisse von Provinz- und Kommunalregierungen, der Verbesserung von Transparenz und Rechenschaftspflicht auf allen Regierungsebenen und dem Ausbau der Arbeitsbeziehungen zwischen der nationalen und den subnationalen Entscheidungsebenen (oder auch zwischen verschiedenen subnationalen Governance-Leveln) bei. Außerdem unterstützten sie erfolgreich die Formulierung von Dezentralisierungspolitiken, die Entwicklung innerstaatlicher Finanztransfersysteme, den Aufbau von institutionellen und personellen Kapazitäten der Kommunalverwaltungen sowie – hier allerdings fällt die Bilanz gemischt aus – die Schaffung oder Verbesserung des Zugangs zu Dienstleistungen auf der lokalen Ebene. Die Entwicklungszusammenarbeit war am erfolgreichsten (wie z. B. in Kambodscha und Indonesien), wenn sie im Rahmen einer umfassenden Reform des öffentlichen Sektors stattfand und – wenig überraschend – nicht nur die Bemühungen der Zentralregierungen unterstütze, sondern prominent auch die Akteur*innen auf der subnationalen bzw. lokalen Ebene einbezog. Wirkungen konnten, wie vor allem im Falle Äthiopiens gezeigt wurde (was generell aber auch für die anderen Beispiele gilt), insgesamt vor allem im Kontext der administrativen Dezentralisierung, weniger jedoch mit Blick auf die politische Dezentralisierung im Sinne der Ausweitung politischer Autonomie und Stärkung von Demokratie auf lokalen Regierungsebenen erzielt werden. Auch war oftmals zwar eine Ausweitung des Dienstleistungsangebots für die Bürger*innen, nicht immer jedoch eine Verbesserung der Qualität lokaler Dienstleistungen erkennbar.

Selbst im Falle von großen Dezentralisierungs-Programmen, bei denen es durchaus möglich ist, Wirkungen im unmittelbar unterstützten Reformsektor nachzuweisen, scheitern weitergehende Versuche, die Effekte der Entwicklungszusammenarbeit für qualitative Veränderungen im landesweiten Kontext zu ermitteln, häufig an der Zuordnungslücke. Die Geberaktivitäten können mit Blick auf ihre Wirkungen selten von den Beiträgen anderer nationaler und internationaler Akteure im gleichen thematischen Bereich isoliert werden. Zudem ist das Erreichen oder Verfehlen von Wirkungen auch stets von den jeweiligen politischen und wirtschaftlichen Rahmenbedingungen abhängig, die sich naturgemäß der Kontrolle und dem Einfluss der Geber entziehen. Bei der Bewertung der Entwicklungszusammenarbeit besteht daher in der Regel das Problem, eine Kausalität zwischen dem Engagement eines Gebers – oder mehrerer Geber – und ggf. vorhandenen Entwicklungsfortschritten eines Landes herzustellen. Die Breite der Zuordnungslücke hängt dabei von der Anzahl und Ausprägung interner und externer Faktoren, die auf Entwicklungsprozesse Einfluss nehmen (z. B. die Anzahl der Geber, der Grad der ODA-Abhängigkeit eines Landers,

Regime- und Regierungswechsel, Konflikte und Krisen), ab. Diese Problematik lässt sich anschaulich am im achten Kapitel behandelten Beispiel des menschenrechtsbasierten Ansatzes verdeutlichen, der inzwischen zum Kernbestand in der Entwicklungszusammenarbeit zählt. Maßnahmen zur Stärkung fundamentaler Freiheitsrechte, von Nichtdiskriminierung, Gleichheit und Rechtsstaatlichkeit haben zu einer nachweisbaren Verbesserung der Lebenssituation direkt unterstützter Bevölkerungsgruppen – also auf einer individuellen Ebene – geführt. Hierzu zählen z. B. entwurzelte Menschen (Flüchtlinge, Vertriebene und Rückkehrer) in einigen asiatischen Ländern oder Frauen in Teilen Indonesiens und Papua-Neuguineas, deren Zugang zu den jeweiligen Justizsystemen verbessert wurde. Tatsächlich hat sich die Menschenrechtssituation in vielen Staaten in den vergangenen rund eineinhalb Dekaden zum Teil deutlich zum Positiven gewendet. Unter den 13 Ländern, welche die größten Fortschritte erzielten (Tab. 8.1), lässt sich jedoch nur im Fall von zwei, Malawi und Nepal, mit einiger Wahrscheinlichkeit konstatieren, dass die Entwicklungszusammenarbeit einen entscheidenen Beitrag zu diesem Ergebnis leistete.

Welche Erkenntnisse zu der Wirkung von Entwicklungszusammenarbeit lassen sich jedoch für Partnerländer gewinnen, in denen die Menschenrechtlage oder insgesamt die Indikatoren der Good Governance keinen positiven Entwicklungtrend zeigen bzw. sich sogar verschlechtert haben? Muss die Entwicklungszusammenarbeit dann als gescheitert gelten? Evaluierungsberichte heben in diesen Fällen gelegentlich hervor, dass durch Geberaktivitäten zumindest einige Mindeststandards aufrechterhalten und das Abgleiten in einen noch schlechteren Zustand verhindert werden konnte. In Abwesenheit der Möglichkeit eines kontrafaktischen Experiments stehen solche Befunde jedoch auf tönernen Füßen. Vielleicht ist aber auch die Frage falsch gestellt. Zumindest liefern die Ausführungen in diesem Buch etliche Hinweise darauf, dass für Erfolg und Misserfolg entwicklungspolitischer Good Governance-Initiativen nicht die Position eines Partnerlandes in Länderrankings, wie Demokratieindizes, der Gradmesser sein kann. Auch wenn z. B. die substanziellen Bemühungen einer großen Zahl an Gebern, darunter prominent Deutschland, Aspekte der Good Governance in Kambodscha zu stärken, keine liberale Demokratie hervorgebracht haben, sind die Anstrengungen der mehr als drei Dekaden währenden Entwicklungszusammenarbeit keinesfalls vergeblich gewesen. Wie im siebten Kapitel ausführlich dargelegt, ist neben der effektiven und nachhaltigen Förderung von Dezentralisierung und Dekonzentration gerade von deutscher Seite ein erheblicher Beitrag zur Vergangenheitsbewältigung, Konflikttransformation und Friedensbildung in Kambodscha erbracht worden. Der Zivile Friedensdienst in Kambodscha hat nachweislich – nicht nur nach Einschätzung von Evaluator*innen, sondern auch in

der Wahrnehmung einer Vielzahl kambodschanischer Akteur*innen – die inner-
gesellschaftliche Stabilität gestärkt und damit eine wichtige Wirkung innerhalb
des weiten Feldes von Good Governance erzielt. In diesem Bereich ist auch
plausibel davon auszugehen, dass die geschaffenen Strukturen Nachhaltigkeit
erzielt haben, da die im Verlauf von gut zwanzig Jahren gemeinsam mit CSOs
erarbeiteten und umgesetzten Konzepte inzwischen von der Zivilgesellschaft weitgehend eigenständig getragen werden. Auch in anderen Fällen haben wir Belege
für nachhaltige Programme und Projekte gefunden, jedoch nicht in großer Zahl,
wie generell Nachhaltigkeit ein häufig diagnostiziertes Problem in der auf Good
Governance ausgerichteten Entwicklungszusammenarbeit bildet. Zwei Gründe
stehen im Mittelpunkt.

Erstens, die Finanzierung der Programme ist oft auf kurze Laufzeiten von
zwei bis drei Jahren ausgelegt und reicht häufig nicht aus, um die zuvor gemeinsam mit den Partnern formulierten ambitionierten Ziele vollständig zu erreichen.
Nicht immer werden Verlängerungen genehmigt. Zudem mangelt es vielen Maßnahmen an einer Strategie der Hierarchisierung, Priorisierung und Sequenzierung
von Zielen, wodurch die Implementierung erschwert wird. Oftmals sind Regierungsbehörden und CSOs nach dem Ende der externen Finanzierung nicht in der
Lage, Initiativen aus eigener Kraft fortzuführen. Selten existieren klare Ausstiegsstrategien zur Verstetigung von Projektergebnissen. Hinzu kommt, dass Vorhaben
häufig in Form von Pilotprojekten umgesetzt werden, die sich auf spezifische
Bevölkerungs- und Akteursgruppen und/oder Landesregionen als Begünstigte
beschränken, dabei aber die Intention verfolgen, anschließend die erfolgreich
getesteten Ansätze auf andere oder gar alle Landesteile und ggf. die Gesamtbevölkerung auszuweiten. Dass dies gelingt, ist jedoch eher die Ausnahme als
die Regel, da abermals die Herausforderung der Anschlussfinanzierung ins Spiel
kommt. Insgesamt stößt der *Ownership*-Ansatz hier an seine Grenzen. Ein weiterer Faktor, der sich negativ auf Nachhaltigkeit auswirkt, besteht – in einer
oftmals unzureichenden Koordination und damit ausbleibenden Synergien zwischen den Programmen verschiedener Geber in denselben Sektoren. Jedoch
können gegenwärtig deutliche und stetige Verbesserungen festgestellt werden.

Zweitens, Programme im Good Governance-Bereich beinhalten in den meisten
Fällen einen starken Fokus auf Kapazitätsbildung, also Trainings- und Fortbildungsmaßnahmen. Diese sind in der Regel gut konzipiert, auf die spezifischen
Bedürfnisse der Teilnehmenden zugeschnitten und kultursensitiv umgesetzt. Statt
hauptsächlich auf „westliche" Expert*innen zu setzen, werden mehrheitlich
zusätzlich, zum Teil auch ausschließlich, lokale Fachkräfte involviert. Evaluierungen berichten regelmäßig, dass die Begünstigten ihr erworbenes Wissen
und die neuen Kenntnisse effektiv nutzen und als Multiplikatoren fungieren.

Die langfristigen Wirkungen solcher Kapazitätsbildungen sind jedoch kaum zu erfassen, vor allen, weil Evaluierungen meist kurz nach – oder sogar noch während – der Projektdurchführung erfolgen. Fortbildungsprogramme können durchaus Nachhaltigkeit aufweisen, nur ist dies zumeist nicht belegbar.

Wenn bis zu diesem Punkt im Text der Eindruck entstanden ist, dass bei der Förderung von Good Governance durch Entwicklungszusammenarbeit Anspruch und Wirklichkeit zwar keine Deckungsgleichheit aufweisen (was auch nicht zu erwarten war), aber ebenso wenig unüberbrückbar auseinanderklaffen, dann ist diese Wahrnehmung richtig und entspricht den Ergebnissen unserer Studie. Hier kann jedoch noch nicht der Schlussstrich gezogen werden, denn in zweierlei Hinsicht ist die Lücke zwischen Anspruch und Wirklichkeit noch relativ groß: Zum einen mit Blick auf die Korruptionsbekämpfung, zum anderen hinsichtlich der Förderung von Geschlechtergleichstellung.

Korruption ist nicht der weiße Elefant im Raum. Man nimmt ihn zur Kenntnis. Aber wirklich interagieren möchte man nicht mit ihm. So ließe sich die Problematik etwas polemisch zugespitzt auf den Punkt bringen. Eine Vielzahl an EZ-Vorhaben zur Förderung und Stärkung von Good Governance schließt eine Komponente zur Korruptionsbekämpfung ein. Korruption ist der Hauptfeind von Good Governance und die Verkörperung von Bad Governance. Die Weltbank erfand 1989 nicht nur den Begriff Good Governance, sondern erwähnte ihn in einem Atemzug mit „Curbing corruption".[3] An dieser Zielsetzung hat sich seither nichts geändert. Weder die gesichteten Evaluierungsberichte noch Interviews konnten Auskunft darüber geben, wie nun genau Korruptionsbekämpfung angegangen wird und welche Ergebnisse zu Buche stehen. Die Thematik wird nicht verschwiegen und es finden sich reichlich Anhaltspunkte dafür, dass die Geber und ihre Implementierungsorganisationen entsprechende Dialoge mit den Regierungen und anderen beteiligten Akteuren auf der Partnerseite führen. Auch werden gelegentlich Fälle bekannt, in denen Partnerorganisationen ihnen zugewiesene Finanzmittel zurückerstatten mussten, wenn sie ihre Ausgaben nicht den Vorgaben entsprechend nachweisen konnten. Unklar ist jedoch, ob über einen generellen Gedankenaustausch und die korrekte Abrechnung von Geldern hinaus, also jenseits der Verhinderung von Korruption in den Projekten selbst, in größerem Maße effektive Ansätze gegen Korruption existieren, um damit Good Governance generell zu stärken.

Im Falle der Geschlechtergleichstellung ist die Kluft zwischen Anspruch und Wirklichkeit in der Entwicklungszusammenarbeit kein Problem etwaiger begrenzter Motivation der Geber oder einer schmalen Informationsbasis. Ganz

---

[3] World Bank 1989, S. 61.

im Gegenteil: Gender-Programme zählen zu den am besten dokumentierten EZ-Vorhaben. Wie im neunten und zehnten Kapitel im Detail analysiert, scheuen die OECD-Geber keine Kosten und Mühen, das Empowerment von Frauen und Mädchen zu fördern. Allein in Afghanistan wurden zu diesem Zweck zwischen 2009 und 2020 knapp 21 Mrd. USD für entsprechende Projekte zur Verfügung gestellt. Global ist das bis heute wahrscheinlich größte Einzelprogramm im Gender-Bereich die von der EU mit rund 500 Mio. € finanzierte und mehreren UN-Organisationen umgesetzte Spotlight-Initiative, mit der zwischen 2017 und 2024 ein deutlicher Beitrag zur Eliminierung von Gewalt gegen Frauen erbracht werden sollte. Insgesamt finden sich heute kaum noch Projekte, die nicht die gesellschaftliche und sozio-ökonomische Stellung von Frauen und Mädchen berücksichtigen und Ansätze zur Verbesserung dieser Position beinhalten würden. Es liegt robuste Evidenz vor, dass Frauen und Mädchen weltweit durch geberfinanzierte Maßnahmen einen besseren Zugang zu Bildung, Gesundheitsversorgung, Sozialsystemen und Arbeit sowie zu politischen Entscheidungsbereichen erhalten haben und in vielen Ländern Fortschritte bei der Reduzierung geschlechtsspezifischer Gewalt erzielt werden konnten. Die Zahl der Begünstigten dürfte im mehrfachen Millionenbereich liegen. Die Erfolge beziehen sich jedoch in der Mehrzahl der Fälle auf die Verbesserung der persönlichen Lebensumstände. Dies ist bereits ein wichtiger Erfolg, doch springt der Funke noch zu selten von der individuellen auf die gesamtgesellschaftliche Ebene über, sodass Wirkungen in strukturbildendem Umfang häufig noch ausbleiben. Es bedarf keiner tiefgehenden Analyse um zu erkennen, dass trotz der formalen weltweiten Verpflichtung auf SDG 5 (Geschlechtergleichheit) deutlich differierende Wahrnehmungen und große Unterschiede in der Herangehensweise bestehen – wohlgemerkt nicht nur im „Globalen Süden", sondern auch im „Globalen Norden", denn die SGDs gelten bekanntlich für alle. Mit Blick auf die Implementierung von SGD 5 ziehen die Vereinten Nationen eine ernüchternde Zwischenbilanz. In den meisten Bereichen seien die Fortschritte zu langsam. Beim derzeitigen Tempo werde es schätzungsweise 300 Jahre dauern, bis die Kinderehe abgeschafft sei, 286 Jahre, um Lücken im Rechtsschutz zu schließen und diskriminierende Gesetze zu beseitigen, 140 Jahre, bis Frauen in Führungspositionen am Arbeitsplatz gleichberechtigt vertreten seien, und 47 Jahre, um eine gleichberechtigte Vertretung in nationalen Parlamenten zu erreichen.[4]

---

[4] United Nations Statistics Division 2024.

Literatur

BMZ (2024). Gute Regierungsführung fördern – Entwicklung voranbringen. https://www.
bmz.de/de/themen/gute-regierungsfuehrung.

BMZ (o. J.). Good Governance. https://www.bmz.de/de/themen/good-governance.

United Nations Statistics Division (2024). Gender equality. https://unstats.un.org/sdgs/rep
ort/2023/Goal-05/.

World Bank (1989). *Sub-Sahara Africa. From Crisis to Sustainable Growth.* Washington D.C.: World Bank. http://documents.worldbank.org/curated/en/498241468742846
138/pdf/multi0page.pdf.

SPRINGER NATURE

GPSR Compliance

The European Union's (EU) General Product Safety Regulation (GPSR) is a set of rules that requires consumer products to be safe and our obligations to ensure this.

If you have any concerns about our products, you can contact us on ProductSafety@springernature.com

In case Publisher is established outside the EU, the EU authorized representative is:

Springer Nature Customer Service Center GmbH
Europaplatz 3
69115 Heidelberg, Germany

The manufacturer's authorised representative in the EU is Springer
Nature Customer Service Centre GmbH, Europaplatz 3, 69115 Heidelberg,
Germany. If you have any concerns regarding our products, please
contact ProductSafety@springernature.com

Printed and bound by CPI Group (UK) Ltd, Croydon, CR0 4YY
01/05/2026
02101080-0001